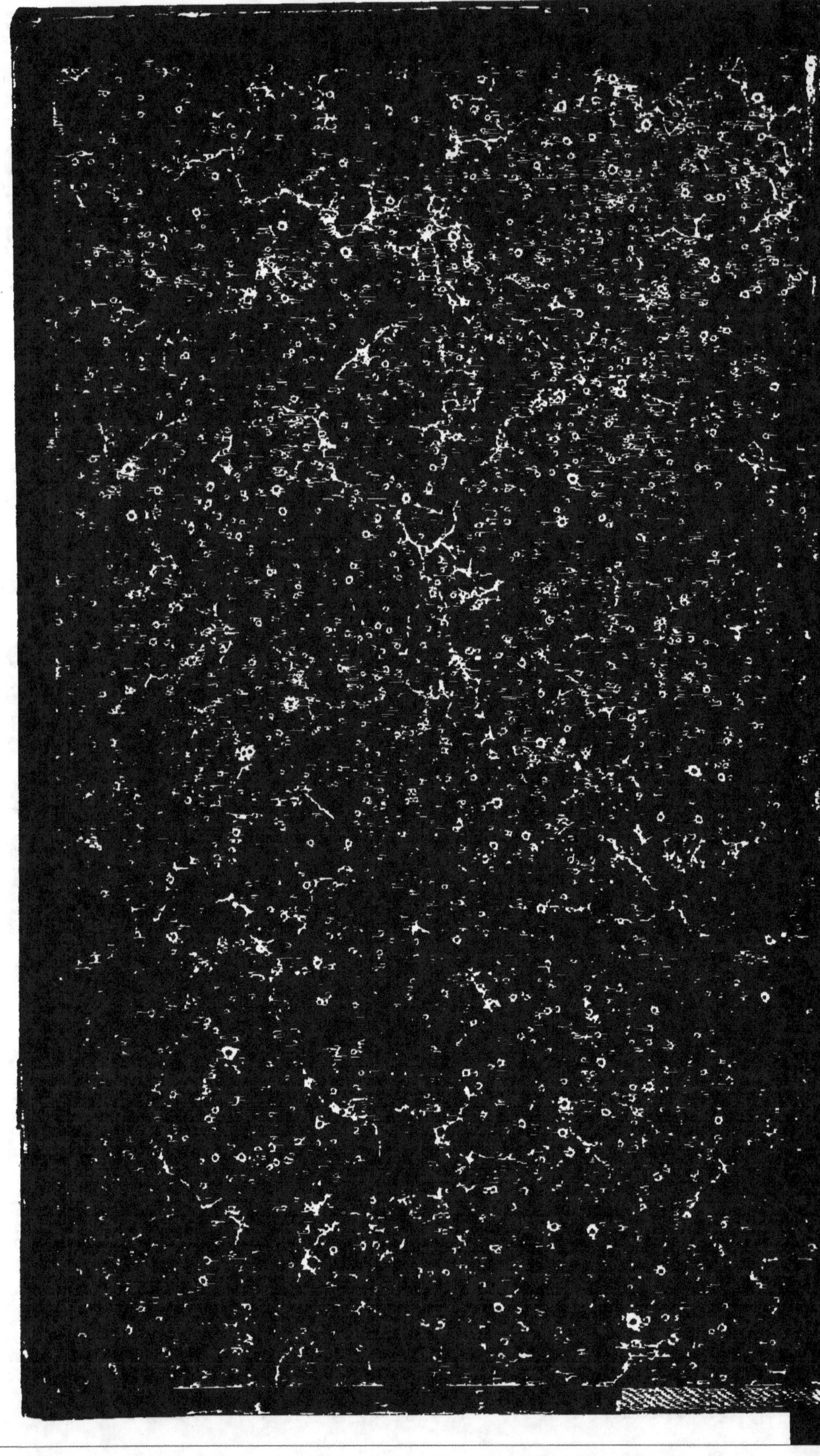

SUJETS ET COMPOSITIONS
D'HISTOIRE

La Composition,
Sujets, Plans et Développements de devoirs

PAR

A. AMMANN
Agrégé d'histoire,
Professeur au lycée Louis-le-Grand et au collège Chaptal.

PARIS
LIBRAIRIE CLASSIQUE FERNAND NATHAN
18, RUE DE CONDÉ, 18

Collection d'histoire (Programmes de l'Enseignement secondaire spécial et de l'Enseignement secondaire des jeunes filles). 1re ANNÉE : 1 vol. in-12, 1 toile, 3 fr. 50. 2e ANNÉE : 1 vol. in-12, 1 toile, 3 fr. 50. 3e ANNÉE : 1 vol. in-12, 1 toile... 3 50

SUJETS ET COMPOSITIONS

D'HISTOIRE

SUJETS ET COMPOSITIONS

D'HISTOIRE

LA COMPOSITION
SUJETS, PLANS ET DÉVELOPPEMENTS DE DEVOIRS

PAR

A. AMMANN

Ancien élève de l'École normale supérieure,
Agrégé d'histoire, professeur au lycée Louis-le-Grand et au collège Chaptal.

PARIS
LIBRAIRIE CLASSIQUE FERNAND NATHAN
18, RUE DE CONDÉ, 18

1888

SUJETS ET COMPOSITIONS D'HISTOIRE

INTRODUCTION

LA COMPOSITION HISTORIQUE

Un des philosophes les plus ingénieux de l'antiquité, Lucien, a rédigé un *Traité sur la manière d'écrire l'histoire*, qui est un exposé lumineux des qualités nécessaires à un historien digne de ce nom. Mon ambition est moins grande : je n'ai pas la prétention de faire ici un Traité ; ce que j'offre aux élèves qui ont besoin pour leurs études de chaque jour ou pour leurs examens de composer des devoirs d'histoire, c'est une méthode pratique, appuyée sur quelques principes et confirmée par de nombreuses applications.

Généralement, ce qui manque aux élèves lorsqu'ils ont à traiter par écrit un sujet d'histoire, c'est moins encore le savoir que le savoir-faire ; ils connaissent plus ou moins complètement le détail des faits ; ils ignorent, ou plutôt ils oublient en écrivant que la composition historique, aussi bien que tout autre exercice intellectuel, doit être méthodique. Comme la narration française, ou le discours, ou la dissertation, elle doit obéir à des règles propres : ou plutôt, toutes ces règles particulières ne sont au fond que des applications diverses d'une règle unique, parce que les lois de l'esprit humain sont toujours immuables et identiques, quel que soit l'objet auquel il s'applique. Si l'on veut intéresser le lecteur ou le juge auquel on est soumis, il faut comprendre d'abord soi-même les événements que l'on veut raconter; il faut ensuite les disposer de façon à les faire comprendre de qui les lira. L'intelligence du sujet, rendue manifeste par la composition proprement dite ou le plan, c'est tout le secret du succès.

On demandait récemment à un de nos auteurs dramatiques, à un de ceux qui ont été de nos jours le plus applaudis, quelle était, selon lui, la principale cause de ses triomphes; il ne fit pas difficulté d'avouer que, « si ses comédies valaient quelque chose, c'était par la sévérité avec laquelle ses plans étaient construits. — J'entends par plan, écrivait-il ensuite, la succession développée, scène par scène, de toute la pièce, depuis son commencement jusqu'à sa fin. Tant qu'on n'a pas la fin de sa pièce, on n'en a ni le commencement, ni le milieu. Ce travail est évidemment le plus laborieux; c'est la création. Une fois mon plan fini, je le reprends et je demande à chaque scène à quoi elle sert, si elle prépare ou développe une situation, une péripétie importante au sujet, enfin si elle fait marcher l'action. Une pièce est une bête qui doit toujours être en route;

si elle se ralentit, le public baille ; si elle s'arrête, il siffle... »

Voilà des règles qui s'appliquent à la composition historique, aussi bien qu'à la composition dramatique ; à vrai dire, elles doivent inspirer quiconque veut intéresser à un sujet, à quelque genre qu'il appartienne. C'est une vérité élémentaire, il semble même qu'il soit inutile de la rappeler ; elle est cependant journellement méconnue par les élèves dans la rédaction de leurs devoirs historiques : volontiers, ils s'imaginent qu'en histoire une seule qualité est requise, la science des faits ; leur mémoire leur fournit-elle un nombre suffisant d'événements et de dates, ils sont assurés de se tirer toujours d'affaire, pourvu que le style ne soit pas trop incorrect. D'ailleurs, ils dévident leur rouleau, le premier fait conduisant tout simplement au second, le second amenant le troisième, etc. ; quand ils sont arrivés au bout, ils mettent le point final, et, en toute sincérité, ils pensent avoir achevé un petit chef-d'œuvre qui va leur mériter les éloges de leur juge. Que de fois, dans ma carrière déjà longue de professeur, me suis-je trouvé aux prises avec cet étonnement naïf d'élèves qui, pour avoir surchargé leur mémoire d'un inutile bagage de détails, dont ils ne savaient tirer parti, se croyaient déjà devenus des historiens consommés ! Si les élèves dédaignent la méthode, s'ils ne veulent se fier qu'à leur mémoire, ils pourront bien faire une table des matières, un catalogue d'événements, ils ne feront jamais une *composition historique*.

Il faut bien reconnaître que, par la force même des

choses, l'enseignement de la composition historique reste généralement sur le second plan ; le maître qui enseigne l'histoire doit faire un cours à ses élèves ; il n'a pas, comme son collègue de littérature, le loisir de les initier peu à peu à tous les secrets de l'art de composer : l'inexorable nécessité d'un programme qu'il faut développer en entier dans un temps toujours court le presse depuis le commencement de l'année jusqu'à la fin, et l'oblige le plus souvent à restreindre singulièrement le temps qu'il peut consacrer aux conseils généraux et aux préceptes de composition. Qu'arrive-t-il ? C'est que le jeune homme qui entreprend d'écrire l'histoire reste fréquemment livré à lui-même et à ses propres inspirations ; si de sages avis lui font ensuite comprendre l'inexpérience de ses premiers essais, il n'en a pas moins perdu un temps précieux en tâtonnements inutiles ; il est même à craindre qu'ayant fait fausse route, découragé par des tentatives infructueuses et des échecs répétés, il n'abandonne la partie et ne prenne en dégoût un genre de travail où le succès ne répond pas à l'énergie de ses efforts. Que lui a-t-il cependant manqué pour réussir ? uniquement de donner à ces efforts une direction raisonnable ; comment le mettre en garde contre de nouveaux échecs ? en lui montrant clairement le but et les moyens de l'atteindre. On fait toujours mal ce qu'on ne comprend pas bien, ou dont on ne voit pas nettement la nature.

La source principale du mal, c'est que l'élève qui écrit un devoir d'histoire a toujours devant les yeux, ou devant l'esprit, le livre dans lequel il a étudié les faits ; et il n'a pas d'autre idéal que la reproduction plus ou moins intelligente ou servile du chapitre de ce livre qui a trait au sujet donné : avec une pareille disposition d'esprit, l'échec est infaillible. Il y a en effet une différence complète entre un chapitre de livre et un devoir d'élève : le chapitre n'est qu'un fragment, une partie d'un tout, il est préparé par les pages qui précèdent, complété par les pages qui suivent ; un devoir, au contraire, est un tout complet qui doit se suffire à lui-même, il faut qu'il ait son point de départ, son milieu, sa fin ; il doit conduire le lecteur, en partant d'une donnée certaine, à travers des péripéties dont on voit l'enchaînement naturel et logique, jusqu'à un point d'arrivée nettement déterminé. Et c'est là, pour le dire en passant, ce qui constitue l'utilité propre de cet exercice scolaire : si l'on se proposait uniquement de donner à l'élève la connaissance des faits et des dates, il suffirait d'exiger de lui qu'il apprît par cœur des résumés, qu'il emmagasinât dans sa mémoire le contenu des livres mis entre ses mains ; à quoi bon lui faire en outre traiter par écrit des sujets historiques ? Mais l'histoire, après avoir exercé et meublé sa mémoire, réclame aussi l'exercice de son intelligence ; il faut que son esprit se forme à juger et à raisonner par lui-même sur les événements, leurs causes, leurs conséquences, à traiter un sujet avec méthode, à analyser une situation, à saisir les avantages et les inconvénients possibles d'une conception politique, d'une alliance entre deux pays, d'une innovation dans la constitution intérieure d'un État, à peser des

raisons, à coordonner des faits et des idées, à en
suivre jusqu'au bout le développement, à exprimer sa
pensée avec sobriété, netteté et précision. En même
temps qu'on lui enseigne les faits de l'histoire générale,
on veut qu'il y applique sa réflexion, et qu'il s'habitue
à les comprendre assez pour pouvoir, à son tour, les
disposer dans un récit particulier.

Les sujets qu'on lui propose ne sont jamais empruntés au cours proprement dit, et par suite ne comportent
jamais la reproduction textuelle de la leçon faite par
le professeur ; mais ils s'appuient sur elle, elle les a
déjà mis à sa portée, elle les lui a rendus familiers. En
classe, par exemple, il a entendu le professeur exposer
la *Guerre de Trente Ans* dans son ensemble, avec la
complexité des événements qu'elle présente, ses causes
générales, les intérêts des divers peuples qu'elle met
aux prises, les péripéties qui la signalent, les modifications profondes qu'elle détermine dans l'état politique de l'Europe, etc. ; on lui demande ensuite d'exposer un point particulier de ce vaste ensemble : c'est le
rôle d'un peuple ou d'un général à retracer, ou l'influence de la diplomatie française à mettre en relief,
ou la conduite politique et militaire de Wallenstein à
éclairer et à discuter, ou les négociations, les clauses
et les conséquences des traités de Westphalie à exposer avec précision, etc. Telle est la nature de la composition historique.

Est-il nécessaire maintenant d'indiquer comment un
exercice ainsi entendu peut contribuer au développement général de l'esprit en même temps qu'à la

connaissance réelle et vivante de l'histoire ? Tant qu'on interroge simplement l'élève sur la suite des événements historiques, il ne peut fournir rien de personnel : c'est toujours la pensée de l'historien ou de son maître qu'il reproduit, non la sienne. Mais forcez-le à réfléchir sur ce qui lui a été enseigné : demandez-lui de distinguer les diverses politiques qui ont été aux prises dans la Guerre de Trente Ans, dites-lui de dégager et de mettre en lumière la politique du gouvernement suédois, de la séparer de toutes les négociations diverses poursuivies par les autres gouvernements européens et avec lesquelles elle se trouve comme confondue dans un récit d'histoire générale, obligez-le à en constater par lui-même le développement et à en retracer les péripéties, à faire voir clairement les rapports qui la lient aux autres faits contemporains ; ou bien encore, demandez-lui de faire connaître le caractère, les idées, le rôle d'un de ces hommes qui ont profondément marqué leur trace dans l'histoire, Charles-Quint, Richelieu, Louis XIV, Frédéric II, etc.; invitez-le à le juger avec modération, mais avec indépendance, à montrer ses mérites, à dévoiler ses défauts; que sur chacun de ces sujets il soit tenu de bien conduire sa pensée et sa mémoire, de saisir le point précis de la question proposée, de trouver une division simple et naturelle, de recueillir les faits et les idées nécessaires au développement complet et intelligent du sujet, de les disposer avec ordre, de les raconter dans un style net, clair, sans vain luxe ni déclamation; qu'il s'interdise sévèrement les excursions en dehors du sujet proposé, mais qu'il s'y renferme pour en traiter soigneusement toutes les parties; qu'enfin il résume dans une conclusion tous les enseignements que son récit peut nous fournir; qu'il se soumette à cet exercice avec courage, avec persévérance : et vous verrez en peu de temps quels progrès cet élève aura accomplis, les défauts dont il se sera corrigé, les qualités nouvelles qu'il aura acquises. Cet art ne gâte rien, il n'empêche pas d'être érudit et versé dans la connaissance des détails et même des menus faits, mais il donne à l'érudition tout son lustre, il aide l'élève à tirer le meilleur parti possible des ressources fournies par sa mémoire; en un mot, il permet d'ajouter au savoir, le savoir-faire.

Tel est le caractère propre, telle est l'utilité de la composition historique; il convient maintenant d'indiquer les moyens d'accomplir cette tâche avec succès, « et dans la mesure de perfection que l'on peut exiger des élèves ». Les points sur lesquels porteront mes conseils sont les suivants : comment faut-il étudier l'histoire? Comment faut-il préparer le plan du devoir? Enfin, comment faut-il exécuter le plan une fois qu'il a été mûrement étudié?

Sur le premier point, je serai bref : ce n'est pas qu'il n'ait une importance capitale; bien au contraire, il arrive fréquemment que l'insuccès dans les devoirs historiques a pour cause première une mauvaise méthode suivie dans l'étude de l'histoire. Si l'élève, quand il étudie sa leçon, songe uniquement à mettre dans sa mémoire des dates et des faits, il ne comprend pas réellement l'histoire, et, ne la comprenant pas, il ne pourra pas, le moment venu, la faire comprendre à ceux qui liront son devoir. Mais ici, rien ne peut remplacer la parole du maître, rien ne peut tenir lieu de ses explications en classe, de ses conseils sur les lectures à faire en dehors de la classe. Que l'élève seulement s'habitue à ne pas lire un ouvrage historique comme il ferait pour une œuvre de pure imagination dans laquelle on ne cherche qu'un délassement de l'esprit : il faut lire avec réflexion, en se rendant compte de l'enchaînement logique des idées et des événements, en s'arrêtant à chacune des divisions naturelles du chapitre pour analyser mentalement ce que l'on vient de lire et s'assurer ainsi qu'on le possède bien ; ce travail, qui amène l'élève à toucher du doigt en quelque sorte le plan suivi par l'historien dans la composition de son œuvre, produit toujours les meilleurs résultats, et soulage la mémoire en appelant à son aide l'intelligence.

Quand l'élève a étudié son cours d'histoire et qu'un sujet lui a été proposé, la première condition pour le bien traiter, c'est qu'il se rende exactement compte de ce qu'on lui demande. Cette observation est si simple, qu'à première vue on pourrait la trouver superflue ; cependant, il n'y a pas de vérité sur laquelle il convienne plus d'insister, parce qu'elle est fondamentale, c'est d'elle vraiment que tout dépend, — et d'autre part, il n'y en a pas qui soit plus fréquemment méconnue. Le plus souvent, l'élève est obsédé par le souvenir des lectures qu'il a faites et que sa mémoire ne lui retrace que trop fidèlement ; quand il prend la plume, il songe, non à ce qu'on lui demande, mais à ce qu'il a appris : il a, par exemple, à traiter le *Rôle de la Papauté pendant la période des guerres d'Italie ;* mais son professeur a exposé en classe le rôle de la France pendant cette période, c'est sous cette forme aussi que cette période a été racontée dans son livre ; c'est donc surtout de la France que l'élève se met à parler, il la maintient toujours sur le premier plan, et les papes ne figurent qu'accessoirement dans son récit ; le devoir est manqué, parce que le sujet a été mal compris. Il faut donc avant tout méditer son sujet, et tâcher d'en bien pénétrer le sens : sans quoi, on s'expose à sortir de la question, à se livrer à des digressions inutiles, ou même à traiter une question toute différente.

Ce précepte général est donc bon à rappeler en premier lieu ; mais comment s'y prendre pour le mettre en pratique ? Il me semble que l'élève comprendra d'autant mieux son sujet qu'il se sera posé à lui-même avec plus de soin les trois questions suivantes :

1° *Quel est le point précis de la question ?* (dans le sujet que je viens d'indiquer, il comprendra vite que ce qu'il doit montrer surtout, c'est l'influence de la Papauté sur les invasions des Français et des Espagnols, et l'ambition temporelle que les papes ont cherché à satisfaire à l'aide de ces invasions) ;

2° *Quelle est l'étendue de la question ?* (elle embrasse toute la politique pontificale depuis l'arrivée de Charles VIII en Italie, la diplomatie et les guerres, les succès et les revers que les papes ont successivement

éprouvés pendant cette période, dans leurs négociations et sur les champs de bataille);

3° *Quelles sont les limites de la question ?* (elle comprend l'histoire de la Papauté, mais seulement dans
ses relationsavec les guerres d'Italie ; par conséquent,
inutile d'insister sur le rôle littéraire et artistique
des papes, sur les origines de la Réforme, etc. ;
plus inutile encore de traiter spécialement l'histoire
de la France ou celle de l'Espagne pendant cette
période, etc.).

Toutes les indications que l'élève obtiendra en
répondant soigneusement à ces trois questions sur
n'importe quel sujet donné constituent ce que l'on
peut appeler les *idées générales* du sujet. Tant qu'on
ne tient pas bien dans son esprit ces idées générales,
on n'a qu'une notion vague de la question, et tout ce
que l'on fait participe de cette indétermination : il est
impossible de réunir et de grouper les événements
particuliers, de mettre en lumière les points essentiels
et de laisser les autres dans l'ombre, de suivre d'un
bout à l'autre du devoir un développement régulier
qui conduise à une conclusion logique. On débute par
des faits épisodiques et qui ne doivent exercer aucune
influence sur la marche générale du sujet ; les événements se succèdent les uns aux autres sans que rien
les amène, sans qu'on sache pourquoi ; les péripéties
arrivent sans qu'on les attende, elles tombent les unes
par-dessus les autres, elles tournoient en quelque
sorte sur elles-mêmes, et elles s'interrompent à la fin
du devoir sans motif apparent.

Décousu et flottant, ce sont deux mots qui reviennent souvent à l'esprit, tandis qu'on lit un devoir conçu d'après cette méthode ; on erre au milieu d'une obscurité continue qu'aucune lueur ne vient éclairer. Traiter un sujet historique sans en posséder les idées générales et sans les bien expliquer dès le début, c'est imiter le singe qui montre la lanterne magique sans allumer la lanterne.

On voit ainsi quel intérêt capital s'attache à bien saisir d'abord le point précis de la question. Dans toute question d'histoire, il y a un point essentiel qui en forme comme le nœud, et c'est à trouver ce nœud que l'élève intelligent et réfléchi doit avant tout s'appliquer ; quand il l'a trouvé, il ne doit plus avoir qu'une seule préoccupation, qui est de le rendre visible à l'esprit du lecteur. Il y a toujours plusieurs côtés dans un grand événement historique : la période des guerres d'Italie constitue un tout qui a comme une existence propre au milieu de l'histoire générale ; mais elle ne paraît pas la même à un Français, à un Espagnol, à un Italien, elle n'aura donc pas la même physionomie, suivant que l'élève, pour la raconter, devra se placer en France, ou en Espagne, ou en Italie. C'est comme une statue, ou un monument quelconque : il a bien par lui-même un caractère particulier, mais il ne produira pas une impression identique sur le spectateur qui le regardera de face, sur celui qui le regardera de côté, à droite ou à gauche. L'élève ressemble à ce spectateur : il doit décrire son sujet tel qu'il se présente à l'endroit précis où on l'a placé, sans se soucier de le

décrire en lui-même, sans donner une importance prépondérante aux parties qu'il ne peut apercevoir que
sur l'arrière-plan, sans parler même de celles qui sont
absolument cachées à sa vue. Tout doit être subordonné
à l'idée générale du sujet donné : c'est là *une règle absolue*, et, quand on la viole, on s'en trouve toujours mal.

Mais comment s'y prendre, pour se placer sûrement
au point voulu ? L'élève doit peser avec réflexion le
texte qui lui a été dicté, en examiner tous les termes
dans sa pensée, sans subtilité, ni raffinement, ni fausse
profondeur ; il doit rechercher aussi l'intention qui a
pu suggérer ce texte à son professeur, voir s'il n'y a
pas un mot principal qui contienne le nœud de la
question, se rappeler aussi les questions voisines de
celle qui lui a été posée, remarquer ainsi les différences caractéristiques qui peuvent les séparer ; en
un mot, faire preuve de sagacité et de bon sens, en
même temps que de science historique : car, ici comme
toujours, les règles sont inefficaces sans le savoir
préalable et sans le jugement. — Mais il faut aussi se
garder d'un défaut contraire à celui que je combats
en ce moment, et qui ne laisse pas que de se rencon-
trer souvent, surtout chez les commençants : il y a des
esprits timorés, qui veulent trop bien faire ; pour eux,
une question n'est jamais clairement posée, et ils
s'embarrassent dans divers sens qu'ils imaginent, quand
il n'y en a qu'un seul, le plus naturel de tous, qui soit
raisonnable. J'ai vu un élève, intelligent d'ailleurs et
laborieux, à qui on avait donné ce sujet : *Guillaume III,
stathouder de Hollande et roi d'Angleterre*, commettre

pour le motif que je viens de dire une erreur singulière : il se figura qu'on lui demandait seulement de
montrer l'influence exercée par Guillaume d'Orange
sur l'histoire intérieure de la Hollande et sur celle de
l'Angleterre, et qu'il lui était expressément interdit de
faire même allusion aux luttes soutenues par lui
contre Louis XIV : comme si ce n'était pas en sa qualité de stathouder d'abord, de roi d'Angleterre ensuite,
qu'il a pu jouer un rôle prépondérant dans le maintien
de l'équilibre européen, menacé par l'ambition intem-
pérante du grand roi. Il était impossible de faire plus
complétement fausse route. Qu'on ne subtilise donc
pas trop sur le sens des mots, qu'on s'attache plutôt à
l'esprit qu'à la lettre, qu'on n'invente pas des obscu-
rités ou des difficultés gratuites, là où le sens est clair
et facile.

Le sujet une fois compris, on ne sera plus exposé à
se troubler ou à se désespérer ; on s'y intéressera parce
qu'on y verra clair ; on saura s'orienter, et déjà entrevoir les parties principales. Mais toutes les difficultés
ne seront pas encore surmontées : avant de prendre la
plume et de commencer à traiter la question, il faudra
encore se faire un plan général.

Faire un plan, c'est-à-dire diviser le sujet, en ordon-
ner et en agencer les parties, c'est une des premières
règles de la méthode historique. Sans doute ce plan ne
sera pas formellement énoncé dans le devoir, auquel
il donnerait un aspect rébarbatif et par trop scholastique ; mais il doit être toujours présent à l'esprit de
l'élève qui écrit : sans un cadre nettement tracé, il ne

peut s'orienter, ni disposer les détails de telle façon qu'ils mettent en lumière le point précis de la question, au lieu de le masquer; en un mot, sans un plan, il est impossible de traiter convenablement le sujet le plus facile.

Au contraire, une bonne division éclaire tout l'ensemble, elle permet au lecteur de se reconnaître, de suivre le progrès des événements, de mesurer le chemin parcouru : au lieu de piétiner sur place, on se rend compte du mouvement continu qui entraîne du point de départ jusqu'à la conclusion.

Deux cas peuvent se présenter : ou la division est indiquée par le texte même de la question, ou elle ne l'est pas ; dans le premier cas, les grandes lignes du plan vous sont données, dans le second vous avez à les trouver vous-même. Mais dans un cas comme dans l'autre, il y a certaines règles à observer et qu'il est bon d'indiquer.

En premier lieu, il arrive fréquemment que la division générale est toute tracée par la manière même dont la question est posée aux élèves; c'est ce dont on peut facilement se convaincre quand on parcourt une liste des sujets donnés à différents examens ou concours dans ces dernières années : *Louvois, ses origines, ses réformes militaires, son rôle politique ; — comparez l'attitude de Louis XIV en face de l'Europe dans les premières années de son règne (1661-1672), dans celles qui suivent la paix de Nimègue (1678-1688), et enfin dans la période de décadence (1697-1715) ; — Turgot, situation dans laquelle il trouve la France, ses actes, ses projets ;*

— Exposez le rôle de la France dans l'émancipation des colonies anglaises de l'Amérique du Nord, négociations, opérations militaires en Amérique, guerre maritime géné- rale, etc., etc. — Quand la question est ainsi présentée, il faut non seulement n'omettre aucun des points qui ont été spécialement désignés dans l'énoncé, mais encore on fera bien de respecter l'ordre indiqué : on doit supposer en effet que cet ordre n'est pas arbi- traire, qu'il correspond à une intention particulière dans l'esprit de celui qui l'a choisi ; et, en le modifiant, on risque de changer la question ou de montrer qu'on ne l'a pas bien comprise. Mais n'allez pas vous figurer d'autre part que, lorsqu'une division vous a été ainsi indiquée, vous n'avez plus rien à faire qu'à marcher de l'avant, et que votre besogne est toute faite d'avance. Un plan en effet ne consiste pas seulement dans la juxtaposition des parties : il faut encore établir un lien entre elles, il faut donner à chacune d'elles l'impor- tance qui lui convient et établir dans l'ensemble une juste proportion. Faute de cette précaution, on risquera presque fatalement de développer outre mesure cer- taines parties peut-être secondaires, d'en négliger ou d'en écourter d'autres qui sont capitales ; surtout, on s'exposera à ne pas distinguer suffisamment le point principal, le nœud du sujet, auquel toutes les parties doivent logiquement se rattacher, et qui en fait toute l'unité. Ainsi, dans le sujet relatif à Louvois que je citais tout à l'heure, si vous commencez tout simple- ment par la biographie du ministre, pour exposer ensuite les réformes auxquelles il a attaché son nom,

et enfin les actes politiques auxquels il a poussé Louis XIV, votre devoir n'intéressera pas parce que l'unité n'y sera nulle part; il sera confus et obscur, parce que rien ne fera comprendre comment un même homme a pu faire à la fois tant de bien et tant de mal à la France. Mais, si vous m'avez expliqué d'abord le caractère de Louvois, si vous m'avez montré en lui cet étonnant génie d'organisateur et d'administrateur joint à un si monstrueux égoïsme, alors tout se tiendra dans votre récit, et je serai tout prêt à répéter avec vous le jugement célèbre : « L'administrateur chez Louvois est hors de cause, mais on peut faire à l'homme politique son procès. »

Dans le second cas qui peut se présenter, qui même se présente le plus souvent, le plan n'est pas indiqué ; dans l'énoncé de la question, il n'y a rien qui puisse mettre l'élève sur la trace de la division qu'il doit adopter. Ici, je n'aurais que l'embarras du choix, si je voulais citer des sujets de composition historique qui remplissent cette condition : *Louis XI et Richelieu ; — rôle des États généraux dans l'histoire de la monarchie française ; — rôle politique du Parlement de Paris au dix-septième siècle ; — tableau historique de la formation du royaume de Prusse ; — état de la France à la fin des guerres d'Italie,* etc... Dans des sujets de ce genre, une fois que l'élève s'est rendu compte de la question qui lui est posée, son premier soin doit être de faire lui-même la division ; ce n'est pas chose facile, mais c'est indispensable, et c'est de là que dépend en très grande partie le succès de la composition.

Comment s'y prendre? en analysant la question dans ses éléments essentiels, en examinant les principales périodes qu'elle présente, en observant l'ordre logique plus encore que l'ordre chronologique dans lequel ces périodes se succèdent. Si les idées générales du sujet ont été nettement saisies, le plan se présentera presque toujours de lui-même, clair et facile, il se dessinera naturellement dans l'esprit de l'élève. Prenons par exemple l'étude sur le *rôle des États généraux dans l'histoire de la Monarchie française* : l'élève, réfléchissant sur le caractère de cette représentation nationale, s'apercevra facilement qu'elle n'est pas devenue une institution régulière, parce qu'il n'y avait pas en France de texte de loi, de Charte, qui obligeât le roi à la convoquer à des intervalles périodiques; mais, toutes les fois qu'elle a été convoquée, au quatorzième comme au dix-septième siècle, soutenant le roi ou le combattant, à travers la diversité des temps et des circonstances, elle a toujours attesté son amour de l'indépendance nationale, et son amour de la liberté : — d'abord, au quatorzième siècle, en aidant Philippe le Bel à défendre l'indépendance de sa couronne contre les prétentions pontificales, et plus tard en appuyant l'interprétation de la loi salique; — ensuite pendant les misères de la guerre de Cent Ans, en essayant d'arracher le pouvoir aux mains incapables de la royauté; — puis en redevenant l'auxiliaire des rois, quand les rois eux-mêmes sont redevenus les gardiens de la politique nationale, de l'unité française, de l'intégrité du territoire, vers le milieu du quinzième siècle ; — enfin, quand s'établit en France la royauté administrative, de la fin du quinzième siècle au commencement du dix-septième, en élaborant avec les conseillers du roi les grandes réformes gouvernementales et judiciaires, tout en s'élevant avec force, quoique sans persévérance et sans succès, contre le despotisme royal. — Voilà un plan qui, à ce qu'il me semble, satisfait à toutes les exigences d'une bonne division : il est clair et naturel, les parties en sont distinctes, enfin il est entier et complet, il ne laisse en dehors rien de ce qui est essentiel ou utile à dire sur le sujet donné. Mais qui ne voit que ces divisions résultent comme d'elles-mêmes des idées générales qui ont été énoncées dès le début? Quand on a bien saisi le caractère vrai des États généraux, on conçoit naturellement que les péripéties ou les catastrophes accumulées pendant ces trois siècles devaient provoquer en eux cette série de sentiments divers, devaient les amener à prendre successivement en face de la royauté ces attitudes différentes qui sembleraient contradictoires à un observateur superficiel, qui se développent au contraire logiquement aux yeux de celui qui pénètre au fond des choses. Et tel est en effet l'avantage d'une bonne division : au milieu de la variété des faits qui se succèdent, elle permet de suivre l'unité réelle du sujet.

Pour citer l'expression d'un des maîtres de la science historique contemporaine, une *division extérieure* est toujours mauvaise, la qualité essentielle d'une bonne division, c'est d'être *intérieure;* cela veut dire que lorsqu'on trace le cadre général d'une composition historique, il ne faut pas s'attacher à des considérations tout à fait secondaires ou insignifiantes, extérieures au sujet, pour en distinguer les différentes parties : une division de ce genre n'apporte rien à l'esprit, et à vrai dire n'en est pas une. Si vous me dites que l'histoire des États généraux comprend trois périodes successives, les États du quatorzième siècle, ceux du quinzième, et ceux du seizième, quelle lumière me donnerez-vous sur la question que vous prétendez traiter? aucune, assurément; mais aussi c'est là une division tout extérieure, purement chronologique. J'ai eu un jour à corriger le devoir d'un élève qui avait à tracer un tableau général du règne de Louis XIV; il avait découvert que ce règne peut se partager en quatre tranches égales, de 18 ans chacune (de 1643 à 1661, ministère de Mazarin; de 1661 à 1679 jusqu'à la paix de Nimègue; de 1679 à 1697 jusqu'à la paix de Ryswick; de 1697 à 1715 jusqu'à la mort du roi), et il était enchanté de cette division : mais qu'apprend-elle sur le caractère de ce long règne, comment prépare-t-elle à comprendre et à suivre les vicissitudes dont il a été rempli? C'est tout au plus un soulagement pour la mémoire, un procédé mnémotechnique, ce n'est pas une division intelligente. Pour diviser réellement cette question, il ne fallait pas s'arrêter à la considérer ainsi du dehors, mais pénétrer en quelque sorte à l'intérieur : dans une première période, le génie de Mazarin, de Colbert, de Louvois, prépare la grandeur du règne et le conduit jusqu'à son apogée;

puis Louis XIV s'infatue de sa propre puissance, il abandonne les traditions nationales au dehors et rêve d'asservir l'Europe, au dedans il impose un despotisme de plus en plus lourd ; aussi la France cesse de grandir, et c'est un temps d'arrêt ; la conséquence nécessaire, c'est enfin une période de décadence, lente d'abord et comme insensible, mais qui se manifeste de plus en plus fortement, et aboutit aux désastres de la fin du règne.

Quand l'élève a trouvé les idées générales du sujet à traiter et qu'il en a tiré naturellement la division, on peut dire que le devoir d'histoire est fait ; l'essentiel du moins est obtenu. Il est vrai qu'après avoir tracé le cadre, il faut encore le remplir, il faut y disposer les événements divers, négociations ou actes administratifs, campagnes, batailles, stipulations des traités, etc., sans oublier les dates nécessaires pour donner de la solidité au récit. C'est ce qui répond à l'*invention* en style de rhétorique ; mais l'invention historique est beaucoup plus facile que l'invention oratoire : la mémoire lui vient en aide et lui fournit facilement tous les matériaux nécessaires. Il est vrai qu'il ne faut pas prendre pêle-mêle et au hasard tout ce qu'elle fournit ; ici encore il est besoin d'intelligence et de sagacité, pour choisir et retenir parmi tous les faits de l'histoire générale ceux qui appartiennent en propre au sujet, pour reconnaître et rejeter impitoyablement ceux qui n'ont avec lui aucun rapport, pour deviner et utiliser comme il convient ceux qui, tout en étant au fond étrangers au sujet, le touchent cependant par quelque côté, et peuvent servir à projeter sur lui une lumière inattendue. C'est là surtout que l'élève ingénieux prouve et fait apprécier son intelligence : « il est, comme dit Bacon, un art de chercher qui est une chasse bien organisée et bien conduite. »

Enfin, voilà le travail préparatoire de la composition historique achevé : l'élève a saisi les idées générales du sujet, tracé le plan et les grandes divisions, accumulé et choisi les faits et les dates, il n'a plus qu'à prendre la plume et à écrire son devoir; la tâche que je me suis assignée est donc à peu près terminée. Cependant, pour l'exécution matérielle du travail, j'aurai encore quelques observations à présenter, quelques conseils pratiques à donner.

Une composition historique, comme toute œuvre de l'esprit, se compose de différentes parties; il y a toujours un commencement, un milieu, et une fin. Le commencement, c'est le préambule; le milieu, c'est le corps même du devoir; et la fin, c'est la conclusion.

Le préambule est peut-être la partie la plus importante, celle du moins qui demande à l'élève le plus d'attention et d'habileté; elle doit, le plus brièvement et le plus clairement qu'il est possible, poser la question, la faire comprendre, en exposer les idées générales, en indiquer les divisions. Aussi son importance ne saurait être exagérée. D'abord c'est le premier point sur lequel se porte l'attention du juge : il s'agit d'exciter son attention et d'éveiller en lui une idée favorable; ensuite, pour l'élève même, il y a un très grand intérêt à bien commencer, à entrer comme il faut dans le sujet : une question bien posée est à moitié résolue. Comment s'y prendre pour obtenir ce double bénéfice?

D'abord, le préambule doit être simple et court : trop long, recherché, pompeux, il rebute et fatigue l'esprit du lecteur qui ne sait à quoi se prendre. — En second lieu, il ne faut pas qu'il soit banal, ni qu'il convienne à plusieurs sujets : rien de plus fastidieux que des phrases de convention ou des vérités générales sans aucun rapport direct avec la question à traiter ; une petite habileté, parfaitement légitime, et excellente pour éviter la banalité du début, c'est d'introduire dès la première phrase du devoir les expressions essentielles de l'énoncé qui a été dicté : il semble alors que le préambule naisse du sujet lui-même. — Enfin, n'oubliez pas que le préambule doit se suffire à lui-même, et ne peut pas s'appuyer sur des faits ou des principes historiques qui auraient été précédemment étudiés : une composition d'histoire, je l'ai déjà dit, n'est pas comme une rédaction qui se rattache à un cours. Les élèves sont volontiers portés à méconnaître cette vérité ; s'ils n'y prennent garde, entraînés par le souvenir de leur cours ou de leurs lectures, ils sont tentés de présenter le sujet comme la suite des événements qui se sont antérieurement produits ; c'est une faute contre laquelle ils ne sauraient trop se mettre en garde. Cette règle d'ailleurs, vraie pour le préambule, s'applique également ensuite à tout le corps de la composition historique.

Outre l'exposition du sujet, le préambule peut contenir aussi une division. Avant de commencer à traiter le devoir, l'élève doit toujours avoir la division très nettement arrêtée dans son esprit; mais il n'est pas toujours facile, ni même possible, de l'énoncer : ainsi, quand elle est clairement indiquée par le sujet même. Lorsqu'il est utile de l'exprimer, elle peut offrir un grand avantage : elle est comme un procédé ingénieux pour s'emparer de l'esprit du lecteur, car elle permet de lui faire embrasser l'ensemble des événements qui vont se dérouler devant lui, et de lui faire entrevoir d'avance le résultat; seulement, ce serait une grande maladresse, sous prétexte d'indiquer la division, de se borner à une sorte de résumé anticipé des faits : elle doit être présentée d'une manière indirecte et adroite, et toujours en quelques mots.

Quelle doit être la longueur du préambule? C'est une question que les élèves aiment à faire, mais à laquelle il est impossible de répondre avec précision; tout dépend en effet de la nature du sujet. En tout cas, le préambule doit être relativement court; quelquefois, on fera même bien de le réduire à sa plus simple expression, de le supprimer pour ainsi dire; c'est quand il ne pourrait être que banal, étant donnée la question, et que celle-ci apporte en elle-même tant de clarté et de simplicité que la réponse peut venir immédiatement. C'est à l'intelligence de l'élève de savoir discerner le cas.

Après le préambule vient le corps même du devoir. Ici, je ne puis faire que des remarques très générales.

Le sujet doit être naturellement traité de la manière la plus approfondie et la plus complète; mais il y a un art de grouper les détails, qui ne laisse pas languir l'intérêt. Si les faits sont simplement entassés les uns après les autres, si l'élève n'a eu visiblement d'autre préoccupation que celle d'accumuler les détails et de déployer le luxe de son érudition, le lecteur sera bien vite fatigué, et se sentira peu à peu gagné par l'ennui; il en sera tout autrement, si les détails se rattachent étroitement aux idées que vous voulez mettre en relief, s'ils ne figurent pas simplement pour faire nombre, mais sont présentés comme des preuves et des éclaircissements, si, au lieu de cacher et d'étouffer la suite des idées générales qui constituent l'unité du sujet, ils la mettent dans son plein jour et la rendent visible depuis le commencement jusqu'à la fin du devoir. D'heureuses dispositions naturelles peuvent faire naître ce talent d'exposition historique, mais un long exercice de l'art de la composition pourra seul le développer pleinement dans l'esprit des élèves.

La conclusion, qui doit terminer le devoir d'histoire, a une importance analogue à celle du préambule : c'est sur elle que se reposera en dernier lieu l'attention du juge; s'il importe de bien commencer et de disposer favorablement l'esprit de celui qui va vous lire, il importe aussi de bien finir et de le laisser sur une bonne impression. On a donc tort de négliger la conclusion, comme il arrive trop souvent, parce que, après avoir traité toute une composition historique, on a hâte de se reposer, et on finit tant bien que mal.

En outre, et par elle-même, la conclusion a une grande importance logique : elle fixe les résultats de l'étude que l'on a poursuivie, et permet de voir clairement l'ensemble. Elle doit donc être autre chose qu'un point mis à la fin du devoir : il faut qu'elle expose le dénouement naturel des événements qui viennent de passer devant nos yeux ; par là même elle les complète. Tant que l'esprit ne possède pas ce complément nécessaire du récit, il n'est pas satisfait, parce qu'il n'est qu'à moitié éclairé.

Il résulte de là que la conclusion, sous peine d'être défectueuse, doit être dans un rapport étroit avec l'ensemble du devoir : c'est pourquoi il est souvent utile de la faire précéder d'un petit résumé où, en quelques lignes, sont ramassés et condensés les principaux développements du devoir ; avant de s'arrêter au point d'arrivée, il n'est pas mal de jeter un regard en arrière, et de revoir toute la route que l'on a suivie depuis le point de départ.

Naturellement, dans la conclusion il faut écarter les détails et les idées accessoires ; surtout, il faut se garder d'ajouter de nouveaux développements et de recommencer le travail qu'on a dû faire complet dans le corps du devoir. Il arrive parfois que l'élève, ayant omis des faits essentiels, veut leur donner place dans sa conclusion : c'est un très grave défaut.

La conclusion est également vicieuse quand, au lieu de s'appuyer sur les faits exposés dans le devoir et contenus dans la période que l'on a racontée, elle se fonde sur les événements futurs et prend le ton prophétique.

Quelquefois la conclusion peut être, sinon omise, du moins ramenée à quelques mots, à une simple phrase, et l'effet n'en est que mieux produit : c'est une question de mesure et de discernement, pour laquelle l'élève n'a d'autre guide que son intelligence. Je ne pourrais que répéter ici, pour la conclusion, ce que j'ai dit plus haut pour le préambule, dans un cas semblable.

Telles sont les règles qui, si on les observe avec intelligence, me semblent propres à conduire au succès dans la composition historique. Ce sont elles que j'ai appliquées moi-même dans les Plans de Devoirs qui suivent, et qui offrent comme la *mise en pratique* de la *théorie* du devoir d'histoire telle que je la conçois. Dans cette centaine de sujets, j'ai eu soin de passer en revue tous les types possibles de devoirs qui peuvent être donnés à des élèves : étude d'une question générale, développement pendant une période donnée de la politique d'une nation, tableau d'institutions et d'organisation intérieure, récit d'une guerre, exposé des relations entre deux pays alliés ou séparés par une hostilité profonde, étude biographique d'un personnage, comparaison entre deux généraux ou deux ministres, état d'un pays ou d'un groupe de pays à un moment donné, etc. Je promène ainsi l'esprit des élèves non seulement à travers le temps et l'espace, mais à travers la variété des sujets qui peuvent être imaginés dans le cadre immense de l'histoire universelle : c'est que si les règles générales sont toujours les mêmes, l'application doit bien évidemment différer suivant la nature et le caractère de la question posée ; j'aurais pu, au risque de prolonger indéfiniment cette Introduction, expliquer théoriquement par des préceptes cette différence d'application ; il m'a paru plus utile, plus pratique, de la faire toucher du doigt par la mise en œuvre.

Enfin, on s'exposerait à de sérieux mécomptes si on voulait chercher dans ce volume autre chose que ce qu'il a l'intention de donner : ce que j'offre ici aux élèves, ce sont des *Plans* de devoirs, et non des *Devoirs* tout faits, des matières d'exercice, et non des exercices achevés ; j'ai voulu leur indiquer le travail qu'ils doivent accomplir dans leur intelligence avant de prendre la plume et de passer à la rédaction de leur composition, je n'ai pas prétendu composer à leur place. Ainsi s'explique et se justifie la longueur fréquente des *Préambules* : ils montrent ce qu'il faut avoir dans l'esprit avant de traiter un sujet, et non ce qu'il faut mettre dans le préambule même du devoir : c'est à la sagacité intelligente de l'élève de condenser, de préciser ces données, de les mettre au point. Pour l'exercice de la composition historique, comme pour tous les exercices intellectuels, les règles sont stériles par elles-mêmes, si on ne sait pas les appliquer.

PLANS DE DEVOIRS

HISTOIRE ANCIENNE

I. — La Civilisation de l'ancienne Égypte.

C'est en Égypte que s'est développée la civilisation humaine la plus ancienne, celle du moins dont l'antiquité est attestée par les témoignages chronologiques les plus certains; elle a été aussi pendant longtemps la plus mystérieuse, et jusqu'au quatorzième siècle les fables les plus singulières se sont accréditées à son sujet. — Cette ignorance s'explique : d'un côté, par le mystère des inscriptions hiéroglyphiques, les seuls monuments authentiques de cette antique civilisation, et qui n'ont pu être déchiffrés qu'après les travaux des Français Champollion et Mariette-Bey; — d'un autre côté, par l'isolement moral dans lequel ont vécu les anciens Égyptiens, et qui résultait de leur isolement géographique; avec un soin jaloux, ils dissimulaient aux nations étrangères ce qu'ils pensaient comme ce qu'ils savaient : « Les Égyptiens, dit Hérodote, ont eu des mœurs et des lois opposées à celles des autres hommes. »

La civilisation égyptienne présente donc un caractère national exclusif; c'est ce que l'on constate dans les croyances religieuses, dans les institutions politiques et sociales, dans les sciences et les beaux-arts.

2.

1° *Croyances religieuses.* — Il faut distinguer celles dont les prêtres avaient conservé la tradition, et celles du peuple ; les prêtres adoraient un dieu unique, dont ils personnifiaient les attributs ou les pouvoirs par des symboles empruntés généralement au monde animal (le bœuf Apis, l'ibis, etc.), tandis que le peuple se laissait aller à adorer ces symboles mêmes. — Croyance à la vie future (Osiris, protecteur des âmes des morts), à la résurrection des corps (les momies, tombeaux indestructibles, tels que les pyramides).

2° *Institutions.* — La population de l'Égypte était partagée en trois classes : les prêtres qui avaient le monopole de la science et des fonctions administratives ; les guerriers chargés de la défense du pays ; le peuple, qui travaillait la terre et exerçait les métiers. — Ces classes n'étaient pas fermées : un homme du peuple pouvait s'élever par sa science ou son courage. — Le gouvernement était un despotisme, tempéré par la crainte d'un jugement auquel le roi était soumis après sa mort : condamné, il était privé de l'immortalité.

3° *Développement intellectuel.* — Les anciens Égyptiens avaient poussé assez loin leurs connaissances en astronomie (fixation de l'année à 365 jours $^1/_4$), en géométrie, en médecine, en mécanique ; — leur littérature, fort riche, est presque entièrement perdue ; — leur architecture et leur sculpture cherchaient à exprimer la force, plus que la grâce et l'élégance (les pyramides, les obélisques, les sphinx, etc.).

Conclusion. — Les Égyptiens ont eu la gloire de précéder leurs voisins dans la voie de la civilisation ; mais leur instinct égoïste les a empêchés d'être, comme seront plus tard les Grecs, « les éducateurs du genre humain. » Pour avoir voulu vivre à l'écart du reste du monde, ils se sont condamnés eux-mêmes à l'immobilité et à la décadence.

II. — Comparer la Constitution de Lycurgue et celle de Solon.

Lycurgue et Solon ont été les législateurs des deux plus importantes cités grecques, dont le nom domine toute l'histoire du monde hellénique, Sparte et Athènes; le premier a fait de Sparte un camp toujours sous les armes, où tout était sacrifié aux intérêts militaires; Solon assura à la démocratie athénienne un libre et naturel développement en tous sens.

Mais aussi le contraste est profond entre les deux constitutions auxquelles ils ont attaché leurs noms, entre leurs lois politiques et civiles.

1° *Lois politiques.* — Une seule pensée anime toute la constitution de Lycurgue, la préoccupation exclusive des intérêts de l'État au détriment des intérêts privés qui sont absolument sacrifiés. Division de la population en trois classes, *Doriens*, *Laconiens* et *Hilotes*, les premiers ayant seuls des droits politiques; pouvoir apparent des *deux rois* régnant conjointement; mais ils sont surveillés de près par les *éphores*, et toute l'autorité réelle appartient à une aristocratie de trente vieillards, les *sénateurs*; l'Assemblée du peuple ne peut rien.

C'est elle, au contraire, qui est vraiment la maîtresse à Athènes : le peuple fait les lois, et dans les tribunaux rend la justice; il est divisé en quatre classes d'après le revenu, et la première classe seule fournit les *archontes* investis du pouvoir exécutif et les membres de l'*Aréopage;* mais le plus pauvre citoyen peut, par son travail, s'élever aux premiers rangs de l'État. La constitution de Solon s'efforce donc de concilier l'aristocratie et la démocratie.

2° *Lois sociales et civiles.* — Fortunes privées : Solon ne songe pas à les régler, et elles dépendent du travail de chacun; Lycurgue conçoit la chimère de les immobiliser par décret. — Liberté individuelle : à Sparte, elle subit un effroyable despotisme ; depuis sa naissance jusqu'à sa mort, le citoyen appartient à l'État qui impose à tous même éducation, même genre de vie, mêmes exercices gymnastiques et condamne toute culture intellectuelle. A Athènes, Solon recommande les exercices de l'esprit aussi bien que ceux du corps, n'interdit au citoyen aucune des affections de famille, et laisse à chacun le libre emploi de ses forces. — Les étrangers sont chassés de la Laconie, ils sont accueillis à Athènes. — Les esclaves à Sparte, les *Ilotes*, sont soumis à la plus horrible tyrannie ; la loi athénienne adoucit l'esclavage.

La conclusion, c'est que Sparte après d'éclatantes victoires fut brisée par quelques désastres et tomba dans l'oubli : rien n'a survécu d'elle. Au contraire, la liberté imprima aux Athéniens un admirable élan en toutes choses, et faillit leur donner une suprématie bienfaisante sur le monde grec ; par elle, « ils éclairèrent et immortalisèrent encore la Grèce, quand ils ne pouvaient plus la gouverner. »

III. — Rôle d'Athènes dans les guerres médiques.

Ce n'est pas seulement le sort de la Grèce, c'est l'avenir même de la civilisation humaine qui a été en jeu dans les guerres médiques ; ces guerres en effet ont mis aux prises la liberté et le despotisme, le progrès et la barbarie, le génie grec et l'Asie esclave. Athènes a joué dans ces guerres le rôle prépondérant ; rien de plus naturel : ne personnifiait-elle pas, mieux que les autres villes de la Grèce, la civilisation hellénique ?

C'est Athènes qui soutint seule à Marathon le premier effort des Perses, qui contribua surtout à briser définitivement à Salamine et à Platées la force agressive du grand roi, qui enfin rejeta les Perses en Asie et émancipa tout le monde grec.

1° Quand les colonies grecques d'Asie voulurent secouer

le joug perse, Athènes seule, avec une généreuse imprudence, les soutint : aussi Darius tourne sa vengeance contre les Athéniens, qui ne sont soutenus par aucune autre ville grecque, sauf Platées. Première expédition perse, arrêtée par la tempête au mont Athos (492); seconde expédition vaincue par Miltiade à Marathon (490).

2° Quand le grand roi, plus irrité qu'affaibli par ces échecs, réunit toutes ses forces pour accabler la Grèce, ce sont encore les Athéniens qui, au milieu des autres Grecs désunis, indécis, ou préparant leur défection, personnifient le patriotisme grec. Rôle glorieux de Thémistocle. Tandis que Léonidas et ses Spartiates se font tuer glorieusement, mais inutilement, aux Thermopyles, la flotte athénienne sauve la Grèce à Salamine, et Thémistocle partage avec le spartiate Pausanias la gloire de Platées qui délivre le sol hellénique (479).

3° Sparte juge alors la lutte finie, et veut désarmer ; Athènes au contraire veut affranchir tout ce qui est de race hellénique, et même les Grecs d'Asie. En dépit des obstacles que lui suscite la mesquine jalousie des Spartiates, elle atteint ce but glorieux par trente années de victoires : traité de Cimon (449).

C'est donc à Athènes que les colonies grecques d'Asie devaient leur liberté, et la Grèce entière sa sécurité. La supériorité de la marine d'Athènes, ses nombreuses colonies, sa conduite loyale et généreuse, l'éclat de ses grands hommes, lui assuraient légitimement le premier rang ; c'est sur la reconnaissance que se fondait sa suprématie.

IV. — Périclès et son temps.

L'époque de Périclès est la plus véritablement grande de l'histoire athénienne. La suprématie incontestée qu'Athènes exerça alors sur le monde grec était due aux services qu'elle avait rendus pendant les guerres médiques, aux victoires de ses généraux, à la sagesse de sa constitution ; elle est due aussi à l'habileté de Périclès, qui par son éloquence majestueuse, par son intelligence des affaires, par la dignité parfaite de sa vie, exerça pendant quarante années une véritable dictature, mais la dictature de la persuasion, compatible avec la liberté.

Périclès, né vers 494 avant J.-C. ; son père Xanthippe, un des vainqueurs de Mycale ; son grand-oncle Clisthène, restaurateur de la liberté après la chute des Pisistratides. De très bonne heure, Périclès fut un des chefs de la démocratie ; mais ce n'est qu'après la mort de Cimon (449) que son influence devint absolue. — Il veut : 1° compléter la constitution ; 2° consolider et maintenir la puissance d'Athènes ; 3° embellir Athènes et la rendre digne de sa puissance.

1° Il achève d'abord l'œuvre d'Aristide, qui a rendu les citoyens les plus pauvres admissibles à toutes les fonctions publiques ; les pouvoirs de l'Aréopage sont diminués ; les citoyens qui ont assisté à l'Assemblée ou aux tribunaux reçoivent une obole du trésor public.

2° Construction des *Longs Murs* pour unir Athènes à ses ports ; entretien de 300 galères, de 60 000 marins, de 13 000 *hoplites* ; colonisation d'Égine et de l'Eubée, colonies nouvelles en Thrace et sur le Pont-Euxin. — En 440, répression de la révolte de Samos. En 431, les Athéniens soutiennent Corcyre révoltée contre Corinthe ; ce fut l'origine de la guerre du Péloponnèse, dont Périclès ne vit que le début, ayant été enlevé en 429 par la peste d'Athènes.

3° Construction d'admirables monuments (Odéon, Propylées, Parthénon) ; chefs-d'œuvre de Phidias, des architectes Ictinus et Callicrates, des peintres Xeuxis, Polygnote et Parrhasius ; les poètes tragiques Eschyle, Sophocle, Euripide ; comédies d'Aristophane ; l'historien Hérodote ; les philosophes Socrate et Anaxagore, etc.

Conclusion. — « Ce qu'il y a de plus glorieux dans ma vie, dit Périclès à son lit de mort, c'est que je n'ai fait prendre le deuil à aucun Athénien. » Nobles paroles, justifiées par une noble conduite : chez Périclès, la grandeur morale était digne du talent politique. L'histoire, en donnant son nom à son siècle, lui a donc accordé un honneur mérité.

V. — Philippe et Démosthène.

La lutte de Philippe et de Démosthène, c'est « le grand duel de l'homme qui, armé de sa parole seule, fait hésiter, arrête, et plus d'une fois repousse un roi puissant et victorieux. » Elle dura sans interruption de 352, date de la première Philippique, à la mort de Philippe en 336.

Ambition de Philippe : il a fait de la Macédoine une forteresse qui domine la Grèce, et veut réaliser enfin sous sa domination l'unité du monde hellénique ; mais il trouve devant lui un adversaire indomptable, l'orateur athénien Démosthène. Démosthène a pour lui l'éloquence, le bon sens, la prévoyance, le sentiment des devoirs des Athéniens, mais les circonstances furent plus fortes que son génie : le patriotisme est mort à Athènes, il n'y a que des soldats mercenaires, le peuple n'a d'ardeur que pour les jeux, de faveur que pour les intrigants. — Néanmoins, rien ne lasse le zèle de Démosthène.

1° Une première fois ses *Philippiques* éveillent la vigilance des Athéniens, au moment où le roi de Macédoine, vainqueur des Phocidiens dans une *première guerre sacrée*, veut s'emparer des Thermopyles, la porte de la Grèce (352). Résultat : Philippe garde la Thessalie, mais il a échoué aux Thermopyles, et pour calmer les défiances des Grecs, il doit rester quelque temps étranger aux affaires de la Grèce.

2° Dans une seconde période, Démosthène est moins heureux : ses *Olynthiennes* ne peuvent sauver Olynthe (348), ni empêcher Philippe de s'emparer à l'improviste des Thermopyles à la faveur d'une *seconde guerre sacrée* (345).

3° Le moment suprême est alors arrivé : malgré le génie

de Démosthène, l'ambition persévérante de Philippe lui a enfin ouvert les portes du monde grec ; désormais, il voudra en être le maître. C'est en 338 qu'éclate la crise : Démosthène est impuissant à déjouer la trahison de l'orateur Eschine qui fait donner à Philippe le commandement d'une *troisième guerre sacrée;* du moins il fait conclure une alliance entre Thèbes et Athènes. Mais les derniers défenseurs de l'indépendance grecque sont vaincus à Chéronée, et l'Assemblée de Corinthe nomme Philippe généralissime des Grecs contre les Perses. — Philippe assassiné par Pausanias (336).

Conclusion. — Démosthène représente le plus noble effort du patriotisme grec ; grâce à lui, les Athéniens pouvaient « jurer par les morts de Marathon qu'ils n'avaient pas dégénéré de leurs ancêtres ; » Athénien, il a lutté avec une admirable énergie pour écarter de sa patrie le joug macédonien. — Mais notre admiration pour lui ne doit pas nous empêcher de rendre justice à son rival : Philippe a su imposer à la Grèce l'unité qu'elle n'était pas parvenue à se donner elle-même, et il a préparé ainsi l'invasion féconde de l'Asie par le génie grec. Il a servi la cause du genre humain, et Démosthène n'a défendu que celle de la Grèce.

VI. — Organisation de Rome au temps des rois.

L'antiquité racontait complaisamment la vie souvent merveilleuse des sept rois qui auraient gouverné Rome depuis sa fondation (753) jusqu'en 509 ; la critique moderne a renversé toutes ces légendes, elle ignore même si ces rois ont existé. Mais elle sait avec une précision suffisante comment a été constitué à l'origine le peuple romain, quel a été son gouvernement primitif, et enfin quelles modifications ont été introduites dans ce gouvernement jusqu'à l'expulsion des rois.

1º *Constitution du peuple romain.* — A l'origine, « la famille a été le type de l'État » ; la famille antique ou *gens*, était beaucoup plus vaste que les nôtres, les branches collatérales ne se séparant pas de la branche aînée. La *gens* a un chef unique ; outre les descendants du père commun, ou *patriciens*, elle comprend des *clients*, ou protégés héréditaires de la *gens*. Chaque *gens* forme donc une petite société pourvue de tous ses organes, avec son chef, sa classe noble, sa classe inférieure, ses coutumes.

2° *Gouvernement primitif.* — La réunion de dix familles forme une *curie*, celle de dix *curies* une *tribu*, et enfin trois *tribus* constituent la *cité*. L'assemblée des 300 *pères de famille* ou *Sénat* exerce toute l'autorité réelle, les lois sont faites par l'assemblée du peuple ou *comices par curies ;* le *roi* n'est que le délégué du Sénat, et le gouvernement est tout aristocratique ; — outre le *peuple romain* proprement dit, il y a dans Rome beaucoup d'étrangers domiciliés : ce sont les *plébéiens*, qui ne sont pas citoyens.

3° *Modifications constitutionnelles.* — Antagonisme inévitable entre le Sénat qui veut conserver le pouvoir, et les rois qui veulent l'usurper en s'appuyant sur les plébéiens, assassinat de Romulus, de Tullus Hostilius, de Tarquin l'Ancien. Servius Tullius triomphe un instant par l'établissement d'une constitution nouvelle, qui accorde des droits politiques aux plébéiens (*assemblées par centuries*) ; mais les nobles se vengent en expulsant les rois (509).

Conclusion. — La révolution de 509 n'est donc qu'un effort heureux de l'aristocratie patricienne pour recouvrer ses privilèges ; mais elle ne tranche rien d'une façon définitive ; patriciens et plébéiens restent en présence.

VII. — Luttes des patriciens et des plébéiens sous la République romaine.

La République romaine, bien loin d'établir à Rome l'égalité, avait rendu tout le pouvoir au *patriciat*, c'est-à-dire à une caste étroite, jalouse de ses privilèges, maîtresse des terres publiques comme des fonctions; la révolution de 509, qui avait enlevé aux Tarquins leur trône, avait fait perdre aux plébéiens leurs biens et leurs droits politiques. Il y avait donc à Rome une minorité riche et toute-puissante, une majorité réduite à la misère et à l'oppression; cette situation ne pouvait durer.

Mais il fallut aux plébéiens deux siècles d'efforts opiniâtres pour s'élever au rang de citoyens romains : c'est par degrés successifs qu'ils parvinrent à leur but. D'abord ils se donnèrent des chefs, puis ils obtinrent l'égalité civile, enfin ils conquirent l'égalité politique.

1° Horrible misère de la plèbe après 509, poids écrasant des dettes; les premières réclamations des plébéiens sont étouffées par la création de la dictature (498). Enfin, poussés à bout, ils se retirent sur le mont Sacré, et ne rentrent à Rome qu'après avoir obtenu des *tribuns du peuple* (493) : désormais, ils ont des chefs pour guider leurs efforts.

2° *Conquête de l'égalité civile.* — Les tribuns protègent d'abord la personne des plébéiens (*intercedo*), et s'opposent aux lois oppressives (*veto*); ils organisent ensuite des assemblées de plébéiens, les *assemblées par tribus*, où la plèbe peut exprimer sa volonté; enfin, après l'exil de Coriolan et une première proposition de *loi agraire*, ils réclament des lois écrites. Le *Décemvirat* (451-449) : jusqu'alors, les patriciens seuls connaissaient la loi et l'appliquaient; la *Loi des Douze Tables* fut la même pour tous, patriciens et plébéiens.

3° *Conquête de l'égalité politique.* — C'est le tribun Canuléius qui engage la lutte sur le terrain politique, il réclame le partage du consulat entre les deux ordres : le consulat remplacé par le *tribunat consulaire* (444), création de la *censure* réservée aux patriciens. — Après l'Allia, *lois Liciniennes :* admissibilité des plébéiens au consulat rétabli, partage des terres publiques (366). — Les plébéiens admis à la dictature (355), à la censure (351), à la préture (lois Publiliennes, 337).

Conclusion. — Désormais, il n'y a plus qu'un seul peuple dans Rome, et ses ennemis s'en aperçoivent bien vite à la vigueur des coups qu'elle porte : alors commence la conquête de l'Italie et du monde.

VIII. — Annibal et les Romains.

C'est « le duel d'un grand homme et d'un grand peuple ». Annibal est un des plus étonnants génies qu'ait produits l'antiquité; s'il fut vaincu, ce fut beaucoup moins par le talent de Fabius et de Scipion que par l'admirable politique avec laquelle le Sénat romain avait consolidé sa puissance en Italie.

Au service de sa haine profonde contre Rome, Annibal mit d'abord un génie militaire hors ligne, puis les ressources d'une habileté politique inconnue jusqu'à lui, enfin des talents extraordinaires d'administrateur.

1° *Annibal général.* — Il prépare d'abord en Espagne l'armée dont il a besoin pour exécuter le plan hardi qu'il a conçu : prendre l'offensive et envahir l'Italie ; avantages de ce plan. — A Sagonte, il trouve l'occasion de commencer la guerre (219); après avoir traversé la Gaule et les Alpes, il s'ouvre au Tessin le bassin du Pô, à la Trébie l'Italie péninsulaire, à Trasimène le chemin de Rome; arrêté par les temporisations de Fabius, il écrase à Cannes (216) l'armée de Varron. — Mais il ne peut ébranler la fidélité des alliés

(Capoue), ni forcer le réseau des *colonies* qui protègent Rome à distance.

2° *Annibal politique et diplomate.* — Alors, abandonné de sa patrie qui redoute son ambition, il ne s'abandonne pas lui-même et cherche à coaliser contre Rome tous les États intéressés à sa chute : il est le premier homme qui ait songé à *généraliser une guerre.* Mais il échoue partout (défaite de Philippe de Macédoine, perte de Syracuse et de Capoue, défaite du Métaure), et rappelé contre Scipion en Afrique, il est vaincu à Zama (202). Carthage cesse d'être une puissance politique pour n'être plus qu'une ville de commerce.

3° *Annibal administrateur.* — Annibal, sans désespérer un instant, profite de la paix pour relever sa patrie ; il détruit à Carthage la constitution aristocratique qui l'a perdue, lui donne une armée nationale, rétablit la richesse publique, négocie avec les puissances Orientales. Mais Rome, dont les craintes s'éveillent, le force à s'exiler ; il va alors poursuivre sa tâche contre-Rome auprès d'Antiochus de Syrie, de Prusias de Bithynie, jusqu'au jour où, forcé de s'empoisonner, « il délivre les Romains de leurs terreurs. »

Rien n'est plus admirable que le génie et l'opiniâtreté d'Annibal contre Rome ; mais le génie étroit, égoïste, mercantile de Carthage ne rendait pas son triomphe souhaitable. La victoire de Rome a mieux servi la civilisation.

IX. — L'Espagne, du troisième au premier siècle av. J.-C.

L'Espagne, avec de grandes richesses naturelles, des populations fières et belliqueuses, située à l'extrémité du monde civilisé, était restée à peu près en dehors de l'histoire générale, jusqu'au jour où Amilcar et les Carthaginois vinrent chercher dans cette péninsule une compensation aux pertes qu'ils avaient subies dans la seconde guerre punique (238).

Ce jour là commença pour l'Espagne une période de guerres continuelles qui dura deux siècles; elle fut d'abord le théâtre d'une lutte ardente entre les Romains et les Carthaginois; puis elle défendit vaillamment, mais inutilement, son indé·pendance contre Rome; enfin, elle subit le contre-coup des guerres civiles qui ruinèrent la République romaine.

1º De 238 à 201. — Partagée politiquement en un grand nombre de tribus, l'Espagne n'était pas en état de repousser les Carthaginois attirés par ses mines d'or et d'argent; Amilcar Barca en neuf ans soumet le sud et l'ouest de la Péninsule, Asdrubal fonde Carthagène et s'avance jusqu'à l'Èbre où les Romains veulent l'arrêter. Pendant la seconde guerre punique, Scipion gagne l'amitié des indigènes et arrache l'Espagne à Carthage.

2º De 201 à 133. — Mais les Espagnols s'aperçoivent alors qu'ils n'ont fait que changer de maîtres; les Romains, qu'ils avaient accueillis comme des libérateurs, les traitent en sujets; aussi la révolte est générale. Froide cruauté et infâmes trahisons des Romains, massacre des Lusitaniens; héroïsme du pâtre Viriathe, assassiné en 140; destruction de Numance par Scipion Émilien (133). — L'Espagne, épuisée, ne peut continuer la lutte, elle est divisée en deux provinces romaines, l'*Ultérieure* et la *Citérieure*, séparées par l'Èbre.

3º *L'Espagne sous la domination romaine.* — L'Espagne essaie en vain de se relever en soutenant le proscrit Sertorius (80-72), puis les lieutenants et les fils de Pompée : Afranius et Petreius sont d'abord vaincus par César, Cnéus Pompée est battu et tué à Munda (45). — Enfin, les dernières tribus restées indépendantes dans les Pyrénées sont soumises par l'empereur Auguste (26-21 av. J.-C.).

Conclusion. — Par ces deux siècles d'hostilités sanglantes, l'Espagne paya son initiation à la vie civilisée. Elle allait enfin trouver, sous la *paix romaine*, la prospérité matérielle et intellectuelle.

X. — Les Gracques.

Les vices moraux et sociaux dont souffrait la République romaine après la conquête du monde réclamaient un prompt remède : il fallait réformer la société, reconstituer la classe moyenne entre l'extrême opulence et l'extrême misère, encourager le travail libre. Les Gracques tentèrent d'opérer cette réforme générale.

Leur origine, fils de Sempronius Gracchus et de Cornélie, fille de Scipion l'Africain; leur éducation, influence de leur mère; leurs idées : ils veulent faire renaître la classe moyenne, Tibérius en recourant uniquement à une loi agraire, Caïus en concédant aussi le droit de cité aux Italiens.

1° Tibérius Gracchus, l'aîné, nommé tribun en 133 : caractère doux, nature honnête. La loi agraire : elle est très équitable, car elle ne reprend que les *terres publiques* à ceux qui les ont usurpées, et elle leur en laisse 500 arpents en toute propriété; — elle doit avoir d'heureux résultats, chasser de Rome une foule de pauvres qu'elle transformera en propriétaires fonciers; — mais elle est d'une exécution très difficile. Opposition furieuse des grands ; déposition du tribun Octavius qu'ils ont gagné à leur cause. Émeute des nobles, Scipion Nasica : assassinat de Tibérius.

2° Dix ans plus tard, son frère Caïus Gracchus veut le venger et exécuter ses projets; éloquent, hardi, énergique, il est maître absolu à Rome pendant ses deux tribunats (123-122). Ses plans : il reprend la loi agraire de Tibérius et veut la compléter par la fondation de plusieurs colonies agricoles; — pour gagner l'appui des chevaliers, il leur fait donner le pouvoir judiciaire, réservé jusqu'alors aux sénateurs; — il propose d'accorder le droit de cité aux Italiens.

Mais cette dernière proposition est impopulaire, jalousie de la plèbe contre les nouveaux citoyens ; Caïus s'absente

pour conduire une colonie à Carthage, et ne peut à son retour obtenir un troisième tribunat; sédition excitée contre
lui par le consul Opimius, il se fait tuer par un esclave (121).

Conclusion. — Loin d'avoir voulu renverser l'ancienne
constitution, les Gracques ont voulu en prévenir la chute
par des réformes nécessaires; ils ont succombé parce que la
force armée leur a manqué. La leçon ne sera pas perdue
pour les ambitieux qui après eux deviendront les chefs de
la plèbe.

XI. — Le renversement de la République romaine.

Causes de la révolution qui a renversé à Rome le gouvernement républicain; elles sont la conséquence des conquêtes
romaines; création d'une aristocratie nouvelle qui a le monopole de la richesse et du pouvoir; disparition de la classe
moyenne; immense multitude de prolétaires, sans patriotisme, sans aucune vertu civique; corruption des mœurs au
contact de l'Orient. — Montesquieu a dit que *la liberté qui
conquiert doit se corrompre.*
Un siècle presque entier de guerres civiles précéda et
amena la substitution de l'Empire à la République; il est
rempli successivement par la rivalité de Marius et de Sylla,
par celle de César et de Pompée, par celle d'Octave et d'Antoine. Ce sont comme les trois étapes de l'établissement du
despotisme, et à chacune d'elles on constate un affaiblissement plus marqué de l'idée républicaine : en face de Marius,
de César et d'Octave, qui sont les chefs de la démocratie
césarienne, Sylla veut fermement rétablir l'antique constitution aristocratique; après lui, Pompée, dans la défense de
la constitution, voit surtout le triomphe possible de son
ambition personnelle; quant à Antoine, ce n'est qu'un ambitieux égoïste, sans aucun semblant d'idées politiques.
1° *Rivalité de Marius et de Sylla.* — Origines démocratiques

de Marius; son crédit, gagné dans les guerres contre Jugur-
tha et contre les Cimbres; mais il ne sait rien faire de ce
crédit, et son ascendant pâlit devant celui de Sylla, chef des
nobles (guerre sociale et guerre de Mithridate). Marius fugi-
tif à Minturnes, son retour à Rome où il meurt (86). Retour
de Sylla, ses proscriptions, sa constitution aristocratique,
son abdication et sa mort.

2° *Rivalité de César et de Pompée.* — Pompée, vainqueur
de Sertorius, de Spartacus, des pirates, de Mithridate, a
d'abord détruit la constitution de Sylla; il associe son ambition à celle de Crassus et de César, premier triumvirat,
César consul (59). — La disparition de Crassus laisse dans
un tête-à-tête dangereux César, chef de la plèbe, qui conquiert en Gaule une gloire incomparable et une armée dévouée, et Pompée, qui s'est rapproché du Sénat. Pompée
seul consul, César franchit le Rubicon (49). — Défaite de
Pompée à Pharsale, sa mort; ses partisans battus à Thapsus
et à Munda. César dictateur, ses projets, son assassinat (44).

3° *Rivalité d'Octave et d'Antoine.* — Le second triumvirat
réunit les lieutenants de César, Antoine et Lépide, et son
neveu, Octave. Les triumvirs se débarrassent de leurs ennemis personnels (proscriptions), puis de l'armée sénatoriale
(bataille de Philippes) (42). — Octave se rend maître de
l'Italie et supplante Lépide, tandis qu'Antoine s'oublie en
Orient auprès de Cléopâtre. — Antoine et Octave en viennent
aux mains; bataille d'Actium (34). Octave, vainqueur, prend
le nom d'Auguste, et réunit entre ses mains les diverses
magistratures républicaines : l'Empire est fait.

Conclusion. — Octave ne fut pas le seul fondateur de l'Empire : cette révolution politique a été le résultat des efforts
accumulés de tous les ambitieux qui avaient troublé l'État
depuis Marius, elle a été la conséquence presque nécessaire
de l'insuccès des Gracques.

XII. — Les Antonins.

L'époque des Antonins (96-192 ap. J.-C.) a été appelée *l'âge d'or de l'empire;* l'adoption fut alors la règle de la succession au pouvoir : elle donna une série de cinq empereurs excellents, terminée malheureusement par un sixième empereur détestable, le seul précisément qui ait dû la pourpre non à l'adoption, mais à l'hérédité.

La prospérité de l'empire au temps des Antonins, due à Nerva et surtout à Trajan, arrivée à son apogée avec Adrien et Antonin, s'affaiblit sous Marc-Aurèle et finit par disparaître avec Commode.

1° *Prospérité croissante.* — Nerva, honnête homme, commence dignement la série des Antonins : il pose ce principe de l'adoption qui fit « de la cour impériale au deuxième siècle une vraie pépinière de vertu », et adopte Trajan. — Trajan (98-117), Espagnol, est véritablement le plus grand des empereurs. Homme de guerre de premier ordre : conquête et colonisation de la Dacie (Roumanie) pour protéger la frontière du Danube inférieur; guerre contre les Parthes pour protéger la frontière orientale. Administrateur hors ligne : relèvement du sénat, sage gouvernement des provinces, économie et probité, grands travaux publics (routes, ports, colonne Trajane, etc.), création d'un service d'assistance publique. L'empire arrive à son apogée.

2° *Période d'apogée.* — Adrien (117-138) prince pacifique, liquide l'héritage de Trajan, abandonne les conquêtes en Orient, et rend les frontières invulnérables par de grands travaux de fortification (mur d'Adrien); réformes capitales introduites dans le droit (édit perpétuel); continuels voyages du prince à travers les provinces, qu'il pacifie et embellit. — Antonin (138-161), le *Père du genre humain;* aucun incident à citer sous son règne : « Heureux les peuples qui n'ont pas d'histoire ! »

3° *Décadence*. — Mais la prospérité s'altère ensuite, malgré les vertus de Marc-Aurèle (161-180), grand prince en même temps qu'austère philosophe : guerres pénibles sur le Danube et en Orient, calamités publiques en Italie (peste, tremblements de terre, etc.). — Commode (180-192), indigne fils de Marc-Aurèle ; paix humiliante avec les Germains, les supplices recommencent à Rome ; l'empereur gladiateur.

Conclusion. — Les Antonins ont uni « deux choses jadis incompatibles, l'empire et la liberté ». Mais en réalité, cette succession de princes excellents fut un heureux hasard, et ne fut rien de plus ; rien n'ayant été changé dans les institutions, l'empire ne valait que ce que valait personnellement le souverain. Le siècle des Antonins reste donc une exception.

HISTOIRE DU MOYEN AGE

XIII. — Conquête de la Gaule par les Romains.

La Gaule était habitée par une des plus belliqueuses populations de l'antiquité : les Gaulois ont rempli tout le monde ancien du bruit de leurs exploits, et fait trembler les Romains jusque dans Rome (*tumultus gallicus*). Malheureusement, ils ne formaient pas un corps de nation : pas d'unité politique, trois ou quatre cents peuplades ennemies les unes des autres, dans chaque État deux factions toujours en lutte, guerres civiles perpétuelles; toutes ces causes destinaient les Gaulois à devenir la proie de leurs ambitieux voisins, attirés d'ailleurs en Gaule par la richesse naturelle du pays et son heureuse situation géographique.

Il a cependant fallu aux Romains, pour venir à bout de si redoutables adversaires, un demi-siècle de politique habile, patiente, hypocrite, et ensuite tout le génie militaire de Jules César.

1° C'est au milieu du deuxième siècle avant J.-C. que les Romains, maîtres enfin de la Gaule Cisalpine (bassin du Pô), pour se délivrer à jamais de la terreur que leur inspirait le nom gaulois et pour rattacher à l'Italie leurs possessions espagnoles, songèrent à entreprendre la conquête de la Gaule proprement dite ou Gaule Transalpine. — Ils y parurent d'abord comme des auxiliaires et des défenseurs : sous prétexte de protéger Marseille contre ses voisins, ils fondèrent dans la Gaule méditerranéenne les colonies d'Aix et de

Narbonne, et firent de ce pays leur première *province* (*Provence*) au delà des Alpes (118). — Avec Marius, vainqueur à Aix, ils arrêtèrent les horribles ravages des peuples germaniques qui avaient envahi la Gaule, les Cimbres et les Teutons (101), et gagnèrent la reconnaissance des Gaulois. — Aussi, quand les Gaulois furent de nouveau menacés par d'autres invasions germaniques, celles des Helvètes et des Suèves, ils implorèrent encore le secours de Rome : ce fut César qui arriva.

2º *Défaites des Gaulois divisés.* — César allait d'abord défendre la Gaule, mais pour l'asservir ensuite ; alors commence une terrible guerre de huit années, la *guerre de l'indépendance gauloise;* dans une première période (58-54), la tâche de César est facilitée par les divisions mêmes des Gaulois, qui restent isolés et sont successivement vaincus. — Après avoir barré la route aux Helvètes et aux Suèves, César pénètre en maître dans la Belgique et l'Armorique, et impose le joug aux Aquitains ; expéditions en Germanie et en Grande-Bretagne, pour effrayer les auxiliaires possibles des Gaulois.

3º *Les Gaulois s'unissent.* — Mais alors les Gaulois, avertis par l'expérience, cherchent à s'unir pour défendre leur indépendance. Première tentative faite par Ambiorix dans le Nord : après quelques succès, il finit par être accablé. — Nouvelle et plus sérieuse tentative faite par le Vercingétorix, insurrection générale de la Gaule, César battu à Gergovie ; mais ensuite, le Vercingétorix est vaincu sur les bords de la Saône, siège d'Alésia (52). Fin de la résistance.

Conclusion.— Il faut honorer hautement l'héroïsme patriotique des Gaulois qui se dévouèrent si noblement pour sauver l'indépendance de leur patrie; mais il faut aussi avouer que la Gaule devait retirer de la domination étrangère deux grands bienfaits : la paix intérieure et la civilisation.

XIV. — Quelles sont les causes du triomphe des Francs au temps de Clovis?

Au moment où Clovis devint le chef des Francs Saliens de Tournay (481), la Gaule, envahie depuis trois quarts de siècle par les barbares, était divisée entre cinq dominations différentes : les Francs au nord entre le Rhin et la Somme, les Gallo-Romains entre la Somme et la Seine, des cités indépendantes dans l'Armorique et entre la Seine et la Loire, les Wisigoths au sud de la Loire, les Burgondes dans la vallée de la Saône et du Rhône. — De ces cinq dominations, celle des Francs était certainement la plus faible, celle qui semblait avoir le moins de chances de s'élever jamais au-dessus des autres. Clovis lui assura cependant l'empire de la Gaule.

Ce résultat fut dû beaucoup moins à la puissance matérielle ou aux talents de Clovis, qu'à la situation même des peuples qui occupaient la Gaule à cette époque, et à des causes religieuses que Clovis sut fort habilement exploiter à son profit.

État de la Gaule en 481. — *1º les Gallo-Romains.* — Bien que l'Empire d'Occident eût été renversé depuis cinq ans en Italie, cependant un chef romain, Syagrius, possédait encore le pays entre la Somme et la Seine et le gouvernait pour son propre compte; en outre, beaucoup de villes gallo-romaines dans l'Armorique et entre la Seine et la Loire vivaient dans une indépendance complète, administrées chacune par un magistrat, le *Défenseur de la Cité*, qu'elles élisaient elles-mêmes. Évidemment, ces petits États, débris d'une société qui s'écroulait, n'avaient pas d'avenir et étaient fatalement destinés à disparaître.

2º Les États barbares, Burgondes, Wisigoths, Francs. — Parmi les États fondés par les envahisseurs germains, celui des

Burgondes, et surtout celui des Wisigoths (qui s'étendait aussi au sud des Pyrénées), paraissaient réellement puissants. Mais en réalité, ils subissaient déjà l'influence de causes sérieuses de décadence : d'abord, l'influence du climat méridional souvent fatal aux hommes du Nord, ensuite le contact trop rapide de la civilisation ; les Wisigoths surtout, qui erraient dans l'empire depuis plus d'un siècle, s'étaient laissé amollir. — Au contraire les Francs, arrivés les derniers dans la Gaule, demeurés sur les confins de la Germanie où ils se retrempaient sans cesse, conservaient encore toute la vigueur de la barbarie.

Causes religieuses. — Mais la cause la plus puissante du triomphe de Clovis, ce fut son alliance étroite avec le clergé national de la Gaule. Les Burgondes et les Wisigoths étaient ariens, tandis que les populations gauloises étaient restées fidèles à l'orthodoxie : Clovis en inclinant vers le catholicisme, en acceptant d'épouser une princesse catholique, enfin en se convertissant lui-même, gagna l'appui des évêques : saint Remi fit sa fortune. L'Église et Clovis gagnèrent tous deux à cette alliance : les évêques se débarrassèrent de la domination de persécuteurs hérétiques, et les Francs acquirent en eux d'ardents auxiliaires, qui leur gagnèrent d'avance les populations, les guidèrent, éclairèrent leur marche (rappeler les incidents significatifs de la guerre contre les Wisigoths).

Conclusion. — « Clovis ne fut que la grossière ébauche d'un grand homme », mais son œuvre fut plus grande que lui : tirant heureusement parti des circonstances, il fit cesser le morcellement dont la Gaule souffrait depuis l'invasion, et prépara ses glorieuses destinées.

XV. — Comparez Clovis et Théodoric.

Ce sont deux chefs germains qui à la fin du cinquième siècle fondèrent des dominations barbares sur des terres qui avaient fait partie de l'ancien empire d'Occident : l'un établit les Francs en Gaule, l'autre les Ostrogoths en Italie. Quelles difficultés matérielles eurent-ils à vaincre pour constituer leur royaume? Comment le gouvernèrent-ils après l'avoir conquis? Quelle était la valeur morale de ces deux personnages, et quel jugement pouvons-nous porter sur leur œuvre?

1º Clovis et Théodoric eurent d'abord l'un comme l'autre à faire œuvre de conquérants. — A l'origine, la puissance de Clovis était bien inférieure à celle du roi des Ostrogoths : il ne commandait qu'à 5 000 guerriers, et il avait à combattre des royaumes fondés depuis longtemps et régulièrement constitués, ceux des Burgondes et des Wisigoths; il se laissa guider par des politiques qui le dépassaient beaucoup en habileté, les évêques gallo-romains, et c'est ce qui assura sa victoire. — Théodoric n'eut à compter que sur lui-même : il est vrai qu'il commandait à une grande nation, et que les Barbares fédérés d'Odoacre, contre lesquels il se dirigeait, s'étaient, par leurs violences, rendus odieux aux Italiens leurs sujets. Quatre années (489-493) lui suffirent pour conquérir toute l'Italie, tandis que Clovis ne soumit la Gaule que morceau par morceau, par une série de guerres continuées pendant plus de vingt années (486-507).

2º Théodoric et Clovis firent tous deux reconnaître, et en quelque sorte légitimer leur pouvoir par les chefs de l'empire grec, le premier par l'empereur Zénon (489), le second par l'empereur Anastase (508). — Mais Clovis n'eut pas d'idées générales de politique, et borna tous ses soins à s'assurer par la violence ou le meurtre les territoires qui étaient à sa portée entre le Rhin et la Loire. Théodoric, dans une pensée de prévoyante politique, travailla à établir sa suprématie sur tous les pays qui pouvaient avoir accès en Italie : de Ravenne, sa résidence, il dirige habilement ses généraux (conquête des pays entre les Alpes et le Danube au nord, entre la Durance et la mer à l'ouest, conquête de la Sicile au sud, réunion de l'Espagne) et il s'unit par des liens de famille à tous les rois barbares dont il paraît comme le suzerain.

3° Clovis resta barbare, et ne sut jamais former une conception de gouvernement supérieure à celle que pouvaient avoir les rois barbares. — Théodoric (souvenir et influence de son éducation à Constantinople) devient comme le continuateur des Césars : règle l'état des terres et des personnes, restaure dans les villes les administrations municipales, régularise les fonctions publiques, etc.; éclat littéraire.

4° Au point de vue moral, quelle différence entre Théodoric et Clovis ! Pour celui-ci, son baptême ne change rien à ses habitudes; il massacre avec une bonhomie atroce ses parents pour hériter de leurs royaumes. — Théodoric au contraire meurt de remords, en apprenant l'innocence d'hommes qu'il avait condamnés à mort, les croyant coupables.

5° Et cependant, malgré sa supériorité politique et morale, Théodoric n'a rien fondé de durable : son royaume et son peuple même ont disparu quelques années après sa mort. Clovis au contraire est le fondateur d'un État qui, après quinze siècles écoulés, occupe encore le premier rang à la tête des nations (influence du clergé : Clovis catholique, Théodoric arien).

Conclusion. — Théodoric est, avant Charlemagne, le seul roi barbare à qui l'histoire ait donné le nom de Grand. Pour Clovis, « son œuvre fut plus grande que lui. »

XVI. — Les invasions des Huns au IVe et au Ve siècle.

Ce sont les Huns qui, par leur déplacement au quatrième siècle, ont provoqué le vaste ébranlement du monde barbare, la chute de l'empire romain d'Occident, et, dans toute l'Europe, une distribution nouvelle des races et des peuples. Leur état antérieur à l'invasion : d'origine asiatique, de race mongole, d'une laideur hideuse, avec leurs yeux petits et ronds, leurs pommettes saillantes, leur nez écrasé; menant la vie nomade, ils campaient sous des tentes, et vivaient presque toujours à cheval.

Trois étapes dans leur mouvement d'invasion vers l'Occident : 1º ils renversent l'empire gothique; 2º ils s'établissent dans l'Europe centrale; 3º ils attaquent l'Occident (la Gaule et l'Italie).

1º *Établissement des Huns dans l'Europe orientale.* — C'est à la fin du quatrième siècle, en 372, que les Huns se jettent pour la première fois sur l'Europe orientale. Établie précédemment sur les confins de l'Europe et de l'Asie, entre la Caspienne et les régions polaires, la race hunnique (tartaro-finnoise) touchait par une de ses extrémités à l'empire chinois, par l'autre à la Baltique; divisée en deux rameaux : 1º les *Huns Nephtalites* ou *Huns blancs* à l'orient, 2º la *Horde noire* à l'occident.

A l'appel des Roxolans, sujets indociles des Ostrogoths, les Huns attaquent en 372 l'empire gothique, qui sous Hermanrich s'étendait du Tanaïs à la Theiss; défaite et mort d'Hermanrich; les Ostrogoths se soumettent aux Huns, les Wisigoths se réfugient sur les terres de l'empire d'Orient (376). Les Huns occupent donc tout l'ancien empire gothique, et ils y restent paisibles pendant vingt ans.

2º *Établissement des Huns dans l'Europe centrale.* — Maîtres des vastes plaines au nord de la mer Noire et du bas Danube, les Huns ne s'y fixèrent pas ; peu à peu, ils s'avancèrent vers l'Occident, placèrent leur camp sur les bords de la Theiss, et inspirèrent aux Germains, devenus leurs voisins, une terreur telle, que beaucoup de peuplades germaniques franchirent les Alpes ou le Rhin pour les fuir (la *grande invasion*, 406.) — Mais alors, divisions intestines entre les Huns, et temps d'arrêt dans leur mouvement vers l'Occident; pendant 20 ans, un très grand nombre de leurs guerriers se met à la solde de l'empire romain (armées d'Aëtius.) — En 434, avènement d'Attila, les Huns redeviennent redoutables.

3° *Attaques des Huns contre l'Occident.* — Attila, fils de Mundzuk, seul roi des Huns après l'assassinat de son frère Bléda, réunit sous une seule domination toutes les tribus hunniques. — Ses projets : « Né, dit Jornandès, pour épouvanter les peuples et ébranler la terre, » (le *fléau de Dieu*), il veut réunir dans son empire toutes les nations barbares, et anéantir ensuite le monde romain.

Ses actes : 1° Il soumet la Germanie, tout le nord de l'Europe sauf la Scandinavie, les peuples slaves, et étend sa domination jusqu'aux frontières de la Chine, plus par ses négociations que par la guerre. Son empire est plus vaste que l'empire romain. — 2° Son alliance avec Genséric, roi des Vandales d'Afrique; attaques infructueuses contre l'empire d'Orient, fière attitude de l'empereur Marcien («j'ai de l'or pour mes amis, du fer pour mes ennemis. ») — 3° Attila avec toutes ses forces s'engage à fond contre l'Occident (451); le Rhin franchi, la Gaule est ravagée jusqu'à Orléans, résistance de quelques villes ; après la bataille des Champs Catalauniques, Attila doit rentrer en Germanie. En 452, Attila envahit la Haute-Italie. En 453, sa mort subite en Germanie.

Conclusion. — Avec Attila finit la puissance des Huns : sa mort fut le signal de sanglantes guerres civiles, qui ruinèrent son empire, et les débris de son peuple durent retourner en Asie.

Il est à remarquer que chacun des mouvements des Huns

vers l'ouest a déterminé une des phases de la grande invasion germanique qui a détruit l'empire romain : 1º En renversant l'empire d'Hermanrich, ils ont déterminé l'invasion des Wisigoths ; 2º en occupant la Germanie, ils ont provoqué la Grande Invasion ; 3º enfin ils ont envahi eux-mêmes les terres impériales.

Ce sont donc les Huns qui ont exercé l'influence principale sur l'histoire du monde au quatrième et au cinquième siècle.

XVII. — Expliquer les causes de la décadence des Francs Saliens et des autres États barbares fondés sur les ruines de l'empire d'Occident.

C'est au commencement du cinquième siècle que les barbares renversèrent définitivement les frontières de l'empire d'Occident, et commencèrent à fonder des royaumes sur des provinces démembrées de cet empire ; c'est en 476 que l'Italie et Rome elle-même devinrent le siège de dominations barbares. Trois quarts de siècle avaient donc suffi aux Germains pour achever leur œuvre de démembrement et de conquête, pour substituer à l'unité impériale le morcellement le plus complet, pour s'établir en maîtres dans toutes les parties de l'ancien empire d'Occident : les Francs, les Burgondes, les Wisigoths, les Suèves en *Gaule* et en *Espagne*, les Anglo-Saxons dans la *Grande-Bretagne*, les barbares fédérés d'Odoacre et bientôt les Ostrogoths en *Italie*, les Vandales en *Afrique*.

Mais cet état de choses n'était pas destiné à durer : ces divers royaumes barbares allaient s'écrouler les uns après les autres, presque aussi vite qu'ils s'étaient élevés ; *dès le cinquième siècle*, le royaume d'Odoacre fut renversé par les Ostrogoths de Théodoric ; *au sixième siècle*, le royaume des Wisigoths au nord des Pyrénées tomba sous les coups des Francs qui, un peu plus tard, conquirent encore le pays des Burgondes ; les royaumes des Vandales et des Ostrogoths furent détruits par Bélisaire et Narsès, généraux de l'empire d'Orient ; le royaume des Suèves, à la fin de ce même siècle, devint la proie des Wisigoths d'Espagne ; *au huitième siècle,* les Wisigoths d'Espagne succombèrent à leur tour sous les coups de l'invasion arabe ; enfin, *au neuvième siècle,* les royaumes anglo-saxons furent envahis par les Danois. — Au milieu de cette ruine rapide et universelle des États barbares, un seul fait exception, celui des Francs, et cette exception encore est plus apparente que réelle : c'étaient en effet les Francs Saliens qui avaient subjugué la Gaule au temps de Clovis ; or, les Saliens n'échappèrent pas à la décadence générale des royaumes germains, et il fallut au septième siècle comme une invasion nouvelle, celle des Francs Ripuaires, des Austrasiens, pour retremper la race franque.

Comment expliquer cette instabilité universelle ?

Les causes générales qui précipitèrent la ruine des diverses dominations barbares fondées sur les terres de l'ancien empire d'Occident sont les suivantes :

1° L'infériorité numérique des envahisseurs : ils étaient assez nombreux pour arracher les lambeaux d'un empire en pleine décadence, mais trop peu pour faire disparaître l'ancienne population et constituer à eux seuls des nations : ils devaient donc finir par être comme submergés au milieu des vaincus, plus nombreux, et surtout plus instruits et plus intelligents.

2° L'influence du climat : les Germains, hommes du Nord, se sont trouvés tout d'un coup transportés sur des terres plus méridionales, situées à l'Occident ou sur le littoral méditerranéen ; un changement si brusque de climat a souvent exercé une action funeste.

3° Le contact trop rapide entre les Germains encore barbares, et les Romains arrivés déjà à une civilisation raffinée : cette modification si complète du *milieu intellectuel et social* est plus meurtrière encore que celle du *milieu physique,* et on en pourrait citer des preuves nombreuses dans les temps modernes.

4º Enfin et surtout, l'influence de la religion : les populations de l'empire d'Occident étaient orthodoxes au moment de l'invasion, tandis que les envahisseurs furent pour la plupart convertis à l'arianisme ; de là devait résulter, entre les indigènes et leurs nouveaux maîtres, une répulsion opiniâtre qui devait rendre précaire la domination des derniers.

Preuves et exemples. — Ces causes générales de décadence ont fait sentir leur influence dans tous les royaumes barbares ; cependant, on peut plus particulièrement noter sur certains points l'action de chacune de ces causes prise isolément. Ainsi, la première est surtout sensible chez les Ostrogoths, chez les Burgondes ; — l'influence du climat est incontestable dans l'histoire de la chute des Vandales, énervés en moins d'un siècle par leur séjour sur la terre d'Afrique ; — le contact trop rapide avec la civilisation a surtout contribué à l'affaiblissement des Burgondes, et des Wisigoths d'Espagne ; — enfin, l'influence de la religion a entraîné directement la ruine des Wisigoths de Gaule, et celle des Ostrogoths d'Italie en dépit du génie de Théodoric.

Conclusion. — L'instabilité des royaumes barbares n'a donc pas été un fait accidentel, mais le résultat de la nature même des choses. Malgré les siècles de bouleversements, d'anarchie et de malheurs que cette instabilité a entraînés, elle a eu aussi des conséquences heureuses : grâce à elle, la barbarie germanique n'a pas pu anéantir la vieille civilisation romaine, elle l'a seulement modifiée et rajeunie.

XVIII. — Histoire générale des Ostrogoths.

De tous les peuples barbares qui s'établirent sur les terres de l'ancien empire d'Occident, la nation des Ostrogoths est celle qui eut la fortune la plus brillante, mais aussi la plus éphémère ; à vrai dire, leur prospérité est comprise tout entière dans le règne du seul Théodoric. Avant que Théodoric le Grand les eût établis en Italie, ils ne jouèrent aucun rôle important; tant qu'ils furent gouvernés par cet habile politique, ils occupèrent sans conteste le premier rang parmi les nations germaniques qui s'étaient installées sur les débris de l'empire romain; enfin, après la mort de Théodoric, leur histoire ne fut plus que celle de leur chute rapide: en un quart de siècle, ils disparurent entièrement.

1º *Les Ostrogoths avant la conquête de l'Italie.* — Les Ostrogoths ou *Goths de l'est* sont ainsi appelés, parce qu'au moment des invasions ils étaient établis à l'est du Dnieper, dans le grand empire gothique gouverné par Hermanrich. Exposés les premiers au choc des Huns, vaincus et assujettis par eux, ils les suivirent jusqu'à la mort d'Attila; notamment, dans la bataille des Champs Catalauniques, ils combattirent dans les rangs des Huns contre leurs frères les Wisigoths. — La mort d'Attila (453) les affranchit; campés alors dans la Pannonie, ils y demeurèrent et obtinrent de l'empire d'Orient une pension et le titre de soldats fédérés, et envoyèrent à Constantinople le fils d'un de leurs chefs, le jeune Théodoric, comme garant de leur fidélité. — Élevé à Constantinople, le jeune Théodoric y prit goût à la vie civilisée, l'instruction romaine perfectionna son génie barbare; devenu roi de son peuple, il obtint de l'empereur Zénon le droit d'échanger la sauvage Pannonie contre la fertile Italie. — Restait à conquérir l'Italie, occupée alors par les Hérules d'Odoacre: guerre de quatre ans (489-493); victoires de Théodoric sur les Gépides dans les Alpes Juliennes, sur Odoacre près de Vérone; siège de Ravenne, Odoacre assassiné par trahison.

2º *Règne de Théodoric.* — « Tant que la violence avait pu être utile à Théodoric, il s'était comporté en barbare; quand la douceur put confirmer l'ouvrage de la violence, il fut roi. » Deux parts dans le règne de Théodoric: 1º *Sa politique intérieure*, il assure aux Romains leur liberté, leurs lois, les fonctions civiles, et réserve aux Ostrogoths les fonctions militaires; il donne aux Ostrogoths une partie des terres de l'Italie, mais assure par des lois sévères aux Italiens la possession paisible de ce qui leur reste ; arien, il respecte la liberté de conscience des catholiques (Boëce et Symmaque) ; l'Italie a en lui un maître « qui sait tondre ses brebis sans les écorcher. » — 2° *Sa politique extérieure :* il ne fit pas la guerre en personne, et sortit rarement de son palais de Ravenne ; mais il dirigea habilement ses généraux et ses diplomates. D'une part, il se rend indépendant de l'empire d'Orient, bat les Grecs, et assure contre les flottes byzantines la sécurité de ses côtes ; d'autre part, il acquiert toutes les terres qui auraient pu donner accès en Italie, la Pannonie, la Rhétie, le Norique au nord, l'Illyrie au nord-est, la province d'Arles au nord-ouest, la Sicile au sud ; il groupe autour de lui par des liens de famille les rois barbares (Clovis, les rois des Wisigoths, des Burgondes, des Vandales, des Thuringiens), il exerce sur eux une suprématie réelle (son rôle après Vouillé) ; il devient le roi des Wisigoths. — Grandeur morale de Théodoric.

3° *Décadence des Ostrogoths.* — Cependant, la puissance de sa nation disparut avec lui. Après sa mort (526), les Wisigoths se séparent des Ostrogoths ; son petit-fils Athalaric, mineur, lui succède en Italie sous la tutelle de sa mère « la belle et savante Amalasonthe ; » cruautés d'un nouveau roi, Théodat, qui fournissent à l'empereur Justinien l'occasion d'intervenir. Guerre opiniâtre de 535 à 552 ; résistance inutile des derniers rois Vitigès et Totila ; Bélisaire et Narsès reconquièrent l'Italie pour l'empire d'Orient.

Conclusion. — La nation ostrogothique disparut alors de l'histoire, sans laisser aucune trace ; le génie de son illustre chef n'a rien fondé, ni état, ni société, ni dynastie. C'est que, si Théodoric fut un grand roi, les Ostrogoths ne furent pas un grand peuple. Rappeler les causes réelles de leur ruine.

XIX. — L'empire d'Orient et les barbares sous le règne de Justinien (527-565.)

« De tous les Césars byzantins, Justinien fut le plus grand. » Mais cette grandeur est toute relative. Son règne est, il est vrai, une période de réaction contre les invasions qui, depuis un siècle et demi, démembraient sans interruption l'empire romain ; de la défensive, il passe à l'offensive : il combattit les Perses à l'est, les barbares du Danube au nord, il reconquit l'Afrique sur les Vandales, l'Italie sur les Ostrogoths, la Bétique orientale sur les Wisigoths ; mais les victoires de ses généraux furent dues à la faiblesse de ses adversaires bien plus qu'à la force réelle de l'empire grec. Aussi n'eurent-elles aucun résultat durable, et il laissa en réalité l'empire plus faible qu'il ne l'avait trouvé.

Les guerres de Justinien furent de deux sortes : les unes défensives, les autres offensives.

1° *Guerres défensives.* — Si l'empire d'Orient avait survécu à l'empire d'Occident, c'est en partie parce qu'il était plus éloigné de la Germanie d'où sortirent la plupart des peuples envahisseurs ; c'est aussi parce qu'il avait d'excellentes frontières : en Europe, le fossé du Danube et l'énorme muraille des Balkans ; en Asie, les montagnes infranchissables de l'Arménie et le désert. Il lui fallait cependant, au delà de ces frontières, lutter constamment contre des ennemis acharnés, les Bulgares en Europe, les Perses en Asie, qui déjà avant Justinien avaient fait courir à l'empire des dangers sérieux. Les Perses semblaient les plus redoutables.

Guerres contre les Perses. — Causes de la guerre : contestations sur les limites des deux empires, différence des cultes (les Perses adorent le soleil), antagonisme des intérêts ; les hostilités éclatent à la suite de la rivalité des Grecs et des Perses pour le protectorat de la Colchide. La guerre, trois fois suspendue, recommence trois fois : 528-532, 540-544, 559-565 ; victoires de Bélisaire. Justinien finit par garder la Colchide, mais paye tribut.

Guerre contre les Bulgares. — Escarmouches incessantes sur les frontières ; en 559, brusque invasion des Bulgares ; Constantinople, presque perdue, est sauvée par l'héroïsme de Bélisaire.

2° *Guerres offensives.* — Infiniment moins utiles que les précédentes ; ce sont cependant celles auxquelles Justinien consacre le plus d'efforts. Les conquêtes : 1° sont faciles, et par suite réellement peu glorieuses (décadence complète des Vandales, des Ostrogoths, des Wisigoths) ; 2° ne servent à rien (l'empire grec n'a rien à craindre de l'ouest) ; 3° sont même dangereuses (elles retiennent en Afrique, en Italie, en Espagne, les forces de l'empire, et les détournent des frontières du nord et de l'est, constamment et sérieusement menacées.)

Contre les Vandales. — Affaiblissement des Vandales (luttes contre les indigènes de l'Atlas, querelles religieuses, influence énervante du climat) ; leur roi Gélimer, vaincu par Bélisaire à Tricaméron ; l'Afrique conquise (534).

Contre les Ostrogoths. — Prétexte de l'intervention grecque : discordes dans la famille royale des Ostrogoths. Guerre plus difficile et plus longue que celle des Vandales : elle use plusieurs armées et deux généraux. Bélisaire conquiert sur le roi Théodat la Sicile (536), l'Italie méridionale, Rome, et prend dans Ravenne Vitigès, successeur de Théodat ; — puis les successeurs de Bélisaire reperdent presque toutes ses conquêtes ; — enfin Narsès, avec une armée de Lombards, bat les rois Totila et Teïas (554), et rend l'Italie à l'empire grec.

Contre les Wisigoths. — Justinien intervient entre deux compétiteurs au trône des Wisigoths, et se fait céder par son protégé la Bétique orientale (554).

Conclusion. — Ces conquêtes semblent avoir reconstitué au profit de Justinien l'ancien empire romain ; mais ce ne sont que des conquêtes d'apparat, sans aucune solidité, car le Bas-Empire n'a aucune force morale. « L'emblème de ce règne, c'est la magnifique basilique de Sainte-Sophie, que Justinien fit construire, et qui fut fendue en deux par la foudre avant la mort du fondateur. »

XX. — Histoire générale des Burgondes.

Les Burgondes n'ont pas joué un rôle des plus considérables dans l'histoire générale des invasions; mais ils occupent une place importante dans l'histoire particulière de la Gaule et des origines de la France.

Leur caractère national explique le rôle qu'ils ont rempli : de mœurs douces, pacifiques par nature malgré leur taille gigantesque (c'étaient de tous les Germains ceux qui avaient la plus haute stature), ils se laissèrent entrainer hors de Germanie par le flot de l'invasion, mais ils se fixèrent sur la première terre de l'empire où ce flot les déposa, sans pénétrer plus avant, ni tenter de nouvelles conquêtes : ce qui les distingue de tous les autres envahisseurs de la même époque. De même ils adoptèrent plus vite que tous les autres les mœurs romaines, et se fondirent en quelque sorte rapidement au milieu de leurs sujets.

Trois phases dans leur histoire : 1° ils quittent la Germanie pour s'établir dans la Gaule; 2° ils défendent leur indépendance nationale contre de nouveaux venus, les Francs; 3° vaincus et subjugués par les Francs, ils font longtemps encore effort pour conserver leur existence autonome.

1° *Établissement dans la vallée du Rhône.* — Les Burgondes étaient originairement établis sur le rivage de la Baltique, entre la Vistule et l'Oder. Leurs premières migrations : à la fin du troisième siècle, chassés par les Gépides, ils s'enfoncent dans l'intérieur de la Germanie et vont se fixer vers les sources du Rhin; ils y sont convertis par des missionnaires ariens. — A la fin du quatrième siècle, ils sont entrainés par le violent courant d'émigration que l'approche des Huns détermine dans toute la Germanie centrale : devenus avec les Suèves, les Vandales, les Alains, membres de *la Grande Invasion*, ils franchissent le Rhin en 406, entrent en Gaule, et se fixent d'abord sur les deux versants du Jura. — Leur roi Gondicaire obtient en 413 de l'empereur Honorius la cession formelle du territoire qu'il occupait : ce fut le premier royaume régulier fondé par les Germains sur les terres de l'empire.

2° *Royaume indépendant des Burgondes* (413-534). — Les Burgondes ne devaient plus jamais abandonner le royaume qu'ils venaient de fonder ; mais ils l'étendirent peu à peu vers le sud et vers l'ouest par un lent travail d'extension, ils le défendirent en 451 contre Attila avec les autres possesseurs de la Gaule (Bataille des Champs Catalauniques). — Vers 481, à l'époque de l'avènement de Clovis, ils possédaient le territoire depuis Langres jusqu'à la Durance, et depuis la Loire jusqu'aux Alpes.

Ce royaume était bien administré : admirateurs de la civilisation et de la loi romaine, les Burgondes ont pris ou reçu les deux tiers des terres et le tiers des esclaves, et se sont établis pacifiquement dans leurs lots. Mais ils sont affaiblis par leur religion (ariens, ils ont des sujets catholiques), et par les discordes sanglantes de la famille royale : le roi Gondebaud assassine deux de ses frères, et reste seul maître avec Godegisèle, son quatrième frère.

Alors, intervention des évêques catholiques; mariage de Clotilde, nièce catholique de Gondebaud, avec Clovis. — Clovis rend les Burgondes tributaires en 500; mort de Gondebaud en 517 ; en 524, nouvelle défaite des Burgondes par les fils de Clovis; en 534 ils sont définitivement soumis.

3° *Les Burgondes sous la domination franque.* — Mais s'ils étaient vaincus, ils n'étaient pas anéantis, et pendant longtemps ils essayèrent de profiter des guerres civiles entre les petits-fils de Clovis, de la rivalité de Frédégonde et de Brunehaut, de l'hostilité de la Neustrie et de l'Austrasie, pour s'isoler et vivre d'une vie particulière. Le « débonnaire

Gontran », petit fils de Clovis, qui régna sur eux de 561 à 593, fut en quelque sorte « conquis » par eux, et ils purent croire qu'ils avaient retrouvé en lui un de leurs rois nationaux. Réunis ensuite nominalement à l'Austrasie, ils obtinrent de fait un gouvernement autonome, lorsqu'en 613, Warnachaire, maire du palais de Bourgogne, fit décider que dorénavant la mairie serait décernée par le choix des grands propriétaires. Mais cet isolement avait ses dangers : au huitième siècle, il exposa la vallée du Rhône aux incursions des Musulmans : Charles Martel chasse les Arabes, mais garde pour lui la vallée du Rhône, et depuis cette époque elle ne fut plus distraite de l'empire des Francs.

Conclusion. — En dépit de ces conquêtes successives, la race des Burgondes, en se confondant avec la population gallo-romaine qu'elle avait d'abord soumise, avait acquis une telle force de résistance, qu'elle ne pouvait plus être supprimée. Avec des transformations inévitables, elle devait durer à travers toutes les révolutions de l'histoire sur le sol qu'elle avait dès le début et définitivement occupé.

XXI. — Comparer l'invasion germanique et l'invasion arabe.

Deux grandes invasions séparent les temps anciens des temps modernes; elles ont mis fin à la société antique, et préparé la formation des sociétés nouvelles : ce sont l'invasion germanique qui s'est faite au cinquième siècle, et l'invasion musulmane qui a commencé au sixième.

Ces deux invasions différentes ont un trait commun : c'est qu'elles se sont partagé les dépouilles du monde romain. La première a conquis rapidement tout l'empire d'Occident; la seconde a dirigé surtout ses attaques contre l'empire d'Orient. — Mais, par tous les autres côtés elles se distinguent profondément l'une de l'autre : différence de race, différence d'origine, différence de développement, différence religieuse.

1° *La race.* — Les hommes qui firent l'invasion du cinquième siècle étaient d'origine germanique, passionnés pour leur indépendance individuelle, poussés aux aventures guerrières par leurs mœurs, leur religion belliqueuse, la pauvreté de leur pays. Les envahisseurs du septième siècle, les Arabes, appartenaient à la race sémitique, endurcis par la vie nomade dans le désert, sous un soleil ardent, sobres de corps et d'esprit, d'un tempérament sec et enflammé. Les premiers, patients, tenaces, persévérants; les seconds, « ne voyant que le but et y courant tout droit, faits par la nature du sol qu'ils habitent pour l'action prompte ou le repos absolu. »

2° *Les débuts de l'invasion.* — L'invasion germanique, au moment où elle se produisit, était prévue depuis des siècles, préparée depuis fort longtemps par les attaques perpétuelles des Germains sur le Rhin et sur le Danube : les Cimbres et les Teutons; les Suèves d'Arioviste, etc.; depuis César, depuis Auguste, pendant les quatre siècles de l'empire, les Romains avaient continuellement combattu pour faire respecter leur territoire par les hordes germaniques. Au contraire, l'invasion arabe se produisit avec une soudaineté sans exemple; depuis six siècles l'empire romain était en contact avec l'Arabie, et il avait toujours suffi de quelques soldats pour repousser les brigandages des bandes nomades d'Arabes, qui semblaient inoffensives. L'invasion musulmane fut comme « un coup de tonnerre éclatant subitement dans un ciel sans nuages. »

3° *Développement de l'invasion.* — L'invasion germanique se fit par une série de migrations successives, indépendantes les unes des autres; les différents peuples germains (Wisigoths, Suèves, Vandales, Alains, Francs, etc.) se jetèrent presque simultanément sur les terres de l'empire, mais ils ne s'étaient pas entendus pour concerter cette attaque simultanée; ils étaient simplement refoulés tous par l'arrivée des Huns. Aussi, une fois entrés sur le territoire romain, ils cherchèrent fortune chacun pour son compte, ils fondèrent un certain nombre de royaumes tout à fait indépendants les uns des autres, et ce ne fut qu'au bout de trois siècles que ces royaumes furent presque tous réunis sous la main de Charlemagne. Au contraire, l'invasion musulmane alla de l'unité au morcellement : faite par un seul peuple, auquel les prédications de Mahomet venaient de donner l'unité nationale (632), elle fut dirigée par une pensée unique, d'un côté jusqu'aux rives de l'Euphrate et de l'Indus, de l'autre jusqu'aux rivages de l'océan Atlantique; conquête de la Syrie, de la Perse, de l'Égypte, de la Haute-Asie, du littoral méditerranéen de l'Afrique, de l'Espagne, de 632 à 711. Ainsi fut créé un vaste empire unitaire, où la centralisation était énergique; plus tard seulement il se morcela, et ses débris formèrent les différents États musulmans.

4° *La religion.* — Les envahisseurs germains ont été eux-mêmes conquis par la religion des peuples qu'ils avaient asservis : le christianisme leur a fait oublier la religion belliqueuse d'Odin. Au contraire, les envahisseurs arabes ont été avant tout guidés par l'esprit de prosélytisme; c'est pour imposer par la force aux vaincus la religion des vainqueurs qu'ils se sont engagés dans la voie des conquêtes; ils ont fait peser sur leurs sujets un joug non seulement politique, mais religieux. — Rappeler les principaux faits relatifs à la conversion des Germains au christianisme; rôle des évêques dans l'invasion germanique. D'autre part, situation faite aux vaincus dans les pays musulmans, après la fin de « la guerre sainte. »

Conclusion. — L'invasion germanique a créé les sociétés modernes qui ont travaillé au progrès indéfini de l'humanité; le mahométisme a stérilisé toutes les régions où il s'est implanté. Ce résultat différent est la conséquence directe des caractères opposés des deux invasions, germanique et arabe.

XXII. — **Rivalité de Frédégonde et de Brunehaut.**

La rivalité de Frédégonde et de Brunehaut a frappé vivement l'imagination des peuples, et est restée un des épisodes
les plus populaires de l'histoire Mérovingienne. C'est qu'elle
a mis aux prises non pas seulement deux femmes, mais deux
nations ; elle a été l'occasion, plus encore que la cause, de la
première lutte entre l'Austrasie et la Neustrie.

Cette rivalité, née de causes d'ordre privé aussi bien que de
causes d'ordre national, a d'abord provoqué une lutte armée
entre l'Austrasie et la Neustrie ; la mort de Sigebert a terminé
une première fois les hostilités, mais la rivalité a continué
alors sourdement jusqu'à la mort de Frédégonde ; enfin
Brunehaut dont les ressentiments n'avaient pas été éteints
par la disparition de sa rivale, provoqua une nouvelle
guerre, au milieu de laquelle elle a trouvé elle-même une
mort terrible.

Causes de la rivalité. — *Causes d'ordre privé :* Brunehaut et
Galeswinthe, filles d'un roi des Wisigoths, épousent deux fils
de Clotaire Ier, Sigebert roi de Metz ou d'Austrasie, et Chilpéric roi de Soissons ou de Neustrie. Mais Chilpéric, placé
sous l'influence d'une servante, Frédégonde, fait bientôt
assassiner sa femme Galeswinthe : Brunehaut veut venger sa
sœur. — *Causes d'ordre national :* dans la poursuite de sa
vengeance, Brunehaut est aidée par certaines circonstances ;
opposition de race entre les Neustriens (descendants des
Saliens, mélangés d'un grand nombre de Gallo-Romains,
gagnés déjà par les mœurs romaines) et les Austrasiens (descendants des Ripuaires, ayant bien mieux conservé la pureté
de la race germanique, leurs mœurs et leur rudesse barbares) ; opposition entre les deux frères, Chilpéric « véritable
type de barbare romanisé », et Sigebert, resté aussi Germain
que ses leudes. — Enfin, opposition de caractère entre

Brunehaut, princesse élégante, instruite, civilisée, et Frédégonde, servante barbare et grossière.

1º *Première guerre, de 573 à 575.* — La guerre éclate aussitôt après le meurtre de Galeswinthe ; succès rapides de Sigebert, qui consent à pardonner à son frère : paix de 574. Mais presque aussitôt, nouvelles provocations de Chilpéric, et nouvelles hostilités : Sigebert, maître de Paris, assiège son frère dans Tournay ; il est assassiné (575). Coup de théâtre : Chilpéric délivré reprend tout son pouvoir ; Brunehaut tombe entre ses mains, mais s'évade bientôt (aidée par Mérovée fils de Chilpéric et par l'évêque Prétextat), et se réfugie à Metz près de son fils Childebert II, nouveau roi d'Austrasie. La paix est rétablie de fait.

2º *Sourde rivalité.* — Mais Frédégonde et Brunehaut ne cherchent qu'à satisfaire leur haine mutuelle ; toutes deux règnent de fait, la première en Neustrie, après l'assassinat de son mari, pendant la minorité de Clotaire II son fils, la seconde en Austrasie sous le nom de Childebert II. Mais Gontran s'interpose comme médiateur (traité d'Andelot, 587), oblige les deux rivales à rester en paix, et Frédégonde meurt paisiblement en 597.

3º *Nouvelle guerre.* — Brunehaut du moins veut se venger sur Clotaire II ; elle attend patiemment la mort de Gontran et de Childebert II : alors sous le nom de ses petits-fils, elle dispose de toutes les forces de l'Austrasie et de la Bourgogne, elle veut, dans ces deux pays, établir un gouvernement régulier et soumettre les grands à son autorité. Mais ceux-ci ne lui pardonnent pas cette tentative : au moment où elle va accabler Clotaire II dans une lutte suprême, elle est livrée à son rival qui la fait périr (614).

Conclusion. — Ainsi, l'héritage des descendants de Brunehaut tombe aux mains du petit-fils de Frédégonde ; avec la première, l'Austrasie a été vaincue. — Mais d'une part la défaite de l'Austrasie n'est pas définitive ; et de l'autre, Brunehaut reste supérieure à Frédégonde. Certes, ces deux femmes se souillèrent de crimes ; mais les crimes de la seconde

.furent froidement conçus et exécutés pour la satisfaction de
son égoïsme personnel; ceux de la première n'ont eu pour
mobile que la vengeance, devoir sacré aux yeux des barbares,
et elle a été punie par les grands pour avoir voulu les plier
au joug de la loi et d'une administration régulière.

XXIII. — Les Maires du palais de Neustrie.

Les maires du palais, à partir du huitième siècle, ont
usurpé de fait l'autorité royale, sous le règne des derniers
Mérovingiens; mais ces grands officiers présentent en
Neustrie un caractère particulier, tout différent de celui
qu'offre la mairie du palais dans les autres royaumes francs,
et surtout en Austrasie. En effet, les maires d'Austrasie combattent ouvertement la royauté mérovingienne et finissent
par la supprimer; les maires de Neustrie luttent au contraire
pour relever cette royauté, qui fut privée par leur ruine de
ses derniers défenseurs.

C'est que les maires de Neustrie, sortis de la classe des
petits propriétaires, n'ayant par eux-mêmes aucune influence,
n'avaient de pouvoir que celui qu'ils exerçaient au nom de la
royauté : travailler en apparence pour le roi, c'était le seul
moyen qu'ils eussent de travailler réellement pour eux-
mêmes. — De plus ils gouvernaient un pays resté beaucoup
plus romain que l'Austrasie, fidèle aux traditions de l'administration impériale, où le peuple aimait à sentir l'action du
pouvoir central, où les leudes étaient moins nombreux et
moins puissants.

Trois périodes dans l'histoire de la Mairie du palais de
Neustrie : elle eut d'assez humbles commencements; puis un
homme de génie, Ébroïn, faillit assurer son triomphe sur
l'aristocratie; enfin, les incapables successeurs d'Ébroïn se
laissèrent vaincre définitivement par les nobles, dont la cause
se confondait avec celle de l'Austrasie.

1° *Premiers temps de la Mairie en Neustrie.* — C'est à la mort de Dagobert (638) que l'autorité des maires du palais devient décidément prépondérante dans les divers royaumes francs. Les premiers maires sous Clovis II : Ega, puis Erkinoald; leur rôle est peu important : cependant, ils se font déjà les champions de l'autorité centrale qu'ils exercent, les adversaires des nobles, les défenseurs des faibles (Erkinoald fait épouser au roi Bathilde qui avait été esclave).

2° *Mairie d'Ebroïn.* — Successeur d'Erkinoald en 659; ses origines obscures. Trois parts à faire dans son œuvre : 1° de 659 à 670, il gouverne en maître, ne respecte pas les privilèges donnés aux nobles par la Constitution perpétuelle de 614; détesté de l'aristocratie, aimé du petit peuple; — 2° de 670 à 678, il lutte les armes à la main contre les nobles neustriens, qui veulent se débarrasser par la force de son autorité. Vaincu d'abord par le chef des nobles, saint Léger, évêque d'Autun; renfermé au monastère de Luxeuil (670-673), il réussit à s'évader, installe sur le trône un roi de son choix, assiège dans Autun saint Léger qui est forcé de se rendre et est mis à mort; l'aristocratie neustrienne est complètement défaite; — 3° de 678 à 681, Ebroïn lutte contre les nobles austrasiens qui ont réussi à supprimer chez eux la royauté mérovingienne, et viennent au secours des nobles neustriens; sa victoire complète à Latofao; mais il est assassiné par un noble, au moment où il allait compléter la ruine de l'Austrasie. « Ainsi périt le dernier défenseur de la royauté mérovingienne. »

3° *Ruine de la Mairie de Neustrie.* — Avec lui tomba la Mairie du palais de Neustrie; après une trêve qui permit à Pépin d'Héristal, duc des Austrasiens, de reconstituer ses forces, le nouveau maire de Neustrie, Berthaire, violent et incapable, fut vaincu et tué à Testry (687). Le vainqueur laissa aux Neustriens un fantôme de roi mérovingien, mais prit pour lui-même la Mairie du palais et la réalité du pouvoir. La Neustrie était définitivement soumise : vaine tentative des Neustriens, à la mort de Pépin, pour se donner un maire national, Raginfred (714); le fils de Pépin, Charles

Martel, vainqueur des Neustriens à Amblef, à Vinci, à Soissons (715-719), achève et consolide l'œuvre de son père.

Conclusion. — Importance extrême de la bataille de Testry dans l'histoire des Origines de la France : c'est la ruine des Maires du palais neustriens ; mais c'est aussi « la défaite de la Neustrie par l'Austrasie, de la royauté mérovingienne par l'aristocratie, de la famille de Clovis par la famille de Pépin. »

XXIV. — Les Guerres de Charlemagne.

« Le règne de Charlemagne, a dit Voltaire, est la grande époque des nations occidentales. » C'est en effet le moment où les Francs, grâce aux victoires de ce grand conquérant, achèvent de grouper autour d'eux les autres peuples germaniques et réunissent dans une vaste unité les divers États barbares fondés depuis l'époque des invasions. Les guerres de Charlemagne ont changé en une domination réelle la suprématie qu'ils avaient exercée déjà sur le monde germanique, notamment au temps de Dagobert.

Les quarante-six années du règne de Charlemagne (768-814) ont été marquées chacune par une ou plusieurs expéditions militaires, dirigées successivement ou simultanément sur toutes les frontières. Parmi ces guerres multiples, il est facile d'établir une division : de 768 à 785, Charlemagne compléta l'œuvre de ses prédécesseurs, reconstitua l'empire franc, et l'étendit sur tout le monde germanique ; de 785 à 800, il consolida les résultats acquis en triomphant d'une formidable révolte des vaincus ; de 800 jusqu'à sa mort, il travailla uniquement à mettre l'empire qu'il avait créé à l'abri de toute attaque extérieure.

1° *Guerres de la première période : dans l'intérieur de la Gaule.* — Soumission définitive de l'Aquitaine, dernière défaite du vieil Hunald (Charlemagne est associé encore à son frère

Carloman). Alors, l'unité du sol gaulois une fois reconstituée, Charlemagne franchit tour à tour toutes les frontières de la Gaule pour obliger ses voisins à une vie paisible et mettre un terme aux invasions qui sans cesse venaient l'assaillir en franchissant les Alpes, le Rhin, les Pyrénées.

Au delà des Alpes. — Guerre contre les Lombards, deux expéditions en 773 et en 774; Charlemagne roi d'Italie (jusqu'au Garigliano); donation territoriale au pape.

Au delà du Rhin. — Guerre contre la Saxe, « foyer de l'odinisme, citadelle de l'indépendance germanique, » et point de départ des invasions qui menaçaient perpétuellement la Gaule. Premières expéditions contre la Saxe, relativement peu importantes, en 772 et 773; puis, des insurrections partielles sont successivement vaincues, de 774 à 777 ; mais une terrible révolte générale est ensuite provoquée par le Saxon Witikind, Charlemagne court des dangers sérieux, guerre d'extermination jusqu'en 785 : Witikind se soumet au baptême, la Saxe est domptée.

Au delà des Pyrénées. — Guerre contre les Musulmans d'Espagne divisés entre eux, destinée à prévenir un retour offensif de l'islamisme. Charlemagne pénètre jusqu'à l'Èbre; échec subi à Roncevaux (778).

2° *Deuxième période de 785 à 800.* — L'empire de Charlemagne s'étendait alors de l'Elbe à l'Èbre, du Garigliano à la mer du Nord; mais les vaincus, surpris par leur défaite, ne s'y étaient pas encore résignés : grande conspiration entre les Bavarois, les Saxons, les Lombards, dirigés par Tassilon de Bavière, et soutenus par les Avares de la vallée moyenne du Danube et les empereurs de Constantinople. Elle est découverte par le pape Adrien Ier.

Charlemagne réprime d'abord les rebelles (Tassilon déposé et renfermé dans un cloître); — il bat ensuite les Grecs, et attaque les Avares, ennemis plus redoutables : il lui faut huit ans d'efforts pour s'emparer de leur *ring* ou camp retranché (796).

Cette grande coalition n'a donc eu d'autre résultat que

d'affermir l'œuvre qu'elle voulait détruire : Couronnement des guerres de Charlemagne : Charlemagne empereur d'Occident (800).

3° *Troisième période, de 800 à 814.* — A partir de ce moment, les guerres de Charlemagne sont exclusivement défensives et conservatrices : il ne s'agit plus que de consolider l'empire qu'elles ont créé.

Charlemagne se charge lui-même de surveiller la Germanie, et fixe sa résidence à Aix-la-Chapelle. (Dernière révolte des Saxons en 803, villes et évêchés fondés en Saxe).

Son fils Pépin, roi d'Italie, doit contenir les Lombards et observer les Grecs, restés maîtres du sud de la Péninsule (Dalmatie enlevée aux Grecs, conquête de la Corse et de la Sardaigne).

Son fils Louis, roi d'Aquitaine, surveille la frontière des Pyrénées et continue la lutte contre les Musulmans, qui perdent les Baléares et tout le pays des Pyrénées à l'Èbre.

Conclusion. — Malgré tant de victoires et de si sages précautions, l'œuvre matérielle élevée par un si grand nombre de guerres heureuses, l'empire carolingien, ne devait pas subsister. Cependant, tant de sang versé ne devait pas rester inutile à l'humanité : « En reportant du Rhin sur l'Elbe la frontière de la Barbarie, » Charlemagne a mis la civilisation européenne à l'abri de nouvelles invasions ; il a de plus fixé définitivement l'invasion germanique, et mis un terme à l'instabilité générale dont l'Occident souffrait depuis quatre siècles.

XXV. — État du monde dans la seconde moitié du huitième siècle.

La seconde moitié du huitième siècle est une curieuse époque dans l'histoire générale : « jamais peut-être il n'y eut plus de simplicité dans les divisions politiques du monde civilisé, jamais de plus vastes empires ne couvrirent sa surface. » Trois grands empires, en effet, se le partageaient presque entièrement : à l'Occident de l'Europe, la famille carolingienne réunissait sous sa domination à peu près tous les peuples germaniques ; à l'Orient de l'Europe, l'empire grec subsistait toujours ; et enfin, dans l'Asie occidentale, dans le nord de l'Afrique et à l'extrémité occidentale de l'Europe, le grand empire arabe s'étendait en longueur sur un territoire de 6 à 7 000 kilomètres.

Jamais non plus des relations diplomatiques n'avaient été établies entre des régions si éloignées ; pour la première fois, ces trois grands États entretenaient entre eux des rapports suivis : le calife de Bagdad allait envoyer à Charlemagne les clefs du Saint Sépulcre, Pépin le Bref venait de recevoir de l'empereur grec les premières orgues à plusieurs jeux qu'on ait vues en France, et un peu plus tard, son fils sollicitait la main de l'impératrice de Constantinople.

I. *Monarchie franque.* — Pépin d'Héristal, vainqueur des Neustriens, avait au début du huitième siècle rétabli l'unité de l'empire franc ; au milieu de ce siècle, Charles Martel et Pépin le Bref avaient vaincu tour à tour les Germains, les Arabes d'Espagne, les Lombards d'Italie ; et à la fin, Charlemagne complétait leur œuvre et rétablissait en 800 l'Empire d'Occident. Limites de cet empire (l'Elbe, le Garigliano, la Narenta, la Bosna, la Theiss, les monts de Bohême, la Saale et l'Elbe) ; — ses divisions intérieures (royaumes, légations et comtés, marches ; Royaume d'Italie avec la marche de Carinthie et le patrimoine de Saint-Pierre ; royaume d'Aquitaine avec le duché et la marche de Gascogne, la marche d'Espagne, et la Septimanie ; Royaume des Francs, avec l'Austrasie, la Neustrie, la Thuringe, la Bavière, la Saxe, l'Alamannie, la marche Orientale) ; — peuples tributaires formant comme une zone extérieure interposée entre l'Empire et ses ennemis possibles (la Bretagne, la Navarre, le duché de Bénévent, la Bohême, les Weltzes et les Obotrites, nations slaves entre l'Elbe et l'Oder) ; — indiquer le caractère des nationalités diverses englobées dans cet empire, et qui ne sont contenues que par la forte main du conquérant.

Petits États européens indépendants de l'empire de Charlemagne : le royaume des Asturies en Espagne, les îles Britanniques, les États scandinaves.

II. *Empire grec.* — Décadence continue, révolutions perpétuelles de palais, conspirations, persécutions religieuses : le *bas-empire.* A la décadence morale correspond la décadence matérielle : en Europe, l'empire grec a perdu la vallée inférieure du Danube, conquise par les Serbes et les Bulgares, une partie de la Dalmatie devenue franque, et en Italie il ne conserve plus que le sud (Naples et Gaëte); — l'Afrique tout entière lui a été enlevée par les Arabes; — en Orient, il ne possède plus que l'Asie Mineure, Chypre même est tombée au pouvoir des Arabes.

Ses possessions sont encore assez étendues pour faire illusion sur sa puissance véritable; il a pour lui l'heureuse situation et la force naturelle de sa capitale, presque inexpugnable, bien qu'elle soit sans cesse menacée par les Musulmans et par les Bulgares; — mais la force morale, qui seule peut être un gage de durée, lui fait entièrement défaut.

III. *Empire musulman.* — Sous les Ommiades, dont la dynastie finit en 750, l'empire des Arabes a atteint sa plus grande extension : il comprend en Asie tout le territoire jusqu'au delà de l'Indus, jusqu'aux déserts qui s'étendent du lac Aral à la Caspienne, jusqu'au Caucase (sauf l'Asie Mineure, restée grecque); en Afrique, tout le littoral méditerranéen jusqu'aux sables du désert ; en Europe, l'Espagne (moins la région montagneuse du nord-ouest). Empire prodigieux, élevé en 80 ans, et plus vaste que celui qui a coûté à Rome huit siècles de victoires; tous les peuples compris dans cette vaste domination se trouvent pour la plupart convertis à la religion, aux lois et à la langue du Coran.

Mais cet empire manque cependant d'unité morale : les races restent distinctes, les intérêts de tant de peuples sont différents ou opposés ; enfin, l'empire arabe est géographiquement mal fait : extrêmement allongé de l'est à l'ouest, il n'a pas de centre naturel; Damas, la capitale des Ommiades, très bien choisie quand les possessions musulmanes ne s'étendaient que de l'Euphrate au Nil, ne convient plus pour dominer la Haute-Asie, ni l'Espagne; aussi, avènement des Abbassides qui transportent leur capitale à Bagdad, et premier démembrement du califat (fondation du califat de Cordoue, 756).

Conclusion. — Il ne faut donc pas que ces grands empires qui se partagent le monde vers la seconde moitié du huitième siècle nous fassent illusion : l'empire grec est tombé dans une décadence qui ne s'arrêtera plus; l'empire arabe et l'empire carolingien ont été la création accidentelle d'une révolution religieuse ou d'un grand mouvement de conquêtes, mais ils ne reposent pas sur des fondements solides ; ces colossales monarchies précèdent de bien peu de temps le morcellement féodal de l'Europe, et le démembrement complet du califat.

XXVI. — Chute des dynasties carolingiennes
qui ont régné en France, en Allemagne, et en Italie.

La famille de Charlemagne est incontestablement la plus glorieuse de l'histoire du Moyen Age ; son élévation n'a pas été un fait accidentel, mais le résultat des efforts patients et accumulés pendant un siècle de plusieurs hommes de talent ou de génie ; — cependant elle est tombée avec une rapidité étonnante et elle a complètement disparu dans les trois pays où elle avait été établie comme souveraine après le traité de Verdun : la France, l'Allemagne, et l'Italie.

Comment expliquer une catastrophe si rapide et si complète?

Causes générales de la chute des Carolingiens. — La chute des dynasties carolingiennes dans les différents pays de l'Europe occidentale a été la conséquence des causes suivantes :

1° L'incapacité des descendants de Charlemagne, attestée par les surnoms mêmes que l'histoire leur a donnés, et qui rappellent presque tous des infirmités physiques ou morales : le Chauve, le Bègue, le Simple, le Gros, etc.

2° La disparition des deux forces qui avaient élevé la grandeur carolingienne, une *force morale*, l'alliance des Carolingiens avec l'Église (rompue de fait depuis que les papes craignent de trouver des maîtres dans les princes carolingiens) et une *force matérielle*, la puissance de l'Austrasie (ruinée depuis la grande consommation de guerriers austrasiens qui a été faite par les guerres de Charlemagne).

3° Les invasions nouvelles des Northmans, des Hongrois et des Sarrazins qui font terriblement souffrir les peuples, sans que leurs souverains s'en préoccupent beaucoup : en effet, chaque roi carolingien qui règne en France, en Allemagne ou en Italie, ne rêve que de mettre sur sa tête une couronne nouvelle enlevée à l'un de ses cousins, et laisse ses sujets se défendre seuls comme ils peuvent contre les invasions : aussi ceux-ci finissent par se donner des chefs nationaux.

4° Enfin, l'établissement du *système féodal* qui peu à peu enlève aux souverains leur autorité et leurs revenus, les réduit à l'impuissance et à la misère.

L'influence de ces différentes causes de ruine s'est fait sentir dans les trois pays où la dynastie carolingienne était établie à l'époque du démembrement définitif de l'empire de Charlemagne (traité de Verdun, 843).

I. *France*. — La dynastie carolingienne achève de se ruiner par l'ambition déplacée et l'impuissance de Charles le Chauve (843-877), de Louis II le Bègue et de Louis III et Carloman (877-884) et par la lâcheté de Charles le Gros (884-887). Origines d'une dynastie nationale, dont le chef Robert le Fort s'est illustré contre les Northmans; la lutte entre les deux dynasties dure un siècle (887-987) et se termine par l'avènement de Hugues Capet et de la troisième race.

II. *Italie*. — Les Carolingiens d'Italie (Lothaire, 843-855;

Louis II 855-875) ont conservé le titre impérial; mais ils ont à se défendre perpétuellement contre l'ambition des Carolingiens de France et de Germanie, et ne font rien pour mettre leurs sujets à l'abri des ravages incessants des pirates sarrazins et northmans; par suite, progrès rapide de la féodalité italienne, qui depuis 888 fait disparaître en Italie la descendance de Charlemagne,

III. Allemagne. —Les Carolingiens de Germanie ou d'Allemagne n'ont pas une existence plus brillante que ceux d'Italie. A la mort de Louis le Germanique (876), partage de ses États entre ses fils; puis l'un d'eux, Charles le Gros, réunit tout l'héritage de Charlemagne : honteusement déposé en 888. L'Allemagne ravagée par les Hongrois, progrès de la féodalité allemande. Après Arnulf de Carinthie, qui néglige l'Allemagne pour l'Italie, et son fils Louis l'Enfant, les Carolingiens cessent de régner en Allemagne (911).

Conclusion. — Au dixième siècle, la famille carolingienne venait de voir s'écrouler l'œuvre glorieuse de l'unité du monde latin-germanique dont la création avait fait sa grandeur; elle ne répondait plus aux besoins d'une société nouvelle, la société féodale, qui pendant ce long déchirement s'était organisée malgré elle et contre elle : elle n'avait donc plus qu'à disparaître.

XXVII. — Histoire des invasions du neuvième et du dixième siècle (Northmans, Sarrazins, Hongrois).

Charlemagne avait voulu par ses conquêtes mettre un terme aux invasions et assurer le repos à l'Europe occidentale; mais, par-delà les peuples qu'il avait soumis, il entra en contact avec de nouveaux barbares qui, après lui, vinrent assaillir ses faibles successeurs. L'Europe civilisée eut surtout à souffrir, au neuvième et au dixième siècle, des attaques dirigés contre elle par les Northmans, les Sarrazins, les Hongrois.

Causes de ces invasions nouvelles : 1° La soif du butin ; 2° le désir de rendre à l'empire carolingien attaque pour attaque ; 3° le motif religieux (zèle des sectateurs d'Odin ou de Mahomet).

Ces trois invasions eurent chacune une issue différente : les Northmans se fondirent au milieu de leurs nouveaux sujets, et disparurent en quelque sorte dans leurs conquêtes ; — les Hongrois fondèrent un royaume puissant et gardèrent leur nationalité ; — les Sarrazins furent définitivement expulsés. C'est que les Northmans venant par mer, en petit nombre, sans femmes, sans enfants, se mêlèrent aux vaincus par des mariages et adoptèrent leur religion ; — les Hongrois venaient par terre, par conséquent en famille, et purent ainsi mieux conserver la pureté de leur race ; — enfin les Sarrazins venaient par mer, il étaient donc trop peu nombreux pour déposséder les chrétiens ; et d'autre part la différence profonde des religions empêcha qu'ils ne se confondissent avec eux.

Ces différentes invasions présentent d'ailleurs, les unes comme les autres, deux périodes successives : ce sont d'abord des incursions de pillards, conduites au hasard, sans plan, et qui ne trouvent pas de résistance sérieuse ; — puis la résistance s'organise, les envahisseurs doivent donc se concentrer pour essayer de porter des coups plus décisifs, la guerre devient régulière.

Première période, incursions proprement dites. — Arrivée des Northmans, leur caractère belliqueux, leurs rois de mer, leurs barques et leurs dragons ; sous Charlemagne, ils apparaissent dans l'Océan, et des flottes sont organisées contre eux ; en 843, ils pillent Nantes, Saintes et Bordeaux ; en remontant les fleuves ils pénètrent dans l'intérieur du pays. — Sous Charlemagne aussi, les Sarrazins viennent assaillir les rivages méditerranéens ; en 846, ils brûlent les faubourgs de Rome, pillent Marseille en 848, etc. — Des transfuges aident les Northmans et les Sarrazins : Hastings.

Caractère de ces invasions : chaque année, les pirates

arrivent au printemps, à l'improviste, et, le coup fait, se rembarquent et vont mettre leur butin en sûreté dans leur pays. — Bientôt, voyant que nulle part on ne leur résiste, ils s'enhardissent à ne plus retourner chez eux, et établissent des stations fixes au milieu des pays mêmes qu'ils ravagent. Stations des Northmans : Walcheren, les îles d'Oissel, de Her, etc. ; stations des Sarrazins : Fraxinet, les défilés des Alpes, etc.

Les Hongrois, d'origine hunnique, arrivent plus tard, vers 889 ; leur innombrable cavalerie, remontant le Danube, ravage l'Allemagne du Sud, même la Lombardie, la Lorraine, l'Alsace, la Bourgogne.

Deuxième période, résistance aux invasions. — Devant tant de ravages et de misères, impuissance et indifférence des princes carolingiens ; départ des pirates acheté à prix d'argent. Résistances locales, construction de châteaux forts. En créant des stations fixes et en s'établissant dans le pays, les envahisseurs cessent d'être insaisissables : la lutte devient régulière.

Contre les Northmans. — Robert le Fort, duc de France, ses succès contre Hastings ; tué à Brissarthe (866). Résistance héroïque de Paris, lâcheté de Charles le Gros (885-886). Établissement régulier des Northmans à Chartres ; Rollon en Normandie (traité de Saint-Clair-sur-Epte, 911).

Contre les Sarrazins : extension de la féodalité italienne, premiers succès des seigneurs italiens ; les Sarrazins des Alpes exterminés par Conrad le Pacifique ; reprise de Fraxinet (972).

Contre les Hongrois : succès identique remporté aussi par une dynastie nationale. Henri Ier organise la résistance (trève de neuf années), et bat les Hongrois à Mersebourg ; son fils Otton Ier le Grand les arrête définitivement par sa grande victoire d'Augsbourg (955).

Conclusion. — En somme, les invasions du neuvième et du dixième siècle, bien moins terribles que celles du quatrième et du cinquième, ont eu un triple résultat : 1º elles ont accéléré la dissolution de l'empire carolingien ; 2° elles ont hâté l'établissement de la féodalité ; 3° elles ont créé dans la vallée du Danube une grande nation, et en France même un duché qui allait jouer un rôle important dans l'histoire.

XXVIII. — Le système féodal.

La féodalité a été, dit Guizot, « la confusion de la souveraineté et de la propriété ; » c'est un ensemble d'institutions qui a régi la France et l'Europe pendant plusieurs siècles, et qui, bien qu'entièrement renversé aujourd'hui, fait encore cependant sentir parfois son influence dans l'ordre politique et social.

Trois points à mettre en lumière : quels sont les éléments constitutifs du système féodal ? Comment s'est-il établi ? Quelles conséquences a-t-il produites ?

1° *Éléments constitutifs du système féodal.* — Tout propriétaire du sol exerce sur ses domaines les droits de la souveraineté, et les exerce d'autant plus pleinement qu'il possède des domaines plus étendus ; par conséquent, le gouvernement central est annihilé. — Les fonctions publiques sont héréditaires, comme la possession même du sol à laquelle elles sont liées. — Les petits domaines sont subordonnés aux grands ; il y a une hiérarchie de propriétaires relevant les uns des autres, (suzerains, vassaux, arrière-vassaux), depuis le simple gentilhomme jusqu'au roi. — En dehors de cette hiérarchie féodale restent les roturiers, vilains, manants, serfs.

Comment une pareille organisation, politique et sociale, a-t-elle pu s'établir ?

2° *Origines et établissement du système féodal.* — C'est au dixième siècle que le système féodal devint maître en Occident ; mais cette révolution politique et sociale était la conséquence dernière d'événements accomplis depuis cinq siècles.

Avant l'invasion, en Germanie même, il y a dans la société germanique deux éléments, la clientèle ou *truste* et le *mundium*, qui plus tard donneront naissance, le premier au vasselage, le second à la roture. — Après la conquête, à côté des *alleux*, terres indépendantes, sont créés les *bénéfices* ou *fiefs* qui rendent plus étroits et plus stables les liens de la clientèle ou truste.

Les fiefs d'abord révocables, concédés pour un temps : ils sont le salaire d'un service rendu ; puis ils deviennent viagers (Traité d'Andelot, 587, et Constitution perpétuelle, 615) ; enfin, sous les derniers Mérovingiens, ils deviennent de fait héréditaires. — En même temps, la *recommandation* transforme les alleux en bénéfices.

Résistances de Charlemagne : efforts inutiles pour séparer les *offices* ou fonctions publiques et les bénéfices ; sous Charles le Chauve, édits de Mersen (disparition des alleux), et de Kiersy-sur-Oise (877), « la charte constitutive de la féodalité, » qui établit l'hérédité des bénéfices et des offices.

3° *Résultats du système féodal.* — Les nobles ; droits du seigneur (le château féodal), résultant de la cérémonie de l'*hommage;* obligations du vassal (service militaire, service en justice, service de l'impôt ou des aides, droits de relief, de tutelle, de mariage, etc.). — Les non-nobles (roturiers, vilains, manants ou bourgeois) ; les serfs (*taillables et corvéables à merci*).

Invasion de l'Église par le système féodal.

Conclusion. — Ce régime, si dur pour les petits, a eu cependant quelques résultats heureux : il a attaché l'homme à la terre et a fait oublier aux Germains leurs habitudes nomades ; — il a amélioré la vie de famille ; — il a développé le sentiment de la liberté individuelle ; — mais par combien de misères et de violences ces avantages ont été payés !

XXIX. — Les Français dans les pays méditerranéens, aux onzième et douzième siècles.

Au commencement du onzième siècle, la France n'occupe encore qu'un rang bien modeste parmi les nations européennes; cependant la bravoure des Français répand déjà sa gloire sur tous les rivages méditerranéens : si bien que, dans les pays orientaux, leur nom sert à désigner indistinctement tous les Latins et les Européens : « tous les chrétiens, quelque langue qu'ils parlent, n'ont qu'un nom dans toute la Méditerranée, celui de Francs. »

Les rois restèrent généralement en dehors de ce mouvement; tout fut accompli par l'initiative individuelle des seigneurs. Motifs qui les poussèrent vers ces expéditions : l'ardeur religieuse (défendre la foi chrétienne contre les infidèles), l'ambition, le désir de s'illustrer et d'acquérir de la gloire. Voilà quelles causes déterminèrent les expéditions des seigneurs français en Espagne, dans l'Italie méridionale, en Palestine.

I. *En Espagne.* — Deux princes bourguignons, Raymond et Henri, vont aider Alphonse VI de Castille à lutter contre les Maures; Raymond épouse la fille et l'héritière d'Alphonse VI, Henri conquiert le petit comté de Porto-Calé (royaume de Portugal).

II. *En Italie.* — Des pèlerins normands, revenant de Terre Sainte, débarquent dans l'Italie méridionale que se disputaient les Grecs et les Sarrazins (1016); rôle de Robert Guiscard et de ses onze frères, fondation du comté d'Aversa et du duché de Pouille.

2° La domination nouvelle se légitime quand Robert, vainqueur du pape Léon IX à Civitella (1053), se fait donner par lui l'investiture; il s'empare de toute l'Italie méridionale, lutte contre l'empereur d'Allemagne qu'il brave dans Rome (querelle de Grégoire VII et d'Henri IV) et contre l'empereur de Constantinople dont il pille les provinces maritimes.

3° Enfin, conquête de la Sicile par Roger, le plus jeune frère de Robert (1060-1090). — En 1130, Roger II réunit les conquêtes de son père et celles de son oncle : création du royaume des Deux-Siciles.

III. *En Palestine.* — Ce ne furent pas les Français qui firent seuls les trois premières croisades (celles qui eurent lieu au onzième et au douzième siècles) ; du moins, ils y jouèrent un rôle prépondérant.

1° Première croisade : prêchée par un Français, Pierre l'Ermite, elle trouve surtout en France (concile de Clermont) ses soldats : « on avait pleuré en Italie, on s'arma en France. » Principal noyau des trois armées chrétiennes : Français du Nord avec Godefroy de Bouillon, Français du Midi avec le comte de Toulouse, Normands de France et des Deux-Siciles avec Bohémond et Tancrède. — Après la conquête de la Terre Sainte, quand il fallut organiser le nouveau royaume, c'est en langue française (en dialecte picard) que furent rédigées les Assises de Jérusalem ; ce furent enfin des Français, Gérard de Martigues et Hugues de Payens, qui créèrent les Hospitaliers de Saint-Jean et les Templiers, « défenseurs perpétuels de la Terre Sainte. »

2° Deuxième croisade : prêchée par saint Bernard, abbé de Clairvaux (en France); l'empereur d'Allemagne Conrad III prend la croix aussi bien que le roi de France Louis VII, mais l'armée allemande se fait exterminer avant d'avoir touché la Terre Sainte. Louis VII va inutilement assiéger Damas (1147-1149).

3° Troisième croisade, après la perte de Jérusalem (1189). Cette fois encore, l'armée allemande de Frédéric Barberousse se disperse avant d'avoir atteint la Palestine ; par suite, les Français ne partagent cette croisade qu'avec les Anglais : Philippe-Auguste et Richard Cœur de Lion au siège de Ptolémaïs.

Conclusion. — La France n'a pas profité directement de

ces conquêtes faites par ses enfants, dans la Méditerranée orientale comme dans la Méditerranée occidentale : les princes bourguignons, devenus rois de Castille et de Portugal, allaient bien vite oublier leur pays d'origine; le royaume normand des Deux-Siciles était destiné à devenir bientôt la proie des empereurs d'Allemagne; enfin, rien n'est resté du royaume de Jérusalem.

Mais la France s'était montrée, suivant l'expression du grand poète anglais, « le vrai soldat de Dieu »; elle avait fait connaître au loin son nom, sa gloire, sa langue, ses coutumes; enfin le pays, débarrassé par tant d'expéditions lointaines d'un grand nombre de turbulents barons, avait pu vivre plus pacifiquement et avait commencé à s'organiser plus régulièrement sous la main de la royauté.

XXX. — Restauration du pouvoir royal en France au douzième siècle (1108-1223).

L'établissement du système féodal avait ruiné l'autorité monarchique, et l'avènement de la dynastie capétienne avait sanctionné cette ruine du pouvoir central : les premiers Capétiens ont été des rois selon le cœur de la féodalité; faibles et inconnus, ils étaient incapables d'engager la lutte contre les barons, ils n'y ont même pas pensé. — Le onzième siècle a donc été le siècle des seigneurs : il y a un roi, mais il n'y a plus à vrai dire de royauté, parce que celui qui porte le titre de roi ne possède plus rien, ni le territoire, ni les pouvoirs publics, ni même les sympathies nationales.

C'est cette situation qui va changer au douzième siècle : alors va s'engager entre la royauté et la féodalité cette lutte plusieurs fois séculaire qui constitue toute l'histoire intérieure de l'ancienne France, et qui ne se terminera qu'avec Louis XIV : le roi sera alors le seul administrateur, le seul juge, le seul maître de tout le royaume. Mais, avant de pouvoir rêver même un pareil avenir, il fallait que la royauté rappelât d'abord en quelque sorte son existence au peuple français, il fallait qu'elle reprît quelque puissance matérielle et une partie au moins des grands pouvoirs publics. Telle est l'œuvre particulière qu'ont accomplie les rois qui ont régné sur la France de 1108 à 1223 : Louis VI le Gros, Louis VII le Jeune, et Philippe-Auguste ; les deux premiers conseillés par un habile ministre, l'abbé Suger ; le troisième fut à lui-même son propre conseiller et son propre ministre.

1° *La royauté reconquiert les sympathies populaires.* — Cette première conquête, fondement et condition nécessaire des deux autres, fut accomplie particulièrement sous les règnes de Louis VI et de Louis VII. La royauté, trop faible pour engager la lutte contre les barons, s'appuie sur l'Église, sur la bourgeoisie (progrès de la population urbaine et rurale, les communes, les paroisses rurales); Louis VI, « juge de paix universel », montre la puissance royale comme une garantie d'ordre et de paix, met un terme aux brigandages des petits seigneurs de l'Ile de France, agit de même en dehors de ses domaines, et habitue la nation à penser « que les rois ont les mains longues. » Louis VII, à l'intérieur du royaume, continue à se montrer comme son père « le protecteur des opprimés et le défenseur des églises ; » quand il meurt (1180), la dynastie capétienne a conquis l'affection des peuples, et la sympathie du clergé.

2° *La royauté reconquiert la puissance matérielle.* — Elle peut alors se montrer ambitieuse, et s'efforcer de reconquérir le sol de la France : si elle l'avait essayé un siècle plus tôt, il est évident qu'elle aurait échoué misérablement. A la fin même du règne de Louis VI, première tentative d'agrandissement territorial, mariage de Louis VII avec Éléonore d'Aquitaine ; son divorce. — Philippe-Auguste (1180-1223) ; il constitue vraiment le domaine royal, et le rend plus puissant que les domaines féodaux ; son caractère rusé ; sa politique, alliance avec l'Église. Il acquiert, avant la 3° croisade, Amiens, le Mans, Tours ; après la croisade, la Normandie, le Maine, l'Anjou, la Touraine, le Poitou (lutte contre Richard et Jean sans Terre); puis la grande victoire nationale de Bouvines sanctionne ces acquisitions (1214). — Pendant ce temps, la croisade des Albigeois, à laquelle Philippe-Auguste reste étranger, prépare la réunion du Midi de la France.

3° *La royauté reconstitue les pouvoirs publics.* — La restauration de l'administration publique est une conséquence de la restauration du domaine royal : il faut maintenant des fonctionnaires royaux pour administrer le territoire. Suppression du sénéchal; organisation du Parlement; création de 78 prévôtés, de quatre grands-bailliages.

Conclusion. — En un siècle, la situation du roi de France a été totalement changée : il possède maintenant les deux tiers du territoire au nord de la Loire, il est au-dessus de tous les seigneurs féodaux et par la supériorité de sa puissance matérielle, et par la suprématie de sa puissance morale. La royauté est assez forte pour résister même aux dangers d'une minorité (celle de Louis IX). Progrès de l'ordre, de l'industrie, du commerce, correspondant aux progrès de la royauté.

XXXI. — La puissance allemande, au dixième et au onzième siècle (911-1056.)

L'Allemagne, à peine sortie de la barbarie, n'occupait pas en Europe une place bien importante en 911; en 1056, elle était passée au premier rang des pays civilisés, et exerçait en Europe une suprématie incontestée, son chef était le suzerain des rois et disposait de la tiare.

Pour arriver à un pareil résultat, l'Allemagne avait dû d'abord s'organiser à l'intérieur, et garantir la sécurité de ses frontières (de 911 à 936); son existence une fois assurée, elle avait pu ensuite agir au dehors de son territoire et conquérir une grande puissance matérielle (de 936 à 1002); enfin, grâce à cette puissance matérielle, elle avait fait accepter sa suprématie au monde temporel et à l'Église (1002-1056).

1° *L'Allemagne s'assure une existence régulière.* — État de l'Allemagne en 911; la race carolingienne vient de disparaître, elle fait place à une royauté nationale et féodale. — Caractère particulier de la féodalité en Allemagne, qui n'a pas comme les autres pays occidentaux subi les invasions : les seigneurs allemands sont des chefs de race (Saxe, Thuringe, Franconie, Lorraine, Bavière, Souabe).

Dangers de l'Allemagne : à l'intérieur, le morcellement; au dehors, les invasions des Hongrois et la lutte contre les Slaves. Contre ces dangers, le premier roi électif d'Allemagne Conrad Ier de Franconie (911-919) reste impuissant; Henri Ier, l'Oiseleur ou le Fondateur, le chef habile de la race saxonne, est plus heureux : à l'intérieur, profitant d'une trêve de 9 ans avec les Hongrois, il constitue l'Allemagne, fonde les villes, les *burgwartes*, les *faubourgs*, organise une armée; au dehors, il arrête une première fois les incursions des Hongrois, dont les deux principales routes d'invasion, les vallées de l'Elbe et du Danube, ont été barrées par des forteresses ; victoire de Mersebourg (933).

2° *L'Allemagne conquiert une grande puissance matérielle.* — Ce sont les trois Ottons qui s'illustrent dans cette tâche : ils étendent leur autorité sur toute l'Europe centrale et sur l'Italie.

Otton Ier le Grand (936-973), d'abord se rend maître en Allemagne (soumission des ducs de Lorraine et de Franconie qui se sont révoltés, défaite définitive des Hongrois à Augsbourg en 955); — puis il assure les frontières allemandes (fondation de la marche de Schleswig contre les Danois; défaite des Slaves païens de Bohême et de Prusse, fondation de la marche de Brandebourg); — enfin il conquiert les deux tiers de l'Italie et fonde le Saint Empire romain germanique (1re expédition en Italie en 951 ; en 962, Otton couronné roi d'Italie à Milan, et empereur à Rome). — Une intervention d'Otton Ier en France le montre déjà comme le médiateur du monde latin-germanique.

Otton II (973-983) et Otton III (983-1002) essaient en vain de conquérir le sud de l'Italie (Otton II, marié à une princesse grecque, battu à Basentello) ; du moins, ils consolident leur domination sur les territoires précédemment conquis (révolte inutile de Crescentius à Rome).

3° *L'Allemagne exerce la suprématie sur le monde latin-germanique:* — Les empereurs qui leur succèdent, pendant la première moitié du onzième siècle, n'ont plus qu'à recueillir le fruit des travaux de leurs prédécesseurs : sous eux, l'Allemagne occupe incontestablement le premier rang. Après le règne d'Henri II (1002-1024), le chef d'une nouvelle maison de Franconie, Conrad II (1024-1039) conquiert la vallée du Rhône (réunion du royaume d'Arles, 1033), et s'attache la petite noblesse italienne (Édit de Pavie, 1037) ; Henri III (1039-1056) est maître absolu en Allemagne où il dispose à son gré des grands fiefs, — est également maître absolu dans l'Église, nomme à son gré les papes (Concile de Sutri, 1046), — enfin, agit comme le suzerain des rois, travaille à établir la trève de Dieu en France, donne un roi aux Hongrois, impose un tribut aux Bohémiens, etc.

Conclusion. — En 1056, au milieu de l'unité chrétienne de l'Europe que les papes ont réalisée, les chefs de l'Allemagne, devenus empereurs, apparaissent comme les chefs suprêmes de toute la chrétienté.

Mais cette gloire éblouissante devait être un malheur pour l'Allemagne, à qui l'ambition extérieure fit perdre de vue la réalisation de sa politique nationale ; un malheur aussi pour les empereurs allemands, qui, acquérant une suprématie idéale sur les autres nations, « tendront la main vers toutes les couronnes, et oublieront de tenir fermement la leur ; ils voudront étreindre l'Europe, et l'Allemagne leur échappera. »

XXXII. — Querelle des Investitures.

La Querelle des Investitures, qui a mis aux prises la Papauté et l'Empire à la fin du onzième siècle et au commencement du douzième, est certainement l'événement le plus important de tout le moyen âge : car c'est alors qu'a été pour la première fois posé le problème essentiel, dont le monde latin-germanique devait pendant près de trois siècles chercher la solution.

Il y a en effet, dans cette Querelle célèbre, deux points distincts à considérer : d'une part, ce qui a été en quelque sorte la *forme* du débat, ce qui en a été simplement l'occasion : comment et par qui devaient être nommés les dignitaires ecclésiastiques, par le Pape ou par l'Empereur ? — D'autre part, ce qui a été le *fond* et la cause véritable de la lutte : quel serait le maître suprême du monde chrétien ? Le pouvoir temporel (l'Empereur) dominerait-il le pouvoir spirituel (le Pape) ?

Préliminaires. — Au Moyen Age, le pouvoir spirituel et le pouvoir temporel étaient étroitement unis et comme confondus : les évêques et les abbés étaient mêlés aux affaires du monde, et gouvernaient les peuples comme seigneurs féodaux ; les empereurs de leur côté intervenaient dans les délibérations des conciles, nommaient les évêques et les abbés et souvent même les souverains pontifes, en leur qualité de rois d'Italie et de protecteurs de Rome. La puissance impériale arrivée à son apogée avec Henri III (1039-1056). — Mais à ce moment même, sous l'influence du moine Hildebrand, la papauté fait un effort énergique pour régénérer l'Église, détruire la simonie, se soustraire à la domination impériale, et prendre elle-même la direction du monde chrétien.

Circonstances favorables à la papauté : d'une part, la longue minorité du nouvel empereur Henri IV, troublée par des révoltes et des scandales de toute nature. D'autre part, l'avènement au trône pontifical d'Hildebrand lui-même (Grégoire VII), allié de la grande-comtesse Mathilde de Toscane et des Normands des Deux-Siciles. La lutte éclate en 1076, trois ans après l'avènement de Grégoire VII ; elle allait durer un demi-siècle, et être fertile en péripéties.

1° *Triomphe passager de Grégoire VII.* — Les idées et le caractère de Grégoire VII, ses premiers actes contre la simonie, contre le mariage des prêtres, contre l'ingérence des laïques dans les choses ecclésiastiques, et par suite contre les *investitures* données par des souverains temporels à des dignitaires de l'Église (importance considérable de cette *question des investitures*, résultant de ce que les évêques et les abbés sont en même temps possesseurs de fiefs : ils possèdent ainsi le tiers peut-être des terres dans tout l'Occident), enfin contre l'*impiété* des souverains, qu'il se croit en conscience obligé de réprimer : par conséquent, il somme Henri IV de soumettre au jugement pontifical ses désordres privés et publics. C'est la déclaration de guerre (1076).

Henri IV riposte et chasse les légats pontificaux ; mais Grégoire VII lance contre lui une sentence de déposition : effets de cette sentence. Henri va s'humilier devant le pape à Canossa (1077), tandis que les princes allemands élisent contre lui un compétiteur, Rodolphe de Souabe.

2° *Triomphe passager d'Henri IV.* — Mais cet abaissement même de l'Empire réveille le sentiment national des Allemands, et rend à Henri IV des partisans. Guerre civile en Allemagne, Rodolphe vaincu et tué à Volksheim (1080). Henri, redevenu maître au nord des Alpes, redescend en Italie, pénètre jusqu'à Rome, et y tient le pape assiégé pendant deux ans. Délivré par les Normands de Robert Guiscard, Grégoire VII va mourir en exil et dans une captivité déguisée à Salerne (1085) ; jusqu'au dernier moment, sa conviction dans la bonté de sa cause reste inébranlable. — Henri IV demeure d'abord maître en Italie.

3° *La Papauté se relève; Concordat de Worms.* — Grégoire VII est mort, mais son esprit lui survit. Révolte des fils de l'empereur contre leur père ; Henri IV est déposé à Mayence, il meurt à Liège de douleur et presque de faim (1106). — Mais sa mort, pas plus que celle de Grégoire VII, n'a d'effet décisif; la lutte se continue encore pendant le règne d'Henri V le Parricide (1106-1125); concile de Sutri ; mort de la grande-comtesse Mathilde. Enfin, les deux puissances rivales, incapables de triompher l'une de l'autre, se résignent à un compromis et signent le concordat de Worms (1122) : les évêques seront élus canoniquement, ils recevront du pape l'*investiture ecclésiastique*, de l'empereur *l'investiture temporelle*.

Conclusion. — Après des alternatives inouïes de succès et de revers, qui se sont prolongées un demi-siècle, le pape et l'empereur ont consenti par lassitude à un traité de paix ; — mais cette paix ne devait pas être assurée longtemps, car les causes qui avaient armé l'un contre l'autre le Sacerdoce et l'Empire subsistaient toujours. Par le concordat de Worms, la *question des Investitures* était réglée très équitablement; mais la *question de la suprématie*, qui était le fond de la querelle, n'avait pas reçu de solution.

XXXIII. — L'Empire et la Papauté au temps de Frédéric Barberousse et d'Alexandre III.

La lutte de l'Empire et de la Papauté a rempli le moyen âge tout entier; mais, à chaque époque, chacun des épisodes de cette grande lutte a revêtu un caractère particulier, résultant de la différence des temps et du caractère des personnages. L'épisode dans lequel Frédéric Barberousse et Alexandre III remplissent les principaux rôles pourrait s'appeler *la Guerre de l'Indépendance italienne :* en effet, c'est par la soumission de l'Italie que l'empereur veut alors obtenir la soumission de la Papauté.

Frédéric Ier Barberousse monte sur le trône impérial en

1152, partageait les idées de ses prédécesseurs sur la toute-puissance des empereurs, et se considérait comme le chef véritable de la chrétienté. Seule, la puissance pontificale pouvait faire échec à la sienne : avec une habileté réelle, il comprit que, pour acquérir une suprématie incontestée sur la papauté, il lui fallait d'abord conquérir matériellement le territoire italien ; c'est à cette tâche qu'il consacra presque tout son règne. Dans une première période, il se concilia contre l'indépendance des communes italiennes l'alliance même du pape ; — puis, la papauté comprit la faute qu'elle avait commise, et resta neutre entre les Italiens et l'Empereur ; — enfin, dans une troisième période, la papauté, mieux éclairée sur ses véritables intérêts, s'allia franchement aux villes italiennes, et finit par assurer leur indépendance, en même temps que la sienne propre.

1° *L'Empereur allié au Pape contre les Italiens.* — Ce furent les circonstances qui provoquèrent cette étrange alliance : au début même de son règne, Frédéric Ier eut en effet la bonne fortune de pouvoir passer les Alpes, non pour attaquer le pape, mais pour le défendre. C'était la conséquence du mouvement communal qui venait de se produire en Italie, et poussait les villes italiennes à se constituer en républiques indépendantes ; à Rome même, révolution opérée par Arnaud de Brescia, expulsion du pape Innocent II, rétablissement de la république romaine. Ce mouvement blessait donc à la fois les intérêts de l'empire et ceux de la papauté : de là résulte la réconciliation inattendue de ces deux pouvoirs.

Première expédition de Frédéric Ier en Italie (1152) ; prise de Rome par les Impériaux, supplice d'Arnaud de Brescia, le pape Adrien IV est rétabli à Rome et couronne Barberousse empereur ; triomphe des prétentions impériales.

2° *Le pape reste neutre entre l'Empereur et les Italiens.* — Mais le triomphe de l'empereur fut éphémère : en effet, le pape comprend vite que sa seule chance d'échapper à la suprématie allemande, c'est de trouver en Italie même un appui matériel contre Frédéric. Aussi, quand l'Empereur veut pousser sa victoire jusqu'au bout et établir sa domination réelle sur les républiques lombardes, il ne peut plus compter sur l'appui d'Adrien IV. Mais le pape n'ose pas non plus se retourner immédiatement contre celui qui vient de lui rendre son pouvoir temporel, ni s'allier ouvertement avec ses ennemis de la veille : il reste neutre. — Aussi Frédéric peut remporter, une fois encore, des succès sur les Italiens divisés.

Seconde expédition de Barberousse en Italie (1158) ; siège de Milan, qui, abandonnée par les villes voisines, se soumet. La diète de Roncaglia accorde à l'empereur tout ce qu'il demande, l'asservissement de l'Italie semble consommé. Milan seule proteste, mais elle est prise une seconde fois et détruite ; Rome elle-même tombe aux mains des Allemands, qui y installent un antipape.

3° *Alliance de la Papauté et de l'Italie.* — Mais alors les Italiens et le pape éclairés par leur défaite commune se rapprochent et s'unissent étroitement contre l'ennemi qui les menace également. Un nouveau pape, Alexandre III, se déclare le champion de l'indépendance italienne; formation de la *ligue lombarde,* qui reconstruit Milan et bâtit la forteresse d'*Alexandrie :* aussi, quand Frédéric fait en 1166 une troisième expédition, l'Italie coalisée enfin contre lui, lui inflige un échec sérieux; dans une quatrième expédition, il est complètement battu à Legnano (1176). Cette fois, la victoire des Italiens est décisive, et Frédéric qui sent l'Allemagne elle-même sur le point de lui échapper, est obligé de confesser sa défaite (entrevue de Venise entre Frédéric et Alexandre III). La Paix de Constance (1183) proclame réellement l'indépendance des villes lombardes, et assure par contre-coup celle du pape.

Conclusion. — Tout le génie politique, toute la puissance militaire de Frédéric Barberousse n'ont donc pu venir à bout de l'Italie et de la Papauté unies dans une pensée commune de patriotisme ; par ses tentatives pour asservir ouvertement les villes lombardes, l'empereur leur a donné le goût de l'indépendance, et leur a indirectement appris le moyen de conserver ce bien précieux.

XXXIV. — Le Pontificat d'Innocent III.

Innocent III a été, sinon le plus grand, du moins le plus brillant des papes du Moyen Age ; autant que Grégoire VII, il s'est montré comme une haute et imposante personnification de la théocratie, et plus encore que son illustre prédécesseur, il a été près de réaliser les grandioses ambitions de la papauté. L'histoire de son pontificat, c'est toute une histoire du monde chrétien à la fin du douzième siècle, et au commencement du treizième.

Origines d'Innocent III : De la noble famille des comtes de Segni, élève brillant des Universités de Paris et de Bologne, monté sur le trône pontifical à l'âge de 37 ans : pieux sans mysticisme, esprit orné, souple, politique, « magnanime comme un chevalier et fin comme un diplomate », sachant mieux que Grégoire VII avancer et reculer à temps. — Ses projets : il fonda la souveraineté absolue du Pape sur l'Église, et parvint presque à fonder la souveraineté absolue de l'Église sur l'Europe (1198-1216).

I. *Innocent III et l'Église.* — Avant de dominer le monde, il fallait d'abord être maître à Rome et dans l'Église : efforts d'Innocent III pour reconstituer le pouvoir temporel du Saint-Siège, acquisition de la Marche d'Ancône ; le préfet de Rome, jusqu'alors fonctionnaire impérial, devient un fonctionnaire pontifical. — Fondation des ordres mendiants (*Franciscains* ou *Cordeliers, Dominicains*) qui, plus que le clergé séculier, se font dans tout le monde chrétien les auxiliaires infatigables de la Papauté ; l'éloquence et la popularité de ces moines donnent une force extraordinaire à Innocent III.

II. *Innocent III et l'Europe.* — Innocent III veut se servir de ces ressources pour élever la papauté au-dessus de toute puissance terrestre, pour régenter les rois et les empereurs « qui reçoivent tout leur éclat de l'autorité pontificale, comme la lune reçoit le sien du soleil. » Dans le même temps, il veut affranchir l'Italie de la domination allemande, il prêche la quatrième croisade, il excommunie Philippe-Auguste, il prend Jean-sans-Terre sous sa protection, il réveille l'enthousiasme des Espagnols contre les Maures, il intervient dans les affaires de l'Europe orientale, etc.

1° *Intervention en Allemagne.* — Ce fut la grande affaire du pontificat d'Innocent III, qu'elle occupa en entier. Circonstances favorables à l'émancipation de l'Italie : rivalité des Guelfes et des Gibelins ; Innocent se prononce en faveur du guelfe Otton IV qui reste seul maître de l'Empire, et, pour séparer à jamais le royaume des Deux-Siciles de l'Allemagne, il maintient à Naples le jeune Frédéric, de la famille des Gibelins ; — plus tard, quand Otton à son tour élève des prétentions menaçantes pour le Saint-Siège, Innocent III excommunie son ancien client, et soutient contre lui le jeune Frédéric II qui devient empereur en 1211.

2° *Nouvelles croisades.* — En suscitant la quatrième croisade et la croisade des Albigeois, Innocent III paraît comme le dominateur du monde chrétien ; pourtant, il ne peut empêcher les Vénitiens de détourner la quatrième croisade contre Constantinople (1202-1204). — La croisade des Albigeois, prêchée en 1208 après l'assassinat du légat Pierre de Castelnau, aboutit malgré les intentions d'Innocent à la dépossession des seigneurs de la France méridionale par ceux de la France septentrionale.

3° *Intervention dans l'Europe occidentale.* — En outre, aidé par une armée de légats qui parcourent sans cesse les divers pays, Innocent III intervient partout où les intérêts et la puissance de l'Église sont menacés : en Angleterre, il veut enlever au roi toute influence sur la nomination des évêques ; Jean-sans-Terre qui veut résister d'abord, est réduit à la plus avilissante sujétion. — En France, Innocent soutient d'abord Philippe-Auguste contre les rois anglais ; il l'oblige

ensuite à céder dans l'affaire de son divorce avec Ingeburge.
— Dans la péninsule ibérique, le roi Pierre II d'Aragon est
obligé de recevoir son royaume en fief des mains du pontife, et « l'arme terrible de l'excommunication » met entre
les mains d'Innocent III la direction des affaires dans la Castille, le Léon et le Portugal.

4° *Intervention dans l'Est et le Nord de l'Europe.* — Dans les
États scandinaves, en Norwège, comme en Hongrie et en
Serbie, la menace de l'excommunication et de l'interdit
impose également aux princes la suprématie du pape ; Innocent arme encore les Allemands du Nord contre les Slaves
païens.

Conclusion. — Tel est, dans ses lignes essentielles, le pontificat de ce pape énergique et habile, qui domine toute son
époque, et qui, plus qu'aucun autre pape, fit tendre la théorie
du régime théocratique à sa plus complète réalisation. Il
mourut en 1216, un an après le concile de Latran où il
avait paru dans toute sa gloire ; cependant il n'avait réussi
nulle part à pacifier l'Europe troublée, ni en France, ni en
Angleterre, ni en Allemagne, ni en Italie, et il était inquiet
des desseins de l'empereur qui laissait déjà percer ses vues
ambitieuses, contraires à l'indépendance de l'Italie et de la
Papauté.

XXV. — Les Capétiens directs et les Plantagenets. Relations de la France et de l'Angleterre au douzième et au treizième siècle.

Le douzième et le treizième siècle ont été remplis par une
guerre presque continuelle entre la France et l'Angleterre ;
ce qui mit les deux pays aux prises, ce ne fut pas une rivalité nationale (car à vrai dire l'esprit national n'existait pas
encore) ; ce furent des contestations féodales entre les deux
familles qui régnaient sur les deux rivages du Pas de Calais,

celle des Capétiens en France, celle des Plantagenets montée sur le trône d'Angleterre en 1154, dans la personne d'Henri II. — Cause de la lutte : énorme disproportion entre les domaines des Capétiens et ceux des Plantagenets ; Henri II possède en effet par sa mère le Maine et la Normandie ; par son père la Touraine et l'Anjou ; par sa femme Éléonore, le Poitou, la Guyenne et la Gascogne, avec la suzeraineté sur l'Aquitaine ; enfin il est roi d'Angleterre. Les rois capétiens, suzerains d'un vassal beaucoup plus puissant qu'eux-mêmes, devaient chercher à sortir à tout prix d'une pareille situation.

Les chances sont à peu près égales de part et d'autre : d'un côté, les Plantagenets ont la supériorité matérielle ; mais de l'autre, les Capétiens ont la supériorité morale (ils sont les suzerains, et en poussant la lutte à fond contre eux, la royauté anglaise craindrait de donner un mauvais exemple à ses propres vassaux ; — ils ont les sympathies populaires ; — ils sont les alliés de l'Église et représentent le droit ; — enfin ils sont servis par les discordes intestines de la famille royale d'Angleterre). Trois périodes dans cette lutte : 1° l'habileté d'Henri II et la bravoure de Richard-Cœur-de-Lion maintiennent d'abord la fortune indécise ; 2° puis, les fautes de Jean-sans-Terre donnent à Philippe-Auguste une supériorité décisive ; 3° enfin, le courage et la sagesse de Louis IX assurent aux Capétiens le succès définitif.

1° *Lutte indécise jusqu'en 1199.* — Louis VII, le premier mari d'Éléonore de Guyenne, soutient la lutte sans désavantage, malgré la disproportion des forces et l'habileté politique d'Henri II, grâce aux embarras de son rival (affaire de Thomas Becket, révoltes des quatre fils d'Henri II) ; paix de Montlouis (1174). — Philippe-Auguste (1180-1223) pratique la même politique jusqu'à la mort d'Henri II (1189) ; puis, de retour de la 3° croisade où il s'est brouillé avec le nouveau roi d'Angleterre, Richard-Cœur-de-Lion, il intrigue avec le frère de Richard, Jean-sans-Terre ; retour imprévu de Richard, défaite de Philippe-Auguste à Fréteval ; intervention d'Innocent III, trève de cinq ans (1199).

2° *Succès éclatants de la France de 1199 à 1226.* — Les vices et la lâcheté de Jean-sans-Terre, successeur de Richard, dès le début de la seconde période, donnent un avantage marqué aux Capétiens. Assassinat d'Arthur de Bretagne, Jean cité devant le Parlement de Paris, sentence de confiscation. Philippe-Auguste conquiert la Normandie, l'Anjou, le Maine, la Touraine et le Poitou (1203-1204); projet de descente en Angleterre (1212), victoires de Bouvines et de la Roche-aux-Moines (1214), tentative de Louis de France en Angleterre (1216-1217). — Louis VIII (1223-1226) poursuit les conquêtes de son père : il enlève à Henri III, fils de Jean-sans-Terre, l'Aunis et le littoral de l'Ouest.

3° *La sagesse de Louis IX consolide les conquêtes antérieures.* — Après la mort de Louis VIII, Henri III veut profiter des coalitions féodales qui se forment contre le nouveau roi saint Louis, pendant et après sa minorité, pour réparer ses pertes : son alliance avec le comte de la Marche (1241). Victoires de Louis IX à Taillebourg et à Saintes, trêve de Bordeaux (1243) : les Français s'étendent jusqu'à la Garonne. — Mais saint Louis, bien que victorieux, a des doutes sur la légitimité des conquêtes faites jadis sur Jean-sans-Terre : « la conscience lui remordait de la terre de Normandie. » Après de longues négociations, par le traité d'Abbeville (1259), il rend une partie de ces territoires, pour posséder le reste en toute sûreté de conscience. La Charente devient la limite des possessions anglaises et françaises.

Conclusion. — Cette longue lutte des Capétiens et des Plantagenets se termine ainsi par la victoire des premiers ; Louis IX vient de s'assurer, par le droit, des provinces que la force seule avait données à son aïeul ; « il ôtait tout prétexte de guerre au roi d'Angleterre, et augmentait la puissance morale de sa personne et de son titre. »

XXXVI. — Établissement des libertés publiques en Angleterre.

L'état politique et social de l'Angleterre, tel qu'il avait été constitué après la conquête de Guillaume de Normandie, reposait officiellement sur les mêmes principes que celui de la France : c'est la féodalité française, avec sa hiérarchie et ses maximes, qui s'était alors implantée au delà du Pas de Calais. Cependant, en France, les transformations du système féodal devaient peu à peu aboutir à l'établissement de la toute-puissance de la royauté ; en Angleterre, elles ont conduit à l'établissement des libertés publiques. — A quoi tient cette différence ?

Elle résulte principalement des différences de l'organisation primitive de la féodalité en France et en Angleterre : en France, royauté très faible, peuple opprimé, féodalité toute-puissante et oppressive ; par suite, alliance du peuple et du roi contre les seigneurs, leurs ennemis communs : l'extension progressive de l'autorité royale est pour le peuple une garantie de sécurité. — En Angleterre au contraire, Guillaume le Conquérant a donné à la royauté une force écrasante ; les seigneurs sont trop faibles pour être les oppresseurs du peuple, ils ne peuvent espérer résister à la puissance royale qu'en s'appuyant sur la bourgeoisie déjà riche et sur l'ancienne population anglo-saxonne dont la vitalité a résisté à la conquête ; l'alliance des nobles et des bourgeois est donc dans la nature des choses ; les succès qu'elle remporte sont marqués par des restrictions successives apportées à l'autorité royale, c'est-à-dire par l'*établissement des libertés publiques*.

Mais la royauté ne se laissa point désarmer sans résistance ; les nobles et les bourgeois ne triomphèrent qu'après plusieurs siècles d'efforts : la signature de la Grande Charte (1215)

donna d'abord à leurs révendications un terrain solide ; —
puis, grâce à la minorité et à la faiblesse d'Henri III (1216-
1272), ils conquirent les libertés civiles et politiques ; —
enfin, les résultats obtenus furent consolidés à la fin du
treizième siècle et au début du quatorzième, sous les règnes
d'Édouard Ier et d'Édouard II.

1° *Préliminaires. La Grande Charte.* — Toute-puissance de
la royauté anglaise après la conquête : elle a des domaines
énormes, tandis que les 60 000 fiefs distribués aux chevaliers
sont peu étendus et disséminés à travers tous les comtés ;
aussi les chevaliers se rapprochent peu à peu des bourgeois
et des Anglo-Saxons, qui ont conservé leurs lois particulières, des institutions provinciales, le principe du *jury*, et
même celui du *self-government* des communes : l'union de la
noblesse normande (laïque ou ecclésiastique) et du peuple
anglais contre la royauté s'opère insensiblement. Les rois
triomphent d'abord (sous Henri II Plantagenet, *Statuts de
Clarendon*) ; mais quand Jean-sans-Terre s'est discrédité par
ses débauches, ses cruautés et ses revers honteux sur le
continent, les nobles et les bourgeois l'obligent à signer la
Grande Charte (1215) : garanties données à la noblesse, au
clergé, aux bourgeois, aux paysans, établissement du jury,
et du *Conseil commun* de 24 barons. — Efforts inutiles de Jean
pour détruire la Grande Charte, expédition de Louis de
France en Angleterre.

2° *Conquête réelle des libertés publiques.* — La Grande
Charte n'établit pas en Angleterre le gouvernement parlementaire, mais c'est le premier pas dans la voie de la liberté ;
la lutte décisive s'engagea sous le règne d'Henri III (1216-
1272). — Les barons font preuve d'abord d'une grande
patience : jusqu'en 1258, les tuteurs du roi, puis le roi lui-
même, commettent de nombreuses violations de la Grande
Charte, influence des favoris, extorsions, revers sur le continent. — En 1258, le mécontentement général éclate ; influence
de Leicester. Statuts d'Oxford : contrôle du gouvernement
remis au Conseil des Barons. Arbitrage inutile de saint

Louis, victoire de Leicester à Lewes (1264) : admission des *bourgeois* et des *chevaliers de comté* au *Parlement* définitivement constitué. — Leicester est vaincu et tué à Evesham (1265), mais son œuvre lui survit.

3° *Consolidation des libertés publiques.* — Sous le règne glorieux d'Édouard Ier (1272-1307), comme sous le règne misérable d'Édouard II (1307-1327), l'œuvre des libertés publiques se continue régulièrement, les attributions du Parlement se précisent : Édouard Ier lui accorde le droit de voter l'impôt ; en 1310, il obtient celui de joindre des *pétitions* aux lois qui accordent les subsides. Ce sont deux prérogatives essentielles, d'où toutes les autres doivent naturellement découler.

Conclusion. — En somme, au moment où va éclater la guerre de Cent Ans, le régime des libertés publiques est déjà sérieusement constitué en Angleterre ; l'alliance et la lutte opiniâtre de la noblesse normande et du peuple anglais, également menacés, contre l'autorité monarchique, voilà le fait capital de l'histoire intérieure de l'Angleterre, celui qui a donné naissance à tous les autres (l'établissement de la Grande Charte, l'organisation du Parlement, l'obtention de ses droits essentiels), et qui sera encore fécond en grands résultats.

XXXVII. — L'administration de Philippe le Bel.

Philippe IV le Bel (1285-1314) est « le type abstrait de la royauté fiscale et bourgeoise, telle que la rêvaient les légistes » ; prince d'un esprit froid, calculateur, égoïste, qui n'est pas connu comme saint Louis par les récits de ses amis, « car il n'a pas d'amis, il ne se livre à personne et personne n'oserait le peindre, » il préside à une véritable révolution politique : avec lui, la royauté capétienne réclame pour la première fois le pouvoir absolu comme un droit légitime, et prétend ruiner à son profit toute l'autorité de l'aristocratie laïque et ecclésiastique.

Caractère et éducation de Philippe IV ; influence des légistes qui prennent alors une importance toute nouvelle ; leurs maximes de gouvernement, tirées du *droit romain* (la volonté du prince a force de loi, le roi est la loi vivante sur la terre); les principaux légistes : Pierre de Flotte, Guillaume de Nogaret, Guillaume de Plasian, les deux frères Marigny, etc.

Trois points à considérer : la création des instruments nécessaires au gouvernement nouveau, — les relations de ce gouvernement avec la noblesse, le clergé et le tiers état, — les conséquences indirectes de cette organisation gouvernementale, les embarras financiers.

1° *Créations administratives.* — 1° Organisation nouvelle du Parlement, d'où les prêtres sont formellement exclus en 1287 (*laïcisation* des fonctions civiles); le Parlement est subdivisé en trois conseils, le Grand Conseil, le Parlement proprement dit, la Cour des Comptes. — 2° Création de nombreux fonctionnaires royaux, tous sortis de la bourgeoisie, qui rendent partout efficace la volonté royale : centralisation monarchique. Première division des pouvoirs : l'administration financière est enlevée aux baillis et confiée à des officiers spéciaux. Grands bailliages, bailliages et sénéchaussées. — 3° Règles précises tracées à tous ces fonctionnaires ; les Ordonnances de Philippe le Bel : très nombreuses (354), faites pour être partout appliquées, très minutieuses, elles attestent le caractère nouveau du gouvernement royal.

2° *Fonctionnement du gouvernement nouveau.* — Despotique en théorie et par ses maximes, le gouvernement de Philippe le Bel est souvent obligé dans la pratique à beaucoup de concessions et de ménagements. — 1° Relations avec le clergé : mesures fiscales pour empêcher l'extension des biens de main-morte; tentatives pour soumettre les clercs aux tribunaux royaux, etc. — 2° Relations avec la noblesse : interdiction absolue des guerres privées pendant la durée des guerres royales ; impôt mis sur les nobles en 1302, après la défaite de Courtrai ; affranchissement de serfs en différents domaines, « attendu que toute créature humaine, qui est formée à l'image de Notre-Seigneur, doit être franche par droit naturel » ; interdiction aux nobles de battre monnaie (1313). — 3° Relations avec le tiers état : tendance de la bourgeoisie à accepter le despotisme royal qui la protégera contre l'oppression féodale, et les maximes des légistes qui veulent « ramener tous les Français à l'égalité sous la main du roi » ; aussi le tiers état donne son concours empressé à Philippe IV toutes les fois qu'il est consulté : en 1302, première convocation des États généraux, le tiers « supplie le roi de garder la souveraine franchise de son royaume » dans ses démêlés avec Boniface VIII ; en 1308 les États se prononcent contre les Templiers ; en 1314 ils votent des impôts extraordinaires.

3° *Difficultés financières.* — Causes de ces difficultés : nécessité de se procurer de l'argent pour payer tous les fonctionnaires nouveaux pour gouverner le domaine royal qui comprend maintenant les deux tiers de la France, pour solder une armée, etc. Manque de ressources régulières, de *revenus publics,* dont le besoin n'existait pas au Moyen Age. Par suite, mesures iniques et violentes : exactions contre les Juifs, fabrication de fausse monnaie, la traite foraine, la gabelle ; enfin, tentatives pour imposer le clergé (lutte avec Boniface VIII, abolition des Templiers).

Conclusion. — Certes, Philippe le Bel fut un méchant homme, « mais la perversité de son cœur n'offusqua pas les lumières de son intelligence. » En définitive, sous son règne, la société se trouva affranchie des deux puissances qui l'avaient dominée pendant tout le Moyen Age, la puissance féodale, la puissance ecclésiastique ; la société civile commença à naître. Et voilà pourquoi ce règne, malgré son despotisme, est resté un des plus importants de notre histoire.

XXXVIII. — **Histoire intérieure de la France sous le règne de Jean le Bon.**

Le règne de Jean le Bon (1350-1364) est un des plus tristes de notre histoire. Le royaume, accablé par les désastres de la guerre extérieure (guerre de Cent Ans), fut troublé encore à l'intérieur par de terribles agitations, une tentative de révolution politique, une guerre civile dont les atrocités sont restées tristement fameuses ; tous ses malheurs, il les dut à l'incapacité du roi qui avait à le diriger dans des circonstances critiques.

Portrait de Jean le Bon, « roi féodal attardé dans une époque qui est déjà la préparation des temps modernes », brave soldat, mais esprit borné, chevaleresque par imagination, mais violent et même brutal par caractère ; il ne comprit aucun des besoins de son temps, et dès le début de son règne, ses premiers actes montrèrent ce qu'on pouvait attendre de lui.

Dans une première période, la déplorable administration du roi s'ajoute aux désastres infligés par les Anglais pour exaspérer les bourgeois et les paysans ; — les souffrances populaires provoquent alors des réformes, puis des révoltes, qui, pendant une seconde période, semblent devoir triompher ; — mais la noblesse et la royauté s'unissent pour les combattre, et l'autorité royale est rétablie dans sa plénitude.

1° *Fautes du roi pendant la première période.* — Les agitations et les discordes civiles, qui sont restées le trait dominant de l'histoire intérieure du règne de Jean le Bon, ont été déterminées par deux causes : d'une part, les fautes de l'administration royale (gaspillage financier, largesses inouïes aux nobles, au favori La Cerda ; en même temps, falsifications insensées des monnaies, « c'est la loi en démence ! », impôts nouveaux votés par les États en 1351, en 1355 ; arrestation de Charles le Mauvais) ; — d'autre part, les conséquences des défaites infligées par les Anglais (ravages des campagnes dans le nord et le midi ; après la défaite de Poitiers, payement d'innombrables rançons aux vainqueurs, etc.). Jean prisonnier (1356), son fils aîné Charles régent du royaume.

2° *Tentatives de réformes et révoltes*. — Le roi prisonnier, les nobles déshonorés, reste le peuple : il essaye de prendre en main le gouvernement et la défense de la France. — La bourgeoisie : réunion des États généraux de 1356, influence de Robert le Coq, évêque de Laon, et surtout d'Etienne Marcel, prévôt des marchands de Paris. Les États de 1356 et de 1357 reprennent les réformes ébauchées déjà par ceux de 1355 ; sous l'inspiration d'Étienne Marcel, *Grande ordonnance de 1357* : elle garantit les droits individuels (abolition du droit de prise, fixation du taux invariable de la monnaie), reconstitue les forces nationales (essai de service militaire obligatoire), confie la levée et l'emploi des impôts à des fonctionnaires élus, donne la direction du gouvernement aux représentants de la nation (Conseil des 36). Mais le dauphin entrave cette révolution, suscite ainsi les violences populaires (assassinat des maréchaux de Normandie et de Champagne), s'enfuit de Paris, et commence la guerre contre les États. — Le peuple des campagnes : souffrances inouïes des cultivateurs, de *Jacques Bonhomme* ; les paysans, « enragés de misère », finissent par se soulever, atrocité de la *Jacquerie*, siège de Meaux.

3° *Rétablissement de l'autorité royale*. — La guerre continuant toujours contre l'Angleterre, la France est alors le théâtre d'une confusion effroyable : les nobles, les bourgeois, le dauphin, les Jacques, les Anglais. — Peu à peu, Étienne Marcel voit son crédit baisser, les principales villes du royaume, ne comprenant plus ses idées qui dépassent celles de son temps, l'abandonnent : « la révolution bourgeoise devient une révolution parisienne », Paris même se détache de lui. Il cherche en vain à s'appuyer sur les Jacques (écrasés au siège de Meaux), sur Charles le Mauvais, allié égoïste et perfide ; assassinat de Marcel par Jean Maillart (1358).

Le dauphin rentre alors à Paris, et quand Jean le Bon est remis en liberté par la paix de Brétigny (1360), il retrouve la plénitude de son autorité royale ; mais il en fait un détestable usage (création de la seconde maison capétienne de Bourgogne, prodigalités nouvelles).

Conclusion. — Quel spectacle que ces quatorze années du règne de Jean le Bon ! Le pays est poussé à bout et réduit aux dernières extrémités par la folle impéritie de son chef, il demande des réformes urgentes, mais perd patience et recourt à la violence : dès lors tout est perdu. La révolution ne peut aboutir, parce que : 1° elle reste toute parisienne ; 2° elle commet la faute de compliquer d'une guerre civile une effroyable guerre étrangère. — Mais la royauté capétienne, qui a précédemment triomphé de la féodalité, vient d'éprouver une première fois ce que peuvent les revendications populaires.

XXXIX. — La vie et le rôle de Jeanne d'Arc.

« Ce qui fit le succès de Jeanne d'Arc, a dit Michelet, ce fut moins sa vaillance et ses visions que son bon sens ; à travers son enthousiasme, cette fille du peuple vit la question : ça a été sa suprême originalité, le bon sens dans l'exaltation. »

Jeanne d'Arc a été en effet l'éclatante personnification des sentiments nationaux qui, pour la première fois au quinzième siècle, s'éveillaient en France, au contact de l'étranger, à la vue de toutes les misères accumulées par l'invasion. — Tableau rapide de l'état de la France pendant les premières années du règne de Charles VII. — Ce patriotisme naissant qui fermentait dans l'âme du peuple français, Jeanne d'Arc a su lui donner une expression vivante ; c'est pour cela qu'elle a pu accomplir les miracles patriotiques auxquels son nom est resté attaché : rendre aux Français confiance en eux-mêmes ; — délivrer Orléans et faire sacrer le roi à Reims ; — enfin, par sa mort comme par sa vie, préparer l'expulsion définitive des Anglais.

1° *Jeanne d'Arc relève la confiance des Français.* — Les premières années de Jeanne d'Arc, « la bonne Lorraine » ; son enfance à Domremy, ses sentiments religieux (piété ardente, penchant à la rêverie, croyance au merveilleux) et ses sentiments patriotiques (haine de l'étranger, voisinage d'un village *bourguignon*, Domremy deux fois envahi et pillé). En 1429, elle se décide à obéir à « ses voix » qui depuis cinq ans lui ordonnaient, disait-elle, « d'aller rendre au roi son royaume » ; son voyage jusqu'à Chinon, où Charles VII tient sa cour sceptique et débauchée.

Triste situation du royaume en 1429 ; Orléans, la clef du Midi, assiégée par les Anglais. Charles VII a encore de braves capitaines (Lahire, Dunois, La Trémouille, etc.), l'alliance de la Castille et de l'Écosse, la mésintelligence qui éclate entre les ducs de Bourgogne et de Glocester ; mais la confiance faisait défaut, et le *roi de Bourges* s'abandonnait lui-même. — Profonde révolution morale accomplie par l'apparition de Jeanne d'Arc : effet produit sur le peuple, sur les soldats, sur les seigneurs eux-mêmes.

2° *Délivrance d'Orléans, sacre du roi.* — Jeanne a rendu courage aux Français, c'est le premier de ses *miracles ;* aussitôt, et malgré les hésitations des conseillers du roi, elle veut profiter du premier élan d'enthousiasme et conduit l'armée royale à la délivrance d'Orléans ; prise des deux dernières *bastilles* anglaises, levée du siège, bataille de Patay (1429). Les Anglais sont chassés de la Loire.

Que faire de l'armée victorieuse ? Jeanne fait décider qu'on ira droit à Reims : « idée supérieure dans sa simplicité, et sage dans sa hardiesse. » Le sacre de Charles VII, en effet, aux yeux du peuple prouvera son droit. — Marche audacieuse à travers la Champagne, prise de Troyes, entrée à Reims, sacre du roi (juillet 1429).

3° *Défaites décisives des Anglais.* — Jeanne déclare alors qu'elle a rempli sa mission, et demande à retourner dans son village « pour garder les brebis et le bétail de ses parents » ; le conseil du roi ne le lui permet pas. Attaque infructueuse sur Paris ; Jeanne veut ensuite défendre Compiègne menacée : prise peut-être par trahison, vendue aux Anglais, elle est brûlée à Rouen après un procès inique, où elle se montra naturellement touchante et admirable (1431).

Mais son martyre complète l'œuvre d'affranchissement à laquelle elle s'est dévouée, en redoublant partout l'horreur du nom anglais. Revers répétés des Anglais ; traité d'Arras (1435) qui défait l'œuvre du traité de Troyes ; l'année suivante, Charles VII rentre dans Paris.

Conclusion. — Par la délivrance d'Orléans, Jeanne d'Arc a rendu au roi de France la force matérielle ; par le sacre à Reims, elle lui a donné la force morale ; par son supplice enfin et par l'universelle pitié qu'elle provoqua, elle rendit inévitable l'expulsion définitive des Anglais : « si elle n'a pas été à l'honneur, elle a été à la peine », et c'est à elle qu'il faut légitimement attribuer tout le succès de la guerre de Cent ans —, à elle, et au patriotisme national qu'elle a su mettre en mouvement : « par Jeanne d'Arc et à son exemple, dit Augustin Thierry, une émotion de pitié et de colère, l'amour de la commune patrie, la volonté de s'unir tous et de tout souffrir pour la sauver, remonta des derniers rangs populaires dans les hautes classes de la nation. »

XL. — Réorganisation de l'autorité royale sous le règne de Charles VII.

Charles VII n'a pas eu seulement à reconquérir son royaume sur les Anglais, il lui a fallu aussi reconstituer l'autorité royale : en effet, après un siècle de guerre étrangère, les principes d'administration et d'organisation régulière dus à saint Louis et à Philippe le Bel avaient disparu, le territoire lui-même avait subi d'effroyables ravages. Tout était à refaire. — Cette œuvre de reconstitution était si urgente, que Charles VII l'entreprit avant même l'expulsion définitive des Anglais, dès que le traité d'Arras lui eut rendu quelque sécurité.

Par les institutions qu'il a créées, Charles VII a préparé la grandeur future de la royauté française, à laquelle il a donné : une armée permanente, — des finances régulières, — une magistrature dévouée, — un clergé fidèle.

Comment un roi, qui dans la première partie de son règne avait montré tant de nonchalance et de torpeur, put-il ensuite présider à des réformes aussi considérables ? C'est que, pour son administration comme pour ses guerres, Charles VII fut *le Bien Servi* ; rappeler ses principaux conseillers (Guillaume Cousinot, négociateur et administrateur ; Étienne Chevalier, auteur des principales Ordonnances du règne ; Jacques Cœur surtout, marchand de Bourges, *argentier* du roi, le créateur des relations commerciales de la France avec le Levant, financier d'une inaltérable probité, etc...).

1º *Réforme militaire.* — Nécessité de réformer l'armée, après les atrocités commises pendant la guerre de Cent Ans par les soldats mercenaires (routiers, écorcheurs, etc.), expéditions en Suisse et en Lorraine « pour tirer du mauvais sang à l'armée du roi ». — Ordonnances de 1439 (approuvée par les États d'Orléans) et de 1445 : création d'une cavalerie régulière de 9,000 hommes, divisée en 15 compagnies d'ordonnance de 100 lances ; en 1448, création d'une infanterie nationale, les francs-archers ; les frères Bureau et l'artillerie.

2° *Réforme financière.* — Taille de 1,200,000 livres, décrétée par les États d'Orléans pour solder l'armée ; la taille devient ensuite *permanente,* comme l'armée elle-même ; établissement d'un contrôle réciproque sur les gens de finances : receveurs particuliers, receveurs généraux, cour des Comptes, cour des Aides.

3° *Réforme judiciaire.* — Reconstitution du Parlement de Paris ; la juridiction royale dans le pays de la *langue d'oc* est étendue et régularisée par la création du Parlement de Toulouse (1443). Un édit de Montils-lès-Tours ordonne la rédaction des Coutumes.

4° *Réforme ecclésiastique.* — Pragmatique-sanction de Bourges (1438), s'inspirant des décrets du concile de Bâle, et consacrant les libertés de l'Église gallicane ; liberté des élections canoniques ; restriction des appels en cour de Rome ; abolition des annates.

5° *Gouvernement général.* — Alors Charles VII, maître d'une armée permanente et disciplinée, d'impôts réguliers, allié au clergé de France, a la force nécessaire pour faire partout régner la volonté royale et la paix publique : répression de la Praguerie (1440) ; procès du duc d'Alençon et du comte d'Armagnac ; diminution des privilèges abusifs de l'Université de Paris ; développement du commerce maritime ; progrès de la prospérité nationale.

Conclusion. — Les réformes de Charles VII ont mis entre les mains de la royauté de puissants instruments avec l'aide desquels Louis XI saura bientôt maîtriser définitivement les violences féodales. Mais en rétablissant ainsi l'ordre public, la royauté a reconquis les sympathies populaires et travaillé dans son propre intérêt : puisqu'elle se charge de rétablir et de maintenir la sécurité publique, les bourgeois oublient les velléités politiques qu'ils ont eues au temps d'Étienne Marcel ;

ils abandonnent volontiers le pouvoir absolu à un roi qui, à ce prix, les débarrasse de la tyrannie des seigneurs féodaux.

XLI. — **Louis XI et Charles le Téméraire.**

Ces deux noms résument la lutte suprême qui s'est engagée, dans la seconde moitié du quinzième siècle, entre la royauté française et la féodalité. Louis XI et Charles le Téméraire, duc de Bourgogne, sont « deux ambitieux très différents de caractère : le renard et le lion ». Louis XI, esprit retors, aime les négociations plus que les combats, s'habille pauvrement, « s'entoure de petites gens, prend un laquais pour héraut, un barbier pour gentilhomme de la chambre » ; il est soutenu par les villes, il dispose d'une puissance matérielle considérable. — Le duc de Bourgogne est le véritable chef de la féodalité : plus riche qu'aucun roi de l'Europe, ayant sous sa domination des provinces françaises et des États allemands, une noblesse innombrable, les villes les plus commerçantes de l'Europe ; « mais la diversité des éléments qui composaient cette grande puissance était trop grande pour qu'ils pussent s'accorder », les États de Charles sont divisés en deux groupes (celui du Nord et celui de l'Est), qui ne se touchent nulle part ; enfin le caractère même du duc, orgueilleux et étrangement violent, sera l'origine de ses plus graves fautes, et reste la principale cause de son infériorité.

La lutte de Louis XI contre Charles le Téméraire forme le nœud de son règne et en remplit la plus grande partie jusqu'en 1477. Elle fut d'abord confondue dans la lutte générale de ce roi contre la féodalité ; — puis, à partir de 1466, Charles le Téméraire devient le chef reconnu des nobles, et les deux rivaux sont directement en présence ; Louis XI attaque trois fois ouvertement son adversaire, mais il échoue trois fois, de 1466 à 1473 ; — alors, averti par ses revers, le roi change de tactique : il reste officiellement en paix avec son ennemi, mais il l'attaque indirectement de tous côtés, et finit par le détruire (1477).

I. *Préliminaires de la lutte, la Ligue du Bien Public.* — L'antipathie de Louis XI et de Charles le Téméraire a éclaté pour la première fois quand le premier n'était encore que dauphin, réfugié à la cour du duc de Bourgogne; après l'avènement de Louis XI, quand « son piteux et discord gouvernement » a tourné tous les nobles contre lui et provoqué la formation de la Ligue du Bien Public, Charles le Téméraire, qui n'est encore que comte de Charolais (son père Philippe le Bon ne meurt qu'en 1467), entraîne la Bourgogne dans la guerre; part qu'il prend aux hostilités, à la tête des révoltés du Nord, bataille de Montlhéry; avantages qu'il obtient (1465) aux traités de Saint-Maur et de Conflans (les villes de la Somme). — Le rôle joué par Charles le Téméraire dans cette guerre l'a mis en évidence, au premier rang des seigneurs; dorénavant tous voient en lui l'adversaire personnel de Louis XI, le chef accepté de la féodalité, dont il est en quelque sorte la personnification dans sa lutte contre la royauté.

II. *Rivalité de Louis XI et de Charles le Téméraire, guerre ouverte.* — L'expérience vient de montrer à Louis XI que la maison de Bourgogne est sa principale ennemie; c'est contre elle qu'il va surtout diriger ses coups. Charles accepte hardiment la lutte.

1° *Première guerre, entrevue de Péronne.* — La guerre est provoquée une première fois par la violation des traités de Saint-Maur et de Conflans (reprise de la Normandie au frère du roi, États de Tours); le Téméraire, après avoir réprimé une révolte de Liège et de Dinant, revendique l'exécution des traités, seconde ligue des Princes (1467). Succès des troupes royales en Bretagne, désastreuse entrevue de Péronne (1468); traité : rétablissement des stipulations précédentes, la Normandie cédée au frère du roi; Louis XI au siège de Liège.

2° *Deuxième guerre, mort du frère du roi.* — Louis XI manque de nouveau à sa parole; son frère accepte la Guyenne en échange de la Normandie et meurt, non sans soupçon d'empoisonnement. Le Téméraire commence les hostilités : sac de Nesle, insuccès des Bourguignons à Beauvais (Jeanne Hachette), trève de Senlis (1473).

3° *Troisième guerre, intervention d'Édouard IV*. — Les succès remportés par Louis XI dans le Midi (ruine du comte d'Armagnac) réveillent bientôt les inquiétudes du duc de Bourgogne ; alliance de Charles le Téméraire avec Édouard IV d'Angleterre, descente des Anglais à Calais ; mais la diplomatie habile de Louis XI conjure le danger : traité de Pecquigny avec Édouard IV, trève de Soleure avec Charles (1475).

III. *Lutte indirecte de Louis XI contre Charles le Téméraire*. — Alors Louis XI, qui en dix années de guerre ouverte n'a remporté aucun avantage décisif, change de tactique : tout en restant en paix, il suscite de toutes parts des ennemis contre le duc de Bourgogne, qui se perd lui-même dans des projets gigantesques : 1° il détourne Frédéric III d'accorder au *grand-duc d'Occident* la dignité royale ; — 2° il encourage les Suisses, victorieux à Héricourt, à Granson et à Morat ; — 3° il encourage les Lorrains, mort de Charles devant Nancy (1477).

Conséquences de cette catastrophe : Louis XI réclame à Marie, fille du Téméraire, la Bourgogne et la Picardie comme apanages : il les obtient par le traité d'Arras (1482).

Conclusion. — Dans cette longue rivalité de Louis XI et de Charles le Téméraire, deux questions sont comme confondues : la lutte de la royauté et de la féodalité, — et la possession des États bourguignons, nécessaires à la constitution de l'unité territoriale de la France.

La première question a été résolue à l'avantage de la royauté ; la seconde ne l'a malheureusement pas été à l'avantage de la France : quand Charles périt, la France ne put recueillir qu'une partie de sa succession ; le reste a passé aux mains de diverses puissances qui sont ainsi devenues nos ennemies naturelles, « et quatre siècles de guerre n'ont pas encore résolu la question de l'héritage de la maison de Bourgogne. »

XLII. — Formation de l'unité espagnole.

C'est dans la seconde moitié du quinzième siècle que le royaume d'Espagne s'est formé par la réunion des différents royaumes (sauf le Portugal) qui s'y étaient créés au moyen âge.

Causes du morcellement antérieur de l'Espagne; elles sont à la fois géographiques et historiques : 1° la péninsule espagnole est un vaste quadrilatère, occupé à l'intérieur par un chaos de montagnes « qui fait à toutes les vallées un infranchissable rempart »; dans chacune d'elles, le défaut de communications entretient le patriotisme local; — 2° assujettie d'abord aux Musulmans, l'Espagne avait été délivrée par portions successives, qui s'étaient érigées à mesure en royaumes distincts; quatre subsistaient au milieu du quinzième siècle (Castille, Aragon, Navarre, Portugal), et il y avait encore un royaume musulman (Grenade); — 3° chaque pays avait des libertés traditionnelles, chères aux habitants, et dont la jouissance le séparait davantage des pays voisins (le justiza d'Aragon, les cortès, les fueros).

Par conséquent, pour qu'il y eût vraiment une nation espagnole, il fallait que les Espagnols : 1° s'unissent entre eux par l'association des royaumes rivaux; — 2° se rendissent maîtres chez eux par la destruction du dernier royaume des Maures; — 3° se soumissent enfin à une direction unique par la concentration de tous les pouvoirs entre les mains de la royauté.

1° *Union des royaumes chrétiens.* — Ce premier point devait être le plus difficile à obtenir, il ne le fut qu'après des guerres civiles longues et compliquées. En Aragon, le roi Jean II a épousé Blanche, héritière de la Navarre ; ce mariage est l'origine d'hostilités sanglantes (1451-1512) qui se terminent par la réunion de l'Aragon et de la Navarre (sauf le Béarn resté à la maison d'Albret). — En Castille, guerre civile provoquée par la faiblesse honteuse d'Henri IV ; en 1468, ce roi est contraint par les rebelles à reconnaître comme héritière, au détriment de sa fille, sa sœur Isabelle. — En 1469, mariage d'Isabelle, héritière de la Castille, et de Ferdinand, héritier de l'Aragon ; en 1474, Isabelle succède à son frère Henri IV ; en 1479, Ferdinand succède à son père Jean II. L'union de la Castille et de l'Aragon est alors réalisée ; elle ne deviendra définitive qu'à l'avènement de Charles Ier (Charles-Quint) qui succédera en Castille à sa grand'mère Isabelle, en Aragon à son grand-père Ferdinand (1516). — Le Portugal échappe seul à ce travail d'unification.

2° *Soumission du royaume de Grenade.* — La première pensée de l'Espagne unie, c'est de faire l'essai de ses forces contre les Maures, et de terminer enfin par la prise de Grenade la longue croisade qui dure depuis sept siècles. Dissensions intestines parmi les Musulmans, qui facilitent les progrès des chrétiens ; guerre civile entre le roi Muley-Assan et son fils Boabdil, entre Boabdil et son oncle El-Zagal. La guerre commence en 1481 : les Espagnols attaquent d'abord les villes de la côte (Ronda, Almeria, Malaga, etc.), de façon à bloquer en quelque sorte à distance la capitale des Maures ; alors, « quand tous les grains de la Grenade ont été arrachés, et qu'il ne reste plus à cueillir que le fruit lui-même, » les Espagnols paraissent devant la ville ; siège de Grenade (1491-1492), construction de Santa-Fé ; Boabdil, le dernier roi Maure, part pour l'Afrique, l'Espagne appartient tout entière aux chrétiens.

3° *Établissement de l'absolutisme royal.* — Pour compléter l'œuvre de l'unité nationale, restait à donner au gouvernement central une autorité capable de courber sous elle tous les instincts d'indépendance locale : mesures contre la noblesse, encouragements à la Sainte-Hermandad, destruction des châteaux forts féodaux ; — les villes soumises à la juridiction d'officiers royaux, les *corrégidors ;* les Cortès rarement convoquées ; — les biens ecclésiastiques mis par la bulle de la *cruzada* à la disposition du roi ; les maîtrises des ordres religieux et militaires réunies à la couronne ; création de l'Inquisition (1481), tribunal politique autant que religieux, expulsion des Juifs et des Maures. — La royauté devient ainsi prépondérante.

Conclusion. — Ces événements, qui ont fait l'unité dans la Péninsule jusqu'alors divisée, ont eu des résultats considérables, et pour l'Espagne, et pour l'Europe : pendant tout le moyen âge, les Espagnols n'avaient eu avec le reste du monde que de rares relations, et ne comptaient pour ainsi dire pas en Europe ; une fois le morcellement territorial supprimé, Grenade prise, toutes les forces nationales réunies dans les mains de la royauté, ils vont paraître aussitôt au premier rang des nations européennes.

XLIII. — Établissement des Turcs en Europe.

L'invasion ottomane dans l'Europe orientale ferme le moyen âge, qui s'était ouvert par l'invasion germanique dans l'Europe occidentale : c'est la dernière des grandes migrations de peuples, qui ont particulièrement caractérisé l'époque qui finit. Quand les Turcs se seront établis à Constantinople (1453), l'Europe aura reçu toutes les nations qui doivent y demeurer fixées pendant les temps modernes.

Les Turcs Ottomans ont eu d'humbles origines : quand ils se montrent pour la première fois dans l'histoire, au treizième siècle, ils n'occupent que le petit territoire d'Ancyre (Angora) en Asie Mineure ; leur premier chef important, Othman, qui leur donna son nom, s'étendit jusqu'à Brousse, en Bithynie (1326). C'est ce petit peuple qui, en moins d'un siècle et demi, devait renverser le dernier débris de l'empire romain, conquérir Constantinople imprenable depuis mille ans, et devenir la terreur de toute l'Europe chrétienne.

Causes des succès des Ottomans : d'abord, ils eurent la bonne fortune de paraître au moment favorable, quand les Grecs étaient décidément trop faibles pour se défendre, quand les Latins ne savaient plus s'unir (disparition de l'esprit des croisades) ; — puis, ils possédèrent une excellente armée, très bien organisée, quand l'Europe n'avait encore que des troupes féodales : les *janissaires*, organisés par Orkhan, successeur d'Othman, les *spahis* ou cavaliers organisés par Amurath, réserve militaire créée par l'institution des *timars*.

Trois périodes dans l'histoire de l'établissement des Turcs en Europe : d'abord, leurs succès sont rapides, ils ne rencontrent pas de résistance sérieuse ; — puis, l'Europe latine s'émeut, effrayée par la rapidité de leurs victoires, et en Asie un ennemi formidable, Tamerlan, se lève contre eux : un temps d'arrêt interrompt alors leurs conquêtes ; — enfin, ils surmontent ces obstacles, reprennent leur marche en avant, et, par la prise de Constantinople, se fixent définitivement dans l'Europe orientale.

1° *Première période de conquêtes sous Orkhan et Amurath Ier, jusqu'en 1389.* — En 1356, sous Orkhan, les Turcs, déjà maîtres de tout le rivage asiatique de la mer de Marmara, franchissent les Dardanelles, mettent pour la première fois le pied en Europe, s'emparent de Gallipoli.

Après Orkhan, Amurath Ier (1360-1389) est le véritable fondateur de la puissance ottomane. Attaques contre les Grecs, affaiblis par des divisions politiques et religieuses : laissant de côté Constantinople trop forte, Amurath l'isole en s'emparant des provinces qui l'entourent au nord, prise d'Andrinople, conquête du pays des Dardanelles aux Balkans ; — attaques contre les peuples du Danube inférieur, Serviens et

Bulgares, victoire et mort d'Amurath à Cassovie (1389) ; son fils Bajazet continue d'abord ses succès. Constantinople est alors comme une île entourée de toutes parts par les possessions des Turcs, maîtres en Europe de presque tout l'ancien territoire de l'empire grec, et en Asie de toutes les anciennes principautés turcomanes.

2° *Temps d'arrêt dans les conquêtes, jusqu'en 1421.* — Mais l'empire turc subit alors deux formidables assauts : en Europe, la croisade de Nicopolis dont il triomphe (1396), en Asie l'attaque furieuse des Mongols et de Tamerlan, qui sont victorieux à la grande bataille d'Ancyre (1402); Bajazet meurt en captivité (1403). Guerres civiles entre ses fils ; l'un d'eux, Mahomet Ier, reste maître du pouvoir, réorganise les forces ottomanes, et prépare ainsi les moyens de recommencer les conquêtes.

3° *Seconde et définitive période de conquêtes.* — Amurath II (1421-1451) rétablit l'empire en Asie et en Europe ; après une vaine tentative sur Constantinople, il achève la conquête de la Thrace et de la Macédoine : l'empire grec est réduit à l'enceinte de sa capitale. — Dans le bassin du Danube, il impose le tribut à la Valachie et à la Servie ; ses progrès sont ensuite longtemps arrêtés par l'indomptable énergie des Hongrois et du « Chevalier Blanc de Valachie », Jean Hunyade ; mais il remporte deux éclatantes victoires, à Varna (1444), et à Cassovie (1448).

A sa mort (1451), les Turcs possédaient toute la péninsule des Balkans, sauf Constantinople : son fils, Mahomet II, allait s'en emparer. Siège mémorable de Constantinople (1453), courage du dernier empereur grec Constantin XII Dracosès, supériorité de l'artillerie turque, flotte turque dans la Corne d'Or, prise de la ville. — Mahomet continue ses succès jusqu'à sa mort (1481).

Conclusion. — La prise de Constantinople n'agrandissait guère matériellement les possessions de Mahomet II, mais c'était un succès moral considérable, et l'empire turc acquérait ainsi une stabilité qui, jusqu'alors, lui avait fait défaut.

Conséquences de l'établissement des Turcs en Europe : dans l'ordre politique, introduction des Ottomans dans les relations internationales, dangers pour l'Allemagne ; — dans l'ordre intellectuel, émigration des savants grecs, progrès du mouvement de la Renaissance en Occident.

HISTOIRE DES TEMPS MODERNES

XLIV. — Indiquez avec précision les caractères généraux qui marquent la naissance des Temps modernes.

C'est pendant le quinzième siècle que s'est terminée cette période de l'histoire générale à laquelle on a donné le nom de Moyen Age : « alors tout ce que le Moyen Age a aimé ou respecté, l'Empire, l'Église, la Féodalité, la Chevalerie, est honni et moqué ». Mais on ne peut pas marquer avec précision le moment exact où le Moyen Age a cessé : ces grandes révolutions de l'humanité ne s'accomplissent pas en un jour. On peut dire qu'une époque nouvelle, celle des Temps modernes, a commencé, quand des principes nouveaux ont réglé la vie générale des nations, quand une modification profonde s'est opérée dans l'ordre politique, dans l'ordre religieux, dans l'ordre économique, et enfin dans l'ordre intellectuel.

I. *Révolution politique.* — L'état politique que le Moyen Age avait connu a été complètement modifié, et de deux façons, aussi bien dans l'intérieur de chaque pays, que dans les relations de pays à pays.

1° *Dans l'intérieur des États.* — Naissance de l'esprit national, des nationalités : au Moyen Age, il n'y a pas de nations au sens vrai du mot, mais des agglomérations de provinces et de fiefs, réunis seulement par le lien féodal (en France,

Jeanne d'Arc est la première personnification de la nationalité) ; dans les Temps modernes, les nations ont conscience d'elles-mêmes. — Cette naissance des nationalités est facilitée et hâtée par la substitution de la monarchie absolue, dans la plupart des États, au morcellement féodal ; sur les ruines de la Féodalité, les rois constituent leur pouvoir souverain, ils tendent à rendre toutes les classes égales sous le niveau du despotisme ; ils créent la centralisation des administrations modernes. — La découverte de la poudre à canon, le perfectionnement des armes à feu, accélèrent la ruine des seigneuries féodales.

Avantages d'une forte unité nationale pour les pays où elle s'établit (en France, sous Charles VII et Louis XI ; en Angleterre, sous les Tudors après la guerre des Deux Roses ; en Espagne, sous Ferdinand le Catholique) ; ceux des États qui n'ont pas pu constituer leur unité nationale (Italie), ou qui ont échappé à l'établissement d'une monarchie moderne (Allemagne), seront conquis au lieu d'être conquérants ; à tout le moins, ils seront les champs de bataille où les autres peuples viendront vider leurs querelles.

2° *Dans les relations internationales.* — Les nations, une fois constituées et ayant pris conscience de leur existence, sortent de l'isolement où elles ont vécu au Moyen Age (sauf l'exception des Croisades, résultat de la communauté de foi) ; des rapports d'intérêt, continus et multiples, s'établissent entre elles, ils donnent naissance à des guerres politiques (les premières sont les guerres d'Italie), au droit international ou droit des gens, à la diplomatie qui veut en interpréter les principes, au système d'équilibre européen, dont le maintien devient le but de la politique générale (formation d'alliances entre États, de ligues, de coalitions ; donner des exemples).

II. *Révolution religieuse.* — La révolution religieuse qui signale le début des temps modernes n'est pas moins importante que la révolution politique. Pendant tout le Moyen Age, l'unité chrétienne de l'Europe avait été maintenue par l'autorité incontestée du pape; au seizième siècle, l'initiative de Luther en Allemagne, bientôt suivie dans d'autres pays (Calvin en France et à Genève, Zwingle en Suisse, Knox en Écosse, Henri VIII et Élisabeth en Angleterre, Gustave Wasa en Suède, le calvinisme en Hollande), brise cette unité; le principe du libre examen triomphe de plus en plus, il conduit à la tolérance et à la liberté des cultes.

III. *Révolution économique.* — Au Moyen Age, l'activité des peuples en dehors de chez eux se bornait presque exclusivement à la guerre; à partir du seizième siècle, ils se rapprochent aussi pour faire des échanges; transformation profonde des conditions de la vie matérielle.

1° *Découvertes géographiques:* — facilitées par l'invention de la boussole; explorations maritimes des Portugais (Vasco de Gama, l'Afrique tournée, route de l'Inde) et des Espagnols (Christophe Colomb, découverte de l'Amérique); création des colonies, système colonial.

2° *Changement des routes commerciales :* — jusqu'alors, la Méditerranée avait été la grande route du commerce universel; dorénavant, ce rôle est rempli par l'Océan; par suite, l'importance qu'avaient possédée dans l'Antiquité et le Moyen Age les États méditerranéens (la Grèce, Rome, Venise, Gênes, etc.) passe pendant les temps modernes aux États situés sur l'Atlantique (la France, l'Espagne, l'Angleterre). — Invention des canaux à écluses, qui créent au commerce de nouvelles routes à travers le continent.

3° *Résultats matériels :* — avilissement de la valeur des métaux précieux, par suite de l'exploitation des mines du Nouveau-Monde : d'où résulte l'appauvrissement de la noblesse et des classes qui vivent d'un salaire fixe, et au contraire l'enrichissement du tiers-état, de la bourgeoisie dont l'importance grandit sans cesse pendant toute la durée des Temps modernes. — Création de la richesse mobilière.

IV. *Révolution intellectuelle.* — Au Moyen Age, le latin a été la langue exclusive de la religion, de la littérature et de la science; dans les Temps modernes, les diverses langues nationales reprennent leur importance. — Découverte de l'imprimerie, et multiplication des livres. — La Renaissance italienne, sa propagation dans les États voisins. — Abandon des méthodes de la scholastique, importance chaque jour croissante de l'observation.

Conclusion. — Le quinzième siècle a vu l'abaissement de la féodalité, l'affermissement du pouvoir monarchique, les premières découvertes maritimes, l'établissement des Turcs à Constantinople, la Renaissance de l'esprit humain; les Temps Modernes verront se développer les conséquences de ces grands faits. — L'histoire avait été locale jusqu'alors; désormais l'horizon politique s'élargira, l'histoire générale de l'Europe va commencer.

XLV. — Les guerres d'Italie de 1494 à 1516, leurs causes, leurs divisions et leurs résultats.

On donne le nom de Guerres d'Italie proprement dites aux longues hostilités qui, de 1494 à 1516, eurent pour principal théâtre la péninsule italienne, et mirent aux prises, avec les principaux États d'Italie, la France, l'Espagne, l'Allemagne, les cantons suisses; elles se prolongèrent sous les rois de France Charles VIII, Louis XII et François Ier. Ce sont les premières *guerres politiques* inspirées par des intérêts nationaux, et qui vont remplacer dorénavant les *guerres féodales*, les seules qu'ait connues le Moyen Age.

Causes des guerres d'Italie. — 1° Création des nationalités modernes : les nations occidentales viennent véritablement de se constituer au quinzième siècle; elles éprouvent le besoin d'attester leur existence en agissant, en sortant de leurs frontières, en s'étendant par des conquêtes. — 2° État de l'Italie : riche, brillante par les arts et le commerce, mais morcelée en plusieurs principautés ou républiques affaiblies par de perpétuelles guerres civiles, sans armées nationales

(les condottières); c'est donc une proie aussi enviable que facile à saisir.

Voilà les causes véritables; voici les causes occasionnelles ou les prétextes : 1° droits de Charles VIII sur le royaume de Naples, légués par René d'Anjou; 2° droits de Louis XII sur le Milanais, héritage légitime de son aïeule Valentine Visconti; 3° caractère chevaleresque et aventureux de Charles VIII, et plus tard de François Ier.

Divisions des Guerres d'Italie. — Les guerres qu'on réunit sous le nom de guerres d'Italie sont au nombre de quatre :

1° Charles VIII occupe, puis perd le royaume de Naples (1494-1498); malgré son imprévoyance, succès rapides, mais peu durables; première coalition contre la France, bataille de Fornoue.

2° Louis XII conquiert le Milanais, le perd, le reprend presque aussitôt, conquiert ensuite le royaume de Naples, mais le reperd aussi vite (1498-1506); dans cette dernière expédition, Louis XII est d'abord le complice, et ensuite la dupe de la perfidie de Ferdinand le Catholique, roi d'Aragon, et de son général Gonzalve de Cordoue.

3° Louis XII, après avoir attaqué avec succès la république de Venise (Agnadel), reperd le Milanais (la Sainte-Ligue), la France est même envahie (1508-1514); dans cette guerre, Louis XII est d'abord l'instrument de l'ambition du pape Jules II, il en est ensuite la victime.

4° Enfin, François Ier recouvre le Milanais; victoire de Marignan sur les Suisses; les résultats de cette brillante victoire sont ensuite assurés par une série de traités : paix de Fribourg (paix perpétuelle) avec les Suisses, Concordat avec le pape Léon X.

Résultats des guerres d'Italie. — Les résultats matériels sont peu importants; la France n'a fait en définitive qu'une seule conquête (le Milanais), précaire et de peu d'utilité : « Mieux vaut, disait excellemment Louis XI, un village sur la frontière, qu'un royaume au delà des monts ». D'ailleurs, en descendant en Italie, les Français ont donné aux Espagnols la tentation de la conquérir pour eux-mêmes; ceux-ci ont mieux réussi : et ainsi a commencé à se former cette colossale puissance de Charles-Quint et de Philippe II, qui devait, pendant tout le seizième siècle, menacer l'indépendance des États européens et l'existence même de la France.

Mais, d'autre part, conséquences heureuses des guerres d'Italie : la noblesse, soumise de fait par Louis XI, accepte désormais sa soumission et se dévoue à la cause royale; — dans le royaume pacifié et débarrassé par ces expéditions lointaines de la turbulence des gens de guerre, le commerce se développe, le tiers état s'enrichit; — enfin, le génie national s'éveille par la contemplation des merveilles que la Renaissance a accumulées en Italie.

XLVI. — L'Espagne et les découvertes maritimes.

Les voyages d'exploration maritime, vers lesquels Christophe Colomb tourna l'esprit et l'activité des Espagnols, ont fait connaître le Nouveau Monde à l'Ancien. Opinion de Voltaire : «C'est ici le plus grand événement de notre globe, dont une moitié avait toujours été ignorée de l'autre; tout ce qui a paru grand jusqu'ici semble disparaître devant cette espèce de création nouvelle. »

C'est au moment ou l'Espagne venait de s'unir sous la domination de Ferdinand le Catholique et d'Isabelle qu'elle se lança dans la voie des explorations maritimes; motifs qui l'y poussèrent : un esprit d'émulation nationale (jalousie provoquée par les belles et utiles découvertes des Portugais), la soif des aventures, des conquêtes et de la fortune, l'esprit de prosélytisme religieux (sauvages à convertir), — enfin et surtout, le génie extraordinaire d'un homme dont l'esprit était à la fois calculateur, enthousiaste et opiniâtre, Christophe Colomb.

Un demi-siècle suffit aux Espagnols pour découvrir l'Amérique, et pour y fonder l'empire colonial le plus vaste du monde ; par suite, deux parties dans cette étude : 1º Expéditions d'exploration proprement dites, conduites par Colomb et par les voyageurs qui ont complété son œuvre ; 2º Expéditions de conquête, dirigées principalement par Fernand Cortez et François Pizarre.

I. *Voyages d'exploration.* — Origines de Christophe Colomb, né à Gênes vers 1436 ; son dessein : aller aux Indes en se dirigeant vers l'ouest, à travers l'Atlantique ; énergie de sa conviction, ses offres à divers souverains : elles sont acceptées par Isabelle de Castille, après huit années de sollicitations.

1º *Voyages de Christophe Colomb.* — Premier voyage : départ de Palos (3 août 1492), arrivée à San-Salvador, une des Lucayes, (12 oct.) ; exploration des Lucayes, d'Haïti, de Cuba, retour en 1493. — Deuxième voyage, exploration de la plus grande partie des Antilles (1493-1495), premières accusations élevées contre Colomb. — Troisième voyage, Colomb aborde pour la première fois au continent *américain* près de Caracas (1498-1501), il est ramené en Europe enchaîné. — Quatrième voyage, exploration du continent, depuis le cap Gracias-a-Dios jusqu'au golfe de Darien (1502-1504). Colomb meurt dans la disgrâce et dans la misère à Séville (1506).

2º *Les successeurs de Colomb.* — Beaucoup d'autres explorateurs continuent ses découvertes : un des frères Pinçon (le Brésil au nord de l'Amazone, en 1500) ; Ponce de Léon (la Floride, le jour de Pâques fleuries, 1512) ; Diaz de Solis (la Plata, 1515) ; Balboa (l'isthme de Panama, d'où est aperçu pour la première fois l'océan Pacifique) ; Grijalva (le Mexique, 1518). — Enfin, en 1520, premier voyage autour du monde : Magellan découvre le détroit qui porte son nom, traverse l'océan Pacifique, est tué en Océanie, mais un de ses lieutenants, continuant le voyage, double le cap de Bonne-Espérance pour rentrer en Europe.

II. *Les conquêtes.* — Après les découvertes viennent les conquêtes ; beaucoup d'aventuriers vont exploiter la proie offerte à l'Espagne.

1° *Conquête du Mexique.* — Splendeur et puissance de l'empire mexicain ; tentative audacieuse de Fernand Cortez (700 hommes, 18 chevaux, et 10 petits canons). — Débarquement, fondation de Vera-Cruz, alliance de Cortez avec la république de Tlascala, son arrivée à Mexico, Montezuma prisonnier. — Discordes et guerre civile entre les Espagnols, révolte des Mexicains, reprise de Mexico, supplice de l'empereur Guatimozin (1519-1521). Le Mexique, colonie espagnole.

2° *Conquête du Pérou.* — En 1524, Pizarre, Almagro et de Luque s'associent pour conquérir le Pérou (Empire des Incas, long de 500 lieues). Captivité de l'Inca Atahualpa, prise de la capitale Cuzco, et de Quito. — Puis, guerres civiles entre les conquérants espagnols ; fondation de Lima (1535). Supplice d'Almagro (1538) ; assassinat de Pizarre (1541).

3° *Autres colonies espagnoles.* — Exploration de la rivière des Amazones ; — colonisation du Chili ; — fondation de Buenos-Ayres à l'embouchure de la Plata (1535).

4° Vices de l'administration coloniale espagnole ; odieux traitements infligés aux indigènes ; la traite des nègres (Las-Casas).

Conclusion. — Les découvertes et les entreprises coloniales des Espagnols ont eu d'immenses résultats pour le développement de la civilisation générale (changement des routes commerciales, révolution monétaire, progrès du commerce et du tiers état) ; — mais pour l'Amérique centrale et pour l'Amérique du Sud, elles ont été le point de départ d'une lourde servitude, aggravée par une déplorable administration politique et économique, et qui a duré jusqu'au dix-neuvième siècle ; — enfin, pour l'Espagne elle-même, malgré l'éclat, la fortune et la puissance apparentes qu'elles lui donnèrent, elles ont eu des conséquences fâcheuses (épuisement de l'Espagne, ruine de l'industrie nationale, etc.).

XLVII. — Rivalité de François Ier et de Charles-Quint.

La rivalité de François Ier et de Charles-Quint n'est pas seulement l'hostilité de deux rois, opposés de caractère, émules de gloire et de puissance et jaloux l'un de l'autre ; son intérêt est beaucoup plus haut : c'est la grande lutte entre la maison d'Espagne-Autriche qui veut asservir l'Europe, et la maison de France qui prend en mains la cause de l'indépendance commune. Quand en 1519 le petit-fils de Ferdinand le Catholique succéda sur le trône impérial d'Allemagne à son grand-père paternel Maximilien, il rompait à son profit l'équilibre européen : ce fut l'honneur de François Ier et de la France d'envisager nettement cette situation, et de défendre hardiment et sans relâche une cause qui était celle de l'Europe tout autant que celle de la France.

La rivalité des deux princes commença, on peut le dire, dès l'avènement de Charles-Quint ; elle se continua, ouvertement ou indirectement, jusqu'à la mort de François Ier (1519-1547). Elle mit aux prises deux puissances qui semblaient disproportionnées, autant par les ressources matérielles dont elles pouvaient l'une et l'autre disposer, que par le génie différent des deux souverains qui les dirigeaient ;— pendant les trente années qu'elle dura, elle passa par deux phases distinctes : d'abord François Ier, entraîné par sa fougue chevaleresque, ne compte que sur lui-même, ne recherche pas d'alliés, et dédaigne ceux qui s'offrent à lui (1re et 2e guerres); il éprouve des revers répétés ; — puis, instruit par l'expérience, il n'hésite pas à nouer des alliances politiques, dont quelques-unes auraient paru monstrueuses un siècle plus tôt, et peut ainsi résister jusqu'au bout à son puissant rival.

I. *La France et l'Espagne en 1519, François Ier et Charles-*

Quint. — La disproportion des forces est plus apparente que réelle :

1° Charles Ier d'Espagne (Charles V ou Quint en Allemagne) « est à lui seul une coalition contre la France »; il a recueilli l'héritage de quatre maisons : Bourgogne (Pays-Bas et Franche-Comté), Castille (Castille et Nouveau-Monde), Aragon (Aragon, Naples, Sardaigne) et Autriche; mais ces possessions sont dispersées à travers l'Europe, elles n'ont ni unité géographique, ni unité politique, ni unité morale, elles renferment des éléments de troubles intérieurs. — La France au contraire forme une masse compacte, et l'unité nationale y est plus forte encore que l'unité géographique; elle occupe une position centrale au milieu des possessions de Charles-Quint, et peut ainsi porter rapidement ses attaques sur les points vulnérables de l'ennemi.

2° « La véritable inégalité entre les deux rivaux est celle du talent, dé l'activité, de l'esprit politique. » Qualités de Charles-Quint : rare intelligence, énergie infatigable, habileté politique consommée, prudence; — François Ier a des dehors brillants, bravoure chevaleresque, mais héroïquement imprudent, léger, inconséquent, aime avec passion les fêtes et le plaisir.

II. *Première période de la rivalité.* — Par la faute de son gouvernement ou par l'aveuglement des nations étrangères, la France est à peu près réduite à ses seules forces pour soutenir la lutte.

1° *Première guerre* (1521-1526).—Mésintelligence croissante entre les deux princes; le camp du Drap d'or. La guerre éclate en 1521, elle est soutenue d'abord sans désavantages par les Français: en Navarre (insurrection des communeros), aux Pays-Bas (succès de Bayard à Mézières) et même en Italie (malgré la défaite de la Bicoque); — mais à partir de la trahison du connétable de Bourbon (1523), les revers se succèdent; alliance de l'empereur avec Henri VIII d'Angleterre, Adrien VI, les républiques italiennes; les Anglais en Picardie; défaites de Bonnivet en Italie et mort de Bayard; invasion de la Provence ; défaite de Pavie, captivité de François Ier, perte du Milanais (1525) ; traité désastreux de Madrid (1526).

2° *Deuxième guerre* (1526-1529). — François Ier viole le traité de Madrid, et conclut avec les princes italiens la Ligue de Cognac pour assurer l'indépendance de la péninsule. Mais il abandonne à eux-mêmes ses alliés italiens qui sont écrasés (sac de Rome, 1527) ; il envoie ensuite à Naples une armée qui, isolée, périt de misère (1528). Charles-Quint, par ses embarras en Orient et en Allemagne, est obligé de consentir à la paix de Cambrai (1529) : couronné à Bologne, il soumet à ses lois toute l'Italie.

III. *Deuxième période de la rivalité.* — Cette fois, François Ier semble comprendre combien la situation est sérieuse ; et, pendant que son rival use ses forces dans des expéditions contre les Barbaresques, il passe six ans à réunir autour de lui un solide faisceau d'alliances, le pape Clément VII, les luthériens allemands de Smalkalde, le sultan Soliman II) : mélange singulier, qui montre combien les intérêts politiques l'emportaient maintenant sur les intérêts religieux.

1° *Troisième guerre* (1535-1538). — Elle se fait dans le Piémont et la Provence : les Français prennent l'offensive et occupent d'abord le Piémont ; les impériaux reprennent ensuite le dessus et envahissent la Provence, leur désastre au siège de Marseille ; enfin, les Français réoccupent le Piémont. Victoire des Turcs à Essek. Trève de Nice (1538).

2° *Quatrième guerre* (1542-1546). — La France perd ses alliés, à la suite d'une vaine tentative de François Ier pour se réconcilier sérieusement avec l'Empereur ; quand les hostilités recommencent, elle n'a pour elle que les Turcs, et Charles-Quint est uni aux Anglais. — Deux théâtres de guerre : en Italie, victoire d'Enghien à Cérisoles ; — au nord, invasion anglaise en Picardie (prise de Boulogne), invasion allemande en Champagne (prise de Château-Thierry). Paix de Crespy (1544) et d'Ardres (1546) : les ennemis se rendent tout ce qu'ils se sont pris. Mort de François Ier (1547).

Conclusion. — Dans les quatre guerres et dans les nombreuses affaires diplomatiques qui ont rempli cette rivalité de vingt-cinq années, Charles-Quint l'emporte sur son rival par sa politique habile, quoique peu scrupuleuse, par ses qualités d'homme d'État, par son sens à la fois pratique et hardi. — Les fautes de François Ier ont été nombreuses ; mais en combattant sans relâche la puissance de l'empereur, il a servi la cause de la France et celle de l'équilibre, c'est-à-dire de l'indépendance des nations : et voilà une des principales raisons pour lesquelles son nom a mérité de rester populaire.

XLVIII. — État de la France à l'époque du traité de Câteau-Cambrésis.

L'époque où a été signé le traité de Câteau-Cambrésis est une des plus intéressantes du seizième siècle : c'est le moment critique entre les guerres d'Italie qui viennent de se terminer, et les guerres de religion qui vont commencer ; c'est une journée de paix qui malheureusement n'aura pas de lendemain : à un demi-siècle d'hostilités soutenues avec constance au delà des frontières va succéder un demi-siècle d'hostilités intérieures, de guerres civiles acharnées, qui mettront en péril l'organisation monarchique et l'existence même de la nation. Il est intéressant, pendant cette trêve, d'examiner la situation générale de la France, la position qu'elle occupe en Europe, l'état matériel et moral de la royauté et du tiers état son allié naturel, et de l'aristocratie qui ne s'est pas encore entièrement résignée à la soumission absolue à l'autorité royale.

I. *La France et l'Europe en* 1559. — La situation de la France en Europe était réglée par « l'inconcevable » traité de Câteau-Cambrésis : malgré les succès remportés sur divers points, malgré la belle armée de 52 000 hommes que commandait sur la Somme le vainqueur de Metz et de Calais, malgré l'ardeur du royaume animé à la guerre et prêt à tous les sacrifices, Henri II avait consenti à abandonner la plupart de ses conquêtes, et manqué une occasion unique de conquérir la frontière des Alpes et une bonne frontière de places fortes aux Pays-Bas. — Du moins, la France avait résisté sans faiblir à l'énorme puissance de la maison d'Espagne et sauvegardé l'équilibre européen ; par la conquête de Calais, elle avait achevé de se débarrasser de l'occupation anglaise ; par celle des Trois-Évêchés, elle avait reculé sa frontière de l'est vers le Rhin, où tendra désormais sa politique nationale.

Conditions du traité : Calais et Guines à la France ; l'Espagne rend Saint-Quentin, mais Henri II restitue ses conquêtes aux Pays-Bas, une partie de la Corse, le Montferrat, les États du duc de Savoie, sauf Turin et Pignerol ; on ne pouvait rien stipuler sur les Trois-Évêchés, enlevés à l'empire d'Allemagne, ils restent de fait à la France.

II. *Géographie politique de la France.* — 1° *Le domaine royal :* — Il comprenait maintenant le territoire presque entier de la France : au nord, Picardie, Normandie, Ile-de-France, Champagne, Bretagne (réunie définitivement depuis l'acte solennel de 1532); — au centre, Orléanais, Bourgogne, Lyonnais (accru des terres confisquées sur le connétable de Bourbon); — au midi, une partie de la Guyenne, tout le Languedoc, le Dauphiné (y compris Saluces et quelques villes du Piémont), enfin la Provence. Au point de vue administratif, la France se divisait en bailliages, prévôtés et sénéchaussées, qui se groupaient en dix gouvernements (dont le nombre allait bientôt s'augmenter.)

2° *Le domaine féodal.* — A peu d'exceptions près, la féodalité se trouvait réduite à des revenus et à des titres; ses domaines, dispersés dans les provinces du roi, se trouvaient enveloppés de toutes parts dans le vaste réseau de bailliages et de sénéchaussées qui composaient l'administration royale. Les principaux étaient : dans la Picardie, le duché de Guise;

en Champagne, les principautés d'Arches et de Joinville ; en Normandie, les comtés d'Aumale et d'Elbeuf ; dans l'Ile-de-France, la seigneurie de Montmorency ; en Bretagne, le comté de Penthièvre ; dans l'Orléanais, les duchés de Vendôme et de Mayenne ; en Bourgogne, le comté de Charolais (cédé comme fief à Philippe II) ; dans le Lyonnais, le duché de Montpensier ; dans la Guyenne, les possessions de la maison d'Albret, et la petite principauté de Turenne ; en Provence, le Comtat Venaissin (au Pape), et la principauté d'Orange (aux Nassau.)

III. *Les institutions.* — 1° *Le pouvoir royal.* — La royauté, grande par sa puissance matérielle, l'était encore plus par sa puissance morale ; la France entière était à ses pieds, tout était à sa discrétion ; la noblesse (surtout depuis que François Ier a créé la *cour*, et transformé les seigneurs en courtisans, et que la continuité des guerres astreint les nobles à la discipline militaire, — progrès de l'armée), le clergé (influence du Concordat de 1516), la magistrature (résultat de la vénalité des fonctions judiciaires, — création récente des présidiaux), les finances (le trésor particulier du roi confondu avec le trésor public, création des premières rentes sur l'Hôtel de Ville, — division de la France en 16 généralités), — le tiers état enfin, qui voit dans la toute-puissance de la royauté la garantie de sa propre sécurité et de sa prospérité matérielle.

2° *L'aristocratie.* — La noblesse n'est plus en état de troubler par sa seule puissance matérielle la paix du royaume ; mais elle va trouver, dans les dignités même dont la royauté l'investit, l'occasion de reconquérir sa puissance perdue : pouvoirs excessifs des gouverneurs de province, qui peu à peu arrivent à se considérer comme les maîtres dans les gouvernements dont l'administration leur a été confiée, et voudront se rendre indépendants. Influence de cette ambition sur les guerres de religion.

Conclusion. — En résumé, l'état de la France en 1559, sans être extraordinairement prospère ou glorieux, est en somme favorablé : les guerres d'Italie, qui au premier coup d'œil semblent n'avoir causé que des calamités, ont préservé l'équilibre européen, et la France apparaît aux autres nations comme la protectrice désintéressée de leur indépendance ; d'autre part, ces guerres n'ont pas détourné l'activité nationale des améliorations intérieures et du progrès administratif. — Comment expliquer alors les misères qui vont attrister la fin du siècle ? Elles proviennent de deux causes : d'une part, la faiblesse des rois, mineurs de fait ou d'intelligence, qui régneront jusqu'à l'avènement d'Henri IV ; d'autre part, les luttes armées entre le catholicisme et le protestantisme, la situation géographique de la France entre le Midi catholique et le Nord hérétique.

XLIX. — La lutte de la France contre Philippe II d'Espagne.

La lutte, directe ou indirecte, que Philippe II d'Espagne a soutenue contre la France pendant les quarante-deux années de son règne (1556-1598), n'est qu'une continuation et comme le second acte de la grande rivalité des maisons d'Espagne et de France, commencée au temps de Charles Quint et de François Ier : la France, une fois encore, défend l'équilibre de l'Europe et l'indépendance des différents États, menacés par l'ambition de Philippe II, comme ils l'étaient naguère par l'ambition de son père. — Mais, pendant cette seconde période, la rivalité des deux maisons présente des caractères différents de ceux qui ont signalé la première.

D'une part, la situation de la France s'est modifiée, elle est travaillée par des causes de faiblesse qu'elle ne connaissait pas précédemment (affaiblissement de l'autorité royale, représentée par des rois que leur âge ou leur caractère rendent impuissants, François II, Charles IX et Henri III ; — la masse de la nation profondément divisée, huguenots et catholiques ;

— fautes de Catherine de Médicis, en face du parti catholique qui a pour chefs les Guises, et du parti protestant qui obéit à Louis de Condé et à Jeanne d'Albret; — ambitions nouvelles des gouverneurs de province.)

D'autre part, Philippe II a une puissance matérielle plus grande que celle de Charles-Quint; il ne possède plus, il est vrai, l'Allemagne qui était plutôt une cause de faiblesse que de force (les luthériens); mais au début de son règne il est soutenu par l'Angleterre (mariage de Philippe II avec Marie Tudor); outre ses domaines d'Italie et d'Espagne, il a le Roussillon, la Franche-Comté, les Pays-Bas, l'Amérique, les Indes; cet immense empire est gardé par une armée nombreuse, disciplinée, habituée à la victoire, et dirigé par un roi dont la politique sait préparer les succès.

Pour abattre la France, obstacle unique à la réalisation de son rêve d'empire universel, Philippe recourut à tous les moyens : d'abord, il recommença contre Henri II la guerre politique qui avait rempli le règne de son père (1556-1559); puis, ce moyen ayant échoué, il imagina d'appuyer sur la restauration du catholicisme ses projets de domination, et intervint dans les troubles de France pour soutenir les Guises et le parti catholique (intervention indirecte jusqu'en 1589, intervention directe de 1589 à 1598) : cette politique nouvelle parut mieux réussir d'abord; mais les talents d'Henri IV la condamnèrent finalement à la même impuissance.

1° *Guerre de Philippe II et d'Henri II.* — Dès l'avènement de Philippe II, rupture de la trêve de Vaucelles (1556). Deux théâtres de guerre : en Italie, alliance de la France avec le pape Paul IV, expédition inutile du duc de Guise contre Naples ; — dans le Nord, désastre des Français à Saint-Quentin, réparé par la résistance héroïque de Coligny, et par la conquête de Calais, de Thionville, de Dunkerque. — Paix de Câteau-Cambrésis, la France ne garde que Calais (1559).

2° *Troubles religieux en France, intervention indirecte de Philippe II.* — Les desseins de Philippe II ont échoué une première fois; mais la mort d'Henri II, l'avènement au trône de France de rois enfants (François II, 1559-1560 ; Charles IX, 1560-1574 ; influence de Catherine de Médicis), et surtout les discordes civiles nées de la question de la Réforme, réveillent ses espérances. — Il change de tactique : en apparence, ce n'est plus la France qu'il attaque, c'est le catholicisme qu'il défend.

Son intervention est d'abord déguisée : il soutient le parti des Guises, entretient à la fois l'esprit d'indépendance des grands et l'esprit démagogique des villes ; ses relations avec Catherine de Médicis, entrevue de Bayonne ; un instant, sous Charles IX (projets de Coligny), la France est sur le point de se mettre à la tête des ennemis de Philippe II. — Sous Henri III (1574-1589), Philippe II intervient comme auxiliaire et protecteur de la Ligue Catholique (traité de Joinville avec le Balafré).

3° *Intervention armée de Philippe II.* — La mort d'Henri III, qui a pour successeur un hérétique relaps, Henri IV, donne à la politique du roi d'Espagne plus de franchise et d'audace. Depuis ce moment jusqu'à sa mort, il intervient ouvertement et par les armes dans les affaires de France.

Pendant les premières années, de 1589 à 1594, il travaille à faire passer la couronne même de France, soit sur sa propre tête, soit sur celle de sa fille l'infante Claire-Eugénie (Alexandre Farnèse fait lever le siège de Paris, 1590, protège Rouen et est blessé mortellement à Caudebec, 1592 ; garnison espagnole à Paris ; diplomatie espagnole aux États de la Ligue).

Enfin, de 1594 à 1598, forcé de renoncer à la couronne de France, Philippe II s'attache à conquérir le plus de villes possible (surprise de Marseille ; combat de Fontaine-Française ; surprise et perte de Calais et d'Amiens ; garnison espagnole au Blavet). Mais il échoue partout, et par le traité de Vervins avoue son impuissance (1598).

Conclusion. — L'insuccès final de Philippe II est plus grave et plus décisif que celui de Charles-Quint : il avait eu en sa faveur des chances beaucoup plus sérieuses, et rien ne lui

avait réussi, les moyens religieux pas plus que les moyens
politiques, la guerre ouverte pas plus que les sourdes menées ;
et à la poursuite de ce but qui lui échappait toujours, il avait
épuisé pour longtemps son royaume : « rien n'était plus à
craindre de l'Espagne, » dit Michelet. La France avait sauvé
son indépendance, et en même temps celle de l'Europe.

L. — **La loi salique, ses applications, ses résultats.**

La *loi salique* désignait primitivement la *loi des Francs
Saliens*; cette loi ne s'occupait en aucune façon, comme on le
croit quelquefois, de régler la succession au trône, et par conséquent elle n'interdisait pas aux femmes de porter la couronne
de France; un article de cette loi défendait simplement qu'un
alleu, ou terre de conquête, pût être possédé par une femme.
Quand Louis X mourut, en 1316, ne laissant qu'une fille, les
légistes se demandèrent si cette fille pourrait lui succéder :
et alors, pour la première fois, se posa la question de l'admissibilité des femmes à la succession au trône. On finit par
prétendre que la possession de la couronne devait être com-
parée à celle d'un alleu, par conséquent interdite aux femmes,
et cette opinion prévalut. Telle est l'origine de ce qu'on a
appelé la loi salique.

Cette interprétation de la loi salique, utile, disait-on, pour
empêcher qu'un étranger devînt roi de France, était-elle
nécessaire? Quels ont été ses résultats, c'est-à-dire, quelle
influence a-t-elle exercée sur le développement de l'histoire
de France? Pour répondre à ces questions, il faut examiner
les circonstances dans lesquelles elle a été appliquée, à trois
époques différentes : au commencement du quatorzième
siècle, — à la fin du quinzième et au début du seizième, —
enfin, dans les dernières années du seizième.

*Premières applications de la loi salique, avènement des
Valois.* — Les légistes imaginent leur subtile interprétation

de la vieille loi des Francs Saliens en 1316, à la mort du fils aîné de Philippe le Bel, Louis X le Hutin ; avis conforme des États généraux : Jeanne, fille de Louis X est exclue du trône. — Le même fait se reproduit en 1322 après la mort de Philippe V, — en 1328 après la mort de Charles IV : cette fois, la descendance directe d'Hugues Capet dans la ligne masculine est éteinte, la couronne passe aux Valois.

En 1328, la loi salique a été appliquée au détriment, non plus seulement des femmes, mais de leurs héritiers, Charles le Mauvais, roi de Navarre, Édouard III roi d'Angleterre. — Il faut remarquer que ce qui se produisit alors ne doit pas être apprécié d'après nos idées modernes : en 1328, il n'y a encore ni nationalité anglaise, ni nationalité française ; la contestation n'est pas entre un prétendant anglais et un prétendant français, mais entre deux seigneurs féodaux, ayant mêmes idées, parlant même langue, et qui auraient certainement l'un comme l'autre fixé leur résidence à Paris. L'invention de la loi salique n'a donc pas, comme on le dit quelquefois, sauvé la France du joug étranger, elle a simplement empêché la réunion de l'Angleterre à la France.

2° *Nouvelles applications de la loi salique, avènement des Valois-Angoulême.* — Applications régulières et sans contestations de la loi salique à la mort de Charles VIII en 1498 (sa sœur Anne de Beaujeu), et à la mort de Louis XII en 1515 (Claude de France, fille de Louis XII, épouse d'ailleurs l'héritier dans la ligne masculine, François d'Angoulême qui devient François Ier).

3° *Dernière application de la loi salique, avènement des Bour= bons.* — La loi salique est remise en question sous la Ligue : devant les États généraux convoqués par les Ligueurs à Paris, Philippe II d'Espagne réclame le trône de France pour sa fille l'infante Isabelle-Claire-Eugénie, petite-fille de Henri II par sa mère (1593) ; mais les États hésitent, et le Parlement les rappelle au respect « des lois fondamentales du royaume. » — Cette fois, la loi salique a contribué à sauver la France de l'ambition espagnole.

Conclusion. — L'œuvre des légistes du quatorzième siècle a donc été au début une innovation que les besoins du temps ne justifiaient pas ; si elle est devenue une garantie précieuse au patriotisme français, c'est précisément parce que ce patriotisme est né pendant la guerre de Cent Ans qu'elle avait provoquée ; mais c'est seulement à l'époque de sa dernière application qu'elle a justifié l'opinion qu'on se formait d'elle.

LI. — Comment Henri IV a-t-il conquis son royaume ?

Henri IV a régné sur la France « et par droit de naissance (descendant du dernier fils de saint Louis), et par droit de conquête. » Situation politique au moment où Henri III est assassiné (août 1589) ; les ennemis du roi (la Ligue, les Guises, Mayenne, soutenus par l'Espagne); les partisans du roi (les protestants, les politiques, Henri IV « roi des braves »). — Situation militaire : l'armée royale réduite à 22 000 h., et bientôt à 9 000 ; impossibilité de continuer le siège de Paris.

Henri IV devait donc, pour conquérir son trône : 1° briser la force matérielle de la Ligue unie aux Espagnols ; — 2° « après avoir gagné les batailles, gagner aussi les cœurs » des Français catholiques, sans s'aliéner ceux des Français huguenots. C'était une tâche compliquée, Henri IV sut l'accomplir, grâce à des talents militaires de premier ordre, joints à un courage brillant et même aventureux (un courage « de carabin » disait Farnèse); — grâce aussi à son habileté politique, et à son talent rare pour « mesurer les concessions nécessaires, et les faire au moment opportun. »

I. *Triomphes militaires d'Henri IV*. — Levée du siège de Paris; deux partis à prendre : se retirer au sud de la Loire, ou gagner la Normandie (voisinage de l'Angleterre); raisons politiques et militaires qui décident Henri IV à prendre le second parti. De là résultent :

1° *Premières opérations en Normandie.* — En 1589, victoire d'Arques, soumission du Maine, de l'Anjou, etc.; — en 1590, siège de Dreux, victoire d'Ivry, la route de Paris est ouverte.

2° *Siège de Paris.* — La capitale d'abord « bloquée à distance », puis bloquée réellement pendant quatre mois; les prédicateurs de la Ligue; famine. — Intervention de Farnèse et des Espagnols, surprise de Lagny; il faut lever le siège de Paris (1590); en 1591, inutile Journée des Farines.

3° *Nouvelles opérations en Normandie.* — Pour se dédommager, Henri IV veut s'emparer de la Basse-Seine; siège de Rouen. Nouvelle intervention de Farnèse, combat à Caudebec et à Yvetot, mort de Farnèse (déc. 1592).

II. *Triomphes politiques d'Henri IV.* — A partir de ce moment, la Ligue est hors d'état de soutenir une guerre régulière; mais Henri IV a encore à vaincre les antipathies des catholiques, l'esprit d'indépendance des gouverneurs de province, les défiances naissantes des huguenots : le grand politique va achever la tâche du grand capitaine. Il est aidé par les divisions intestines de la Ligue (faction des Seize; ses violences; elle est brisée par Mayenne, déc. 1592), et par l'influence des politiques (résultat négatif des États généraux de la Ligue en 1593; la Satire Ménippée). Alors, à partir de 1593, les événements importants se précipitent :

1° *L'antipathie des catholiques* est calmée par l'abjuration d'Henri IV (juillet 1593) et son sacre à Chartres (1594);

2° *L'avidité des gouverneurs de province* est satisfaite par les concessions du roi (Cossé-Brissac vend la soumission de Paris en 1594, Villars-Brancas fait de même en Normandie, Guise en Champagne, etc.);

3° Enfin, *les défiances des huguenots* sont apaisées par l'Édit de Nantes (1598); pacification religieuse.

Conclusion. — C'est ainsi qu'Henri IV, par ses victoires sur le champ de bataille, par la netteté de ses vues dans le cabinet, par son habileté dans les négociations, sut à la fois rendre à la France la paix intérieure perdue depuis près d'un demi-siècle, et rétablir le trône des Capétiens qui avait un instant paru singulièrement compromis ; restait encore, pour compléter son œuvre de reconstitution, à terminer la lutte engagée depuis quatre-vingts ans contre la maison d'Espagne : mais, dès 1594, le plus difficile était fait. — Si Henri IV réussit si complètement, c'est qu'il eut « toutes les qualités de son rôle, celles qui étaient le plus propres à assurer son succès à ce moment, et en France. »

LII. — État comparé de la France à la mort d'Henri IV et au commencement du ministère de Richelieu.

« Richelieu a été le véritable successeur d'Henri IV », malheureusement il n'a pas été son successeur immédiat : depuis 1610, date de l'assassinat du premier roi Bourbon, jusqu'à 1624, année où le cardinal de Richelieu devint le chef du gouvernement français, un intervalle de quatorze ans s'écoula, pendant lequel la direction des affaires fut abandonnée à l'intrigue, à l'incapacité, (Marie de Médicis, Concini, de Luynes) ; « les intérêts particuliers étaient préférés aux publics ». Aussi quand on compare l'état de la France en 1610 et en 1624, on voit que le pays a perdu de toutes façons pendant cette période ; ce n'est pas seulement la situation intérieure qui s'est entièrement et fâcheusement modifiée, c'est aussi la situation extérieure, la position de la France au milieu des nations européennes.

I. *État de la France en 1610.* — 1º *Situation extérieure.* — Henri IV avait obligé l'Espagne à avouer son impuissance et à se résigner à laisser la France indépendante : le traité de Vervins en 1598 avait rétabli les stipulations du traité de Câteau-Cambrésis, la France conservait, après un siècle de guerre, l'intégrité de son territoire, et ses frontières étaient consolidées par l'acquisition des Trois-Évêchés. Le traité de

Lyon, en 1601, lui avait donné la Bresse, le Bugey et le Val-romey : pour la première fois, elle brisait le cercle de terri-toires soumis directement ou indirectement à l'Espagne, dont elle était entourée depuis l'avènement de Charles-Quint, elle touchait maintenant au Jura, à la Suisse. — Mais ce n'était pas assez de relever la France de son abattement, il fallait lui rendre sa place à la tête du système européen, et faire disparaître pour toujours les dangers que l'Espagne et l'Au-triche faisaient courir à l'indépendance de l'Europe : prépa-ratifs d'intervention dans la question de la succession de Clèves et de Juliers, traités d'alliance avec les protestants allemands à Hall, et avec le duc de Savoie à Brussol (1610); la ruine définitive de l'Espagne-Autriche est imminente.

2º *Situation intérieure.* — « En conquérant son trône, Henri IV avait conquis à la France l'ordre et la paix inté-rieure. » L'édit de Nantes (1598) avait terminé heureusement les guerres religieuses ; les protestants jouissaient en paix de la tolérance enfin obtenue, et ne songeaient pas encore à abu-ser des garanties politiques qui leur avaient été concédées. — L'aristocratie, qui avait partagé la défaite de la Ligue, con-servait encore ses espérances, mais ne les manifestait plus : les plus indociles des seigneurs (Mayenne, Mercœur, etc.) avaient été soumis, les complots (Biron, Henriette d'Entragues, Bouillon) n'avaient pas eu plus de succès que les révoltes ; le dernier grand domaine féodal avait été réuni à la couronne par l'avènement d'Henri IV ; impuissance des gouverneurs de province. — Enfin, le royaume avait été réorganisé adminis-trativement ; influence de Sully : amélioration des finances, équilibre budgétaire, réserve de 22 millions, diminution des charges pesant sur le peuple, encouragements à l'agriculture (Olivier de Serres), à l'industrie, au commerce. Prospérité publique.

II. *État de la France en 1624.* — 1º *Situation intérieure.* — En 1624, le changement est complet au dedans et au dehors du royaume. Au dedans : l'administration publique est entièrement négligée. — Les grands sont redevenus les maîtres dans l'État; ils mettent la puissance royale en échec (« les gouverneurs de province se conduisent comme s'ils étaient souverains en leurs charges »), et le trésor public au pillage (« les traités de Sainte-Menehould et de Loudun n'ont fait qu'étourdir la grosse faim de leur avarice »). — Les huguenots forment « un État dans l'État »; cédant à l'impulsion de chefs jeunes et ambitieux, ils rêvent de constituer au sein de la France une république protestante, « une sorte de Hollande française dont La Rochelle serait l'Amsterdam », et au traité de Montpellier, le protestantisme a traité d'égal à égal avec la royauté (1623). — Le tiers état, écrasé d'impôts, ne trouve plus de garantie dans l'autorité royale.

2° *Situation extérieure*. — La France a perdu sa clientèle de petits États, et ne défend plus l'équilibre européen, menacé par l'ambition de la maison d'Autriche, à laquelle elle laisse libre carrière. Non seulement les alliances protestantes ont été abandonnées par Concini ; mais, dans la période palatine de la guerre de Trente Ans, de Luynes vient d'intervenir diplomatiquement pour faciliter le triomphe de l'Empereur : l'Autriche victorieuse et l'Espagne, plus étroitement unies que jamais, semblent sur le point de réaliser le rêve de Charles-Quint en face de la France isolée et impuissante.

Conclusion. — Tel était, au dedans et au dehors, le terrain perdu pendant ces quatorze années d'un gouvernement sans patriotisme ou sans talent. Il était temps que Richelieu vînt ressusciter les traditions d'Henri IV; dès son entrée au ministère, il promit à Louis XIII « d'employer ses soins pour rabaisser l'orgueil des grands, ruiner les huguenots, et relever son nom dans les nations étrangères ». Le génie, qui voyait si nettement le triple but à atteindre, devait aussi trouver les moyens propres à assurer le succès.

LIII. — Richelieu et la noblesse française.

Pendant toute la durée de son ministère, Richelieu fut en lutte avec la noblesse ; cette lutte s'imposait. Sans doute la féodalité n'existait plus, mais l'esprit féodal subsistait toujours : « Quand votre Majesté me donna entrée en ses conseils, dit Richelieu lui-même à Louis XIII, je puis dire avec vérité... que les grands se conduisaient comme s'ils n'eussent pas été ses sujets, et les plus puissants gouverneurs des provinces comme s'ils eussent été souverains en leurs charges. »

Traditions de la Ligue et du ministère de Concini. — Puissance de la noblesse vers 1624 : elle n'a plus de domaines propres, le domaine royal comprenant à peu près tout le territoire français ; mais dans les 19 gouvernements, les nobles gouvernent héréditairement, lèvent des soldats, des impôts, se croient les maîtres. Ils ont des appuis : la cour, Gaston d'Orléans, la reine-mère, la jeune reine ; « les quatre pieds carrés de la chambre du roi, plus difficiles à conquérir pour le ministre que tous les champs de bataille de l'Europe... »

Cet état de choses est dangereux pour le royaume, dangereux aussi pour le ministre qui osera s'attaquer aux prétentions de la noblesse. Richelieu cependant n'hésite pas ; dès le premier jour, il promet à Louis XIII « d'employer tous ses soins pour rabaisser l'orgueil des grands... » Par une série de mesures, il travaille à réduire les nobles à la condition de sujets dociles du roi ; — ceux-ci conspirent pour se débarrasser du ministre ; quand les complots et les intrigues de cour ont échoué, ils n'hésitent pas à se révolter ouvertement, même avec l'appui de l'étranger. Mais Richelieu triomphe également des complots et des révoltes.

1. *Mesures hostiles à la noblesse.* — Richelieu attaque la noblesse : 1° Dans son esprit d'indépendance et ses préjugés

(Édit sur les duels, 1626); 2° Dans sa puissance matérielle (Édit de 1626 sur la démolition des châteaux forts) ; 3° Dans sa puissance militaire (suppression des grandes charges, connétable, grand amiral, etc.) ; 4° Dans sa puissance politique (création des Intendants de police, justice et finances).

II. *Résistance de la noblesse; conspirations et intrigues.* — Aussi, dès le début, les nobles travaillent à se débarrasser d'un si rude adversaire, « avec cette étourderie dont l'impunité leur avait donné l'habitude ». Rôle de Marie de Médicis, l'ancienne protectrice de Richelieu, devenue sa mortelle ennemie depuis qu'il se refuse à servir ses misérables ambitions.

1° Intrigues relatives au mariage de Gaston d'Orléans, que les reines veulent marier à une princesse étrangère (appui possible en cas de révolte). D'Ornano emprisonné à Vincennes ; complot de Chalais (projet d'assassinat de Richelieu), Chalais décapité (1626). Gaston épouse mademoiselle de Montpensier.

2° Procès et supplice de Montmorency-Bouteville (1627) : « Il s'agit, dit Richelieu, de couper la gorge au duel ou aux édits de Votre Majesté ».

3° La Journée des Dupes (nov. 1630). Ses causes : hostilité de Marie de Médicis contre le duc de Nevers, candidat français à l'héritage de Mantoue, soutenu par Richelieu ; entrevue du ministre et du roi ; conséquences : exil de Marie de Médicis et de Gaston, emprisonnement de Michel de Marillac et de Bassompierre, exécution du maréchal de Marillac (1631-1632).

III. *Révoltes ouvertes des nobles.* — A partir de ce moment, les nobles, privés de l'appui de Marie de Médicis, sans renoncer à intriguer à la cour contre Richelieu, recourent aussi à la révolte ouverte.

1° Henri de Montmorency, gouverneur du Languedoc, de concert avec Gaston marié en secondes noces à une princesse lorraine, prend les armes ; vaincu et pris à Castelnaudary (1632), décapité à Toulouse ; « c'est le coup le plus retentissant porté à la noblesse ». Rôle piteux de Gaston.

2° Occupation de la Lorraine, soumission de Gaston (1632-1633).

3° Siège de Corbie, tentative d'assassinat de Richelieu (1636).

4° Révolte du comte de Soissons, vainqueur et tué à La Marfée (1641), alliance des révoltés avec l'Autriche.

5° Complot de Cinq-Mars, traité secret avec l'Espagne. Cinq-Mars et de Thou, arrêtés à Narbonne, exécutés à Lyon (1642).

Conclusion. — Ainsi, Richelieu a triomphé des révoltes comme des intrigues de cour ; et c'est tant mieux pour le royaume, dont il a pu ainsi réformer l'administration à l'intérieur et relever la politique au dehors. Ses rigueurs contre les nobles ont eu trop souvent l'apparence de vengeances personnelles ; cependant c'est le sentiment du bien public qui le guide : « Il ne pardonna jamais, mais il n'eût pardonné qu'aux dépens de la France ». — Rappeler d'ailleurs au milieu de quelles circonstances critiques (politique extérieure) les complots antipatriotiques des nobles venaient troubler le ministre.

LIV. — Le protestantisme en France, de 1610 à 1685.

La situation des protestants en France, en 1610, était réglée par les stipulations de l'Édit de Nantes ; rappeler les principales clauses de cet édit : 1° garanties religieuses accordées aux protestants (liberté de conscience, liberté du culte dans une ville par bailliage, etc.) 2° garanties politiques (places de sûreté, assemblées générales, etc.; le protestantisme forme un État dans l'État.

Dangers de cette situation : la grande majorité des protestants, satisfaite de sa liberté de conscience, ne demanderait pas mieux que de vivre paisible ; mais elle est sans cesse sur le qui-vive, au milieu d'un peuple hostile à ses croyances, l'esprit hanté par le souvenir des guerres de religion : l'ambition politique de ses chefs aidant, elle peut être poussée à abuser des garanties politiques, et le protestantisme peut menacer la paix publique. — D'autre part la royauté, troublée dans ses prérogatives, est portée à voir dans l'existence du protestantisme un danger pour l'unité nationale, et un obstacle à l'établissement de l'absolutisme monarchique. Ces méfiances réciproques donnent naturellement naissance à des difficultés qui se prolongent pendant tout le dix-septième siècle.

Au début, c'est le protestantisme qui prend l'offensive : il veut profiter des troubles d'une régence et de l'incapacité des ministres, jusqu'au jour où la main ferme de Richelieu lui enlève tout pouvoir de nuire à l'État, en lui laissant la liberté de conscience ; — il se résigne alors à cette situation, et voit peu à peu grandir paisiblement l'importance de ses membres, pendant la paix religieuse que maintiennent Richelieu et Mazarin ; — mais Louis XIV s'offusque de cette importance, en même temps que ses opinions religieuses sont blessées par la prospérité du protestantisme; la lutte recommence alors, mais dans cette dernière période elle est provoquée et soutenue exclusivement par la royauté.

1° *Troubles et guerres civiles jusqu'à la paix d'Alais.* — Organisation politique du parti protestant à la mort d'Henri IV ; deux tendances parmi les huguenots : influence pacificatrice de Sully et de Duplessis-Mornay, influence belliqueuse de Rohan ; la dernière l'emporte. — De 1611 à 1621, le parti s'organise pour la rébellion : création des cercles (grandes divisions provinciales), qui se transformeront plus tard en gouvernements militaires ; nombreuses assemblées, souvent illégales, etc.

Première guerre, de 1621 à 1622. — Cause : rétablissement du catholicisme en Béarn par de Luynes ; Rohan et Soubise à l'assemblée de La Rochelle. Après la prise de Saint-Jean-d'Angély, insuccès de de Luynes au siège de Montauban

(1621), sa mort. — Paix de Montpellier, qui laisse aux protestants leur organisation politique (1622).

Deuxième guerre, de 1625 à 1629. — Premières escarmouches de 1625 à 1626, affaire de l'île de Ré ; traité de La Rochelle, accordé par Richelieu « pape des huguenots ». — Puis, quand Richelieu a organisé ses forces, il recommence hardiment la lutte en 1627 : siège de La Rochelle, intervention inutile de l'Angleterre ; capitulation de la place après quatorze mois de siège. — Enfin, défaite des protestants dans les Cévennes, prise de Privas (1629). Paix d'Alais ou *édit de grâce :* les protestants cessent de former un État dans l'État, mais conservent leurs libertés religieuses.

2° *Paix religieuse sous Richelieu et Mazarin.* — Alors commence la plus heureuse période de l'histoire du protestantisme, remarquable par la tolérance des cardinaux Richelieu (jusqu'en 1642) et Mazarin (jusqu'en 1661).

Colbert aussi protège les protestants, qui brillent au premier rang dans le commerce et dans l'industrie. Services rendus par des huguenots. — Duquesne.

3° *Persécutions contre le protestantisme sous Louis XIV.* — Quand Louis XIV règne par lui-même, et à mesure que décline le crédit de Colbert, le gouvernement royal devient agressif contre les protestants, qu'il voudrait ramener au catholicisme (« un roi, une loi, une foi ») ; influence de Le Tellier, de Louvois, du Père La Chaise. On commence par des moyens doucereux (caisse des conversions, 1676 ; etc.), on continue par les plus coupables violences (dragonnades, etc.), enfin, sous prétexte que la plupart des protestants se sont convertis, on révoque l'Édit de Nantes (1685). Conséquences désastreuses de cette révocation : pour l'armée, pour la marine, pour l'agriculture, pour le commerce ; l'Angleterre, la Prusse, s'enrichissent des pertes de la France. C'est la faute la plus grave et la plus irréparable du règne de Louis XIV.

Conclusion. — Après une période de troubles et de guerres civiles, qui avaient été la conséquence des clauses politiques de l'Édit de Nantes, les protestants avaient toujours compté, depuis la paix d'Alais, parmi les sujets les plus dociles et les plus utiles au bien du royaume ; la rupture de cette paix religieuse par Louis XIV est donc injustifiable en principe ; en fait, la nouvelle politique religieuse, ruineuse pour la prospérité intérieure du royaume, était souverainement dangereuse au point de vue des relations extérieures : en irritant les puissances protestantes, elle leur fournissait un prétexte de coalition.

LV. — Étudier la décadence de l'Espagne de 1598 à 1659.

L'Espagne au dix-septième siècle a expié la politique funeste qu'elle avait pratiquée au seizième, sous le gouvernement de Charles-Quint et de Philippe II ; après avoir voulu dominer le monde, et réaliser à son profit le rêve de la domination universelle, elle tombe rapidement dans une décadence profonde, et cessera bientôt de compter parmi les grandes puissances de l'Europe. Un demi-siècle a suffi pour opérer ce bouleversement : en 1598, au moment où mourut Philippe II, l'Espagne semblait être encore un danger pour l'équilibre européen ; en 1659, lorsqu'elle signa le traité des Pyrénées, elle avouait définitivement son impuissance.

Cette décadence irrémédiable de l'ancienne monarchie de Charles-Quint était déjà en germe dans la situation générale de l'Espagne en 1598 ; de 1598 à 1659, elle se produisit avec une rapidité de plus en plus grande, — à l'intérieur et au dehors.

I. *État de l'Espagne en 1598.* — A la mort de Philippe II, l'Espagne avait alors l'apparence de la puissance au dehors, de la richesse au dedans ; mais ce n'était plus qu'une apparence :

1° *Situation extérieure :* — L'unité de la péninsule est un fait accompli (conquête du Portugal), et en outre l'Espagne possède en Europe de nombreux territoires : les Pays-Bas belges, la Franche-Comté, le Milanais, Naples, la Sicile, la Sardaigne, les présides de Toscane ; — mais ces provinces éparses à travers l'Europe ne donnent aucune force réelle au pays qui les possède et qui s'épuise à les défendre ; par elles, l'Espagne « voisine de tout le monde » est fatalement mêlée à toutes les querelles qui éclatent en Europe, elle va intervenir dans toutes les guerres, et en payera toujours les frais ; insurrection victorieuse des Pays-Bas hollandais (trêve de 12 ans, 1609) ; sourd mécontentement du Portugal. — L'Espagne possède d'autre part un merveilleux empire colonial, toutes les anciennes colonies portugaises (le Brésil, les établissements sur la côte d'Afrique, à Socotora, à Aden, dans l'Hindoustan, Ceylan, Malacca, les îles de la Sonde, plusieurs points dans la Malaisie, Canton) qui viennent d'être jointes aux colonies espagnoles proprement dites (toute l'Amérique du Sud, moins le Brésil, l'Amérique centrale, le Mexique, les plus grandes des Antilles) ; mais ces colonies sont déplorablement administrées, les monopoles industriels et commerciaux de la métropole empêchent tout progrès.

2° *Situation intérieure.* — L'Espagne est épuisée d'hommes et d'argent, sa marine est ruinée (désastre de l'Invincible Armada) ; détresse économique du pays, conséquence de l'apport incessant des métaux précieux, venus d'Amérique. — Vices du système gouvernemental introduit par Philippe II : « ce roi, dit Mignet, fit plus que détruire les ressources matérielles de la péninsule, il éteignit la royauté... il la séquestra dans une solitude abrutissante, il la rendit invisible, sombre, hébétée », et par là il rendit inévitables les progrès nouveaux de la décadence.

II. *Décadence intérieure de 1598 à 1659.* — L'épuisement de l'Espagne ne fait que s'accroître sous le gouvernement du cardinal de Lerme, du duc d'Olivarès et de don Louis de Haro, favoris et ministres de Philippe III (1598-1621) et de Philippe IV (1621-1663). En 1609, l'Espagne chasse un million de sujets industrieux (les Maures de Valence) et sacrifie à son unité religieuse les derniers débris de sa splendeur matérielle (à Séville, en un siècle, les 1600 métiers qui travaillaient la laine et la soie sont réduits à 400, etc... — De tout ce qu'on importe en Amérique, un vingtième au plus est manufacturé en Espagne). — Ruine de l'agriculture : un édit de Philippe III accorde « la noblesse et l'exemption de guerre à ceux de ses sujets qui cultiveraient la terre ». — Administration déplorable : variations continuelles sur les monnaies, impôts écrasants sur les denrées et les matières premières. — En 1640, soulèvement du Portugal, soutenu par la France : l'unité politique de la péninsule, que les circonstances avaient résolue en faveur de l'Espagne, a été compromise et détruite par les fautes du gouvernement espagnol.

III. *Décadence extérieure de 1598 à 1659.* — La décadence extérieure n'est pas encore aussi marquée, au lendemain de la mort de Philippe II : jusqu'au début de la guerre de Trente Ans, l'Espagne sort sans désavantage des difficultés contre lesquelles elle se débat ; — puis, après avoir espéré reconquérir le premier rang en Europe pendant la guerre de Trente Ans, elle voit ses rêves de grandeur définitivement détruits aux traités de Westphalie ; — elle ne lutte plus ensuite que pour échapper à un démembrement qu'elle n'évite pas entièrement au traité des Pyrénées.

1° *Avant la guerre de Trente Ans.* — Intrigues espagnoles en France pendant le règne d'Henri IV, conspirations ; l'assassinat d'Henri IV (1610) évite à l'Espagne le renouvellement d'une guerre qui aurait été désastreuse ; sous la régence de Marie de Médicis, l'influence de Philippe III est prépondérante en France, les mariages espagnols. — Mais la trêve de 12 ans (1609) est une reconnaissance déguisée de l'indépendance des Provinces-Unies.

2° *Pendant la guerre de Trente Ans.* — A l'expiration de la trêve de 12 ans, l'Espagne recommence contre la Hollande une guerre régulière, « une guerre savante, école pour tous les militaires de l'Europe », qui se confond bientôt avec la guerre générale de Trente Ans. — Par cette guerre, l'Espagne qui veut reconstituer son union intime avec l'Autriche, espère de nouveau dominer l'Europe ; son ambition est contrecarrée bientôt par la France, après l'avènement de Richelieu. Affaires de la Valteline. Après la ruine des protestants français qu'elle n'a pu conjurer (prise de La Rochelle) l'Espagne est directement aux prises avec la France ; ses échecs aux Pays-Bas, dans le Roussillon et la Catalogne, en Italie. — Aux traités de Westphalie (1648), elle reconnaît solennellement l'indépendance de la Hollande.

3° *Après la guerre de Trente Ans*. — Mais elle ne renonce pas encore à lutter contre la France : elle remporte en effet quelques avantages (reprise de Dunkerque et de Barcelone) pendant les troubles de la Fronde (1648-1653) ; mais elle est de nouveau battue (Arras) quand les Français se sont débarrassés de la guerre civile, et obligée de s'avouer définitivement vaincue quand ils se sont alliés à Cromwell.

Traité des Pyrénées : l'Espagne cède à la France l'Artois, le Roussillon, etc., et la fille aînée de Philippe IV devient la femme de Louis XIV ; c'est, en perspective, l'établissement de la puissance française en Espagne.

Conclusion. — L'histoire de l'Espagne dans la première moitié du dix-septième siècle est un exemple terrible de la rapidité avec laquelle un mauvais gouvernement peut détruire la fortune d'un grand pays : sans agriculture, sans industrie, sans commerce, sans armée, sans marine, « devenue un désert inculte qui ne pouvait plus nourrir sa population quelque réduite qu'elle fût », l'Espagne ne brillait plus que par sa littérature et ses arts, et encore elle allait voir cette suprématie intellectuelle passer aussi à la France, comme la suprématie politique et la suprématie économique.

LVI. — Richelieu administrateur.

L'œuvre administrative de Richelieu tient dans l'histoire intérieure de notre pays une place d'une importance capitale ; en effet, ce grand ministre « continuateur de Louis XI, à l'intérieur a poussé la France si énergiquement vers la monarchie absolue, qu'il a rendu impossible tout mouvement rétrograde » ; il a donné à la vieille monarchie française son organisation presque définitive, les institutions essentielles qu'elle a conservées jusqu'à la Révolution de 1789. Au milieu des infinis détails dans lesquels il est obligé d'entrer, une pensée unique l'anime toujours et inspire son œuvre réformatrice, dans toutes les parties de l'administration auxquelles il applique tour à tour son activité : il travaille à affermir l'unité du royaume et à rendre partout toute-puissante l'autorité royale. Dans sa conduite, malgré les arrêts inévitables et les contradictions apparentes que les circonstances imposent parfois, jamais d'incertitudes : « Il eut, dit Mignet, l'intention des grandes choses qu'il fit ».

Pour arriver au résultat qu'il s'était proposé, il lui fallait : 1º se donner les instruments de gouvernement indispensables ; — 2º réduire à l'impuissance le mauvais vouloir des ordres privilégiés ; — 3º opérer enfin les réformes proprement dites.

I. *Instruments de gouvernement.* — Richelieu ne s'appuya pas sur les États généraux qu'il jugeait contraires à l'intérêt de l'autorité monarchique, composés d'ailleurs en très grande partie des représentants des ordres privilégiés ; mais il ne négligea cependant pas l'opinion publique : ses plans exposés à l'Assemblée des Notables convoquée aux Tuileries en 1626 ; ses rapports avec les principaux écrivains, Malherbe, Balzac, etc.; écrits politiques commandés par lui à d'obscurs pamphlétaires, Fancan, Chanteloube, etc.

Réorganisation du Conseil d'État, qui cesse d'être un corps ouvert pour devenir une assemblée distincte, composée de 31 conseillers divisés en 3 classes, dont les attributions sont nettement définies : il prépare tous les actes administratifs de la royauté, contrôle et surveille toute l'administration provinciale, et devient « la pépinière des administrateurs qui doivent porter jusqu'aux extrémités de la France les volontés du souverain. » (Règlements de 1624 et de 1630).

Création des intendants de police, de justice et de finances, qui peu à peu supplanteront les gouverneurs de province, et, ne leur laissant que les fonctions d'apparat, prendront pour eux-mêmes toute la réalité du pouvoir; cette révolution substituera à de grands seigneurs «qui se considéraient comme souverains dans leurs charges », des agents modestes et dociles de la royauté.

II. *Mesures contre les ordres privilégiés.* — En même temps que grandit l'autorité des nouveaux fonctionnaires royaux, celle des puissances féodales qui subsistaient encore est diminuée ou détruite.

1° *Rapports avec la noblesse.* — Démolition des châteaux forts féodaux inutiles à la défense du royaume ; suppression des grandes charges; édit sur les duels qui attaque la noblesse dans ses préjugés.

2° *Rapports avec le clergé.* — Richelieu d'une part favorise le rôle spirituel de l'église, soutient la réforme des ordres monastiques ; — mais d'autre part défend contre la cour de Rome les droits du pouvoir civil, astreint les évêques à la résidence, voudrait même soumettre à l'impôt les biens ecclésiastiques.

3° *Rapports avec les Parlements.* — La noblesse de robe, de création nouvelle, est écartée du rôle politique qu'elle voulait remplir; les Parlements sont renfermés dans leur rôle judiciaire ; ordonnance de 1629 (le code Michau), tentative faite pour améliorer la législation ; dans ses Mémoires, Richelieu condamne en principe la Paulette.

III. *Administration proprement dite.* — Le gouvernement

central, servi dorénavant par des agents fidèles, s'élevant au-dessus de l'opposition des ordres privilégiés, put alors améliorer toutes les parties de l'administration publique.

1° *Armée et marine.* — Création de l'administration militaire, qui est séparée du commandement, et confiée à des intendants spéciaux (1635); régularité du service des vivres, de la paye, des ambulances; — les roturiers peuvent avancer jusqu'au grade de capitaine; — organisation du ministère spécial de la guerre. — Richelieu surintendant de la marine : deux flottes organisées, à Marseille et sur l'Atlantique; fonderies de canons au Havre, à Brouage, à Marseille; d'Infreville et de Séguiran, inspecteurs des côtes de France. — Essais de colonies à la Martinique, à la Guadeloupe, au Canada.

2° *Finances.* — Situation déplorable du Trésor en 1624; Richelieu ne peut guérir le désordre financier, il avait néanmoins l'idée et le désir d'une réforme : ses projets pour la diminution de la taille, l'augmentation des aides, la création d'un fonds d'amortissement, etc. Colbert s'inspirera de ces vues financières.

3° *Agriculture, industrie, commerce.* — Encouragements à l'agriculture; mesures prohibitives pour la protection de l'industrie et du commerce, création de Compagnies privilégiées (du Morbihan, des Indes occidentales), traités avec la Turquie, le Maroc, création de consulats; extension des postes; routes et canaux; dessèchement de marais, etc.

4° *Belles-Lettres.* — Richelieu enfin a protégé les lettres et les arts; création de l'Académie française (1635), hommage rendu à la puissance des Lettres, et en même temps, moyen d'enrégimenter cette puissance sous le drapeau de la royauté.

Conclusion. — « Aucun homme, dans l'histoire de France, n'a eu plus clairement que Richelieu la notion de l'État, et n'a travaillé plus résolument à lui donner toutes les forces, militaires, administratives, et morales. » Devant l'immensité de cette œuvre administrative, accomplie tandis que le ministre doit déjouer les intrigues de cour, échapper au fer des assassins, diriger la politique européenne, les fautes de détail et les erreurs disparaissent : « Lorsque, dans 200 ans, dit Voiture, ceux qui viendront après nous liront les grandes choses qu'a faites le cardinal, s'ils ont quelques gouttes de sang français dans les veines, pourront-ils ne pas s'affectionner à lui? L'aimeront-ils moins, parce que de son temps les rentes sur l'Hôtel de Ville se seront payées plus tard? Toutes les grandes choses coûtent beaucoup. »

LVII. — Relations de la France et de la Suède pendant la guerre de Trente Ans.

La France et la Suède étaient différemment, mais également, menacées dans leurs intérêts par la politique que la maison d'Espagne-Autriche poursuivait dans la guerre de Trente Ans. L'unité politique de l'Allemagne réalisée sous le sceptre de cette maison aurait ruiné l'influence française dans la vallée du Rhin et mis en danger notre frontière du nord-est, mais elle aurait aussi ruiné l'influence suédoise dans le bassin de la mer Baltique et mis en danger l'indépendance scandinave : c'est ce qu'avaient clairement montré les événements accomplis vers la fin de la période danoise, dans le nord et dans l'ouest de l'Allemagne (siège de Stralsund, etc.)

Richelieu eut le mérite de comprendre ce qu'exigeait cette situation, et de le faire comprendre au roi de Suède Gustave-Adolphe, alors engagé dans une guerre impolitique contre la Pologne. Telle fut la cause du rapprochement de la Suède et de la France ; l'alliance que les deux pays contractèrent alors domine toute l'histoire de la guerre de Trente Ans de 1630 à 1648. Elle ne se manifeste d'abord que sur le terrain diplomatique, de 1630 à 1635 ; — puis, Richelieu devenant plus hardi à mesure que le danger devient plus grand pour la France comme pour la Suède, les armes françaises viennent au secours des armes suédoises, de 1635 à 1648 ; — enfin, après les victoires communes et le triomphe définitif, les deux gouvernements se prêtent encore un appui mutuel dans les négociations qui terminent cette longue guerre et aboutissent aux traités de Westphalie.

I. *Relations diplomatiques, de 1630 à 1635.* — Alors que les triomphes remportés par Wallenstein « général de la Baltique » et la conclusion de la paix de Lubeck semblaient assurer le double triomphe de la maison d'Autriche, Richelieu dégage les Suédois en leur ménageant une trêve avec la Pologne, et par le traité de Berwald que négocie Charnacé, il assure à Gustave-Adolphe un subside annuel de 400 000 écus ; d'autre part, à la diète de Ratisbonne, sa diplomatie réussit à priver l'empereur de son meilleur général, Wallenstein, au moment même où l'armée suédoise va fondre sur lui (1630). L'intervention des ambassadeurs de la France prépare ainsi et facilite les triomphes de Gustave.

Dans la première partie de la période suédoise, tant que vécut Gustave-Adolphe (1630-1632), l'entente ne fut pas cordiale entre la France et la Suède, Richelieu et le héros suédois cherchant plutôt à se servir l'un de l'autre qu'à se soutenir franchement ; mésintelligence au sujet de l'Alsace. — Mais la mort de Gustave rétablit l'entente : à Heilbronn, Richelieu assure aux Suédois l'alliance des princes protestants d'Allemagne ; il les sert encore par ses négociations avec Wallenstein. — Malheureusement, la défaite de l'armée suédoise à Nordlingen a pour conséquence la défection des princes allemands ; les Suédois, réduits à leurs seules forces, semblent perdus.

II. *Relations militaires, de 1635 à 1648.* — Richelieu se décide alors à secourir par les armes ses alliés. La guerre s'agrandit. Tandis qu'aux Pays-Bas, sur les Alpes et dans la vallée du Pô, sur les Pyrénées et sur mer, la France combat la branche espagnole de la maison de Habsbourg, elle intervient aussi dans les vallées du Rhin et du Danube : c'est là qu'elle combat spécialement la branche autrichienne et vient en aide directement aux Suédois.

Plan des opérations. — Les Français doivent : 1° s'établir solidement dans la vallée du Rhin, en Alsace, pour se donner une base d'opérations; 2° franchir l'espace entre le Rhin et le Danube ; 3° s'avancer dans la vallée du Danube. — Pendant ce temps, les Suédois se proposent : 1° de s'établir solidement dans les vallées de l'Elbe et de l'Oder, malgré le mauvais vouloir du Danemark ; 2° de franchir l'espace entre l'Elbe et le Danube; 3° de descendre dans la vallée du Danube. — Alors les deux armées, française et suédoise, opérant leur jonction, menaceront directement la capitale de l'empereur. — Oxenstiern en Suède, Richelieu et Mazarin en France.

Après treize années de combats (Bernard de Saxe-Weimar, Guébriant et Turenne du côté des Français; Baner, Torstenson et Wrangel du côté des Suédois), le plan combiné s'exécute, les Français et les Suédois se réunissent dans la vallée du Danube, Vienne est menacée, et l'empereur épouvanté réduit à poser les armées.

III. *Pacification.* — La France négocie avec les puissances catholiques à Munster, la Suède avec les puissances protestantes à Osnabruck; mais les deux alliées se prêtent dans les négociations un appui aussi sincère que sur les champs de bataille. Clauses des traités de Westphalie qui intéressent la Suède et la France : la première reçoit la Poméranie avec Stettin et Stralsund, Rugen, Wollin, Usedom, Wismar, Brême, Verden, et trois voix à la diète; la seconde acquiert l'Alsace moins Strasbourg, Philipsbourg et Piguerol, et l'acquisition des Trois-Évêchés est reconnue par l'Allemagne. En outre, la ruine définitive de l'ambition autrichienne en Allemagne laisse le champ libre à la Suède dans le bassin de la mer Baltique, à la France dans la vallée du Rhin.

Conclusion. — L'alliance de la France et de la Suède pendant la guerre de Trente Ans a donc eu pour les deux pays les plus heureux résultats, elle leur a donné la prépondérance dans l'équilibre nouveau des nations établi par les traités de West-

phalie : « Le roi Très Chrétien est maître de Metz sur la
Moselle et de l'Alsace sur le Rhin ; les Suédois sont établis à
Brême et à Stettin, sur le Weser et l'Oder, ils ont fait de la
Baltique un lac suédois, ils ferment la mer aux Allemands. »
Mais cette situation même avait ses dangers — et la durée
indéfinie de l'alliance aurait seule pu assurer la possession
durable des avantages que l'alliance avait procurés.

LVIII. — La diplomatie française de 1648 à 1661.

Pendant ces treize années, la politique extérieure de la
France fut dirigée par l'élève et le successeur de Richelieu,
Mazarin, qui, administrateur peu scrupuleux à l'intérieur, se
montra au dehors un grand diplomate, et le digne héritier
de son maître. Il venait, en 1648, de rendre définitif l'abaissement de la maison d'Autriche (branche allemande) par la
conclusion des traités de Westphalie ; mais, si un grand et
difficile résultat avait déjà été obtenu, il en restait d'autres
à conquérir encore, non moins grands et non moins difficiles :
l'abaissement de la branche espagnole et la consolidation de
notre frontière du nord-est, — la consolidation de la prépondérance de la France dans la vallée du Rhin et en Allemagne, — enfin, la pacification du Nord et le maintien de
l'influence française dans la Baltique.

Cette triple tâche, si importante pour l'avenir de la France,
d'une exécution si épineuse, fut compliquée encore par les
difficultés de la situation faite au ministre : il lui fallait s'appuyer sur la régente, Espagnole de cœur comme de naissance,
compter avec des ennemis nombreux et puissants, et lutter
contre l'animadversion populaire. Tant que durèrent les
désordres impolitiques et ruineux de la Fronde, Mazarin avait
pour ainsi dire les mains liées, et ses soins durent se borner
à ne pas trop laisser compromettre la situation de la France
au dehors ; la paix intérieure une fois rétablie, il se mit

courageusement à l'œuvre, et sur tous les points sa diplomatie réussit.

I. *Abaissement de la maison d'Espagne.* — Succès remportés par les Espagnols pendant la Fronde : perte de Dunkerque, de Casal, de Barcelone et de la Catalogne (que Mazarin avait compté, en 1648, échanger contre la Belgique). — Mais, à partir de 1653, tandis que Turenne lutte contre l'Espagne aux Pays-Bas, Mazarin, par le traité de Westminster renouvelé à Paris (1655-1657), lui conquiert le concours d'une armée anglaise, qui est chèrement payé par la promesse de Dunkerque, mais qui du moins donne aux Français une supériorité décisive. Après la victoire des Dunes, négociations avec l'Espagne, conduites par de Lionne et don Louis de Haro, elles aboutissent au traité des Pyrénées ; trois points : 1° Acquisitions territoriales de la France (Roussillon et Cerdagne, Artois moins Saint-Omer et Aire, plusieurs villes dans le Hainaut et le Luxembourg ; 2° situation du prince de Condé et du duc de Lorraine ; 3° mariage de Louis XIV avec la fille aînée du roi d'Espagne, Marie-Thérèse ; clause de la *renonciation* de l'infante, introduite par de Lionne. — Le traité des Pyrénées complète heureusement la paix de Westphalie.

II. *Influence française dans la vallée du Rhin.* — Puisque les circonstances ne permettent pas à Mazarin de rendre à la France les limites de la Gaule et de lui conquérir effectivement la rive gauche du Rhin, il travaille du moins, suivant le plan recommandé par Turenne, à y établir son influence incontestable et sa domination indirecte. — A la mort de l'empereur Ferdinand III (1657), mission de Grammont et de de Lionne en Allemagne, qui ne parviennent pas à faire élire au trône impérial un candidat bavarois, mais déterminent le nouvel empereur Léopold à se séparer absolument de l'Espagne (ruine du parti espagnol à Vienne) et à s'allier franchement avec la France. — Conclusion de la Ligue du Rhin (électeurs de Mayence, de Cologne et de Trèves, duc de Bavière, landgrave de Hesse-Cassel, etc.) ; Louis XIV est le protecteur de cette Ligue, qui sert de barrière contre l'Autriche, et isole de l'Empire les Pays-Bas espagnols. — Renouvellement de l'alliance avec la Hollande et avec les cantons suisses. — Traité avec le duc de Lorraine, qui recouvre son duché, mais cède à la France toutes ses positions militaires : c'est le dernier acte diplomatique signé par Mazarin (février 1661.)

III. *Influence française dans le Nord.* — Au moment même où le traité des Pyrénées rétablissait la paix dans l'Europe occidentale, Mazarin faisait aussi cesser dans le Nord la guerre particulière qui avait survécu à la guerre générale de Trente Ans : c'est la médiation de la France qui fait signer les traités d'Oliva, de Copenhague, et de Cardis, entre la Suède d'une part, la Pologne, le Danemark et la Russie de l'autre ; grands avantages obtenus par la Suède notre alliée, qui conserve le premier rang ; mais la prudence de Mazarin ne laisse écraser ni le Danemark, ni la Pologne (1660-1661). — En 1661, les Stuarts sont rétablis à Londres sans l'assistance de Mazarin ; mais Charles II, roi de droit divin, sera forcément amené à se rapprocher de Louis XIV, et la Restauration anglaise est ainsi une chance heureuse pour la France.

Conclusion. — Telles sont les grandes choses accomplies par Mazarin de 1648 à 1661 : la France, garante de l'équilibre européen et de l'indépendance des nations, médiatrice de la paix publique, occupe sans conteste le premier rang en Europe, et sa grandeur est d'autant plus solide qu'elle est fondée sur la reconnaissance et sur l'intérêt des autres peuples. Le ministre qui a signé la paix de Westphalie et la paix des Pyrénées avait le droit de dire aux seigneurs qui se moquaient de son jargon italien « que si son langage n'était pas français son cœur l'était. »

LIX. — Le caractère et le rôle de Cromwell.

Par une exception singulière, Cromwell réunit en lui deux traits de caractère qui sont ordinairement opposés et s'excluent mutuellement, le fanatisme et l'esprit politique. Par son fanatisme et son exaltation religieuse, il conquit peu à peu une popularité extraordinaire, il devint le chef du peuple anglais soulevé contre le despotisme religieux et politique des Stuarts, il disposa en maître d'une force irrésistible ; — par son esprit politique, il sut user de cette force pour la satisfaction de son ambition, il assura à la fois ses propres intérêts et les intérêts vitaux de l'Angleterre. C'est le caractère de l'homme qui explique son rôle.

Ces deux traits de caractère, qui coexistent en Cromwell pendant toute sa vie, se mêlent cependant aux diverses époques de son existence dans des proportions variables comme il convenait aux circonstances : le fanatisme religieux apparaît presque seul dans la première période, tant que Cromwell reste un chef obscur de l'opposition et un membre plus obscur encore du Parlement ; — le fanatisme et l'esprit politique s'unissent ensuite étroitement en Cromwell, devenu chef de l'armée parlementaire, jusqu'au jour où il se sert de cette armée pour chasser le Parlement ; — enfin, c'est l'homme politique qui domine en lui, alors que, souverain absolu de l'Angleterre, « il fait du peuple anglais son esclave, mais de cet esclave un des plus grands peuples du monde. »

1. *Origines de Cromwell ; son rôle aux Communes.* — Cromwell, né en 1599, sur les bords de l'Ouse, près de Huntingdon, d'une famille enrichie par la spoliation des monastères, et déjà mêlée à la direction des affaires publiques au temps d'Henri VIII. Membre du troisième Parlement sous Charles Ier, il y prend la parole pour la défense des prédicateurs puritains que les évêques persécutent, mais son influence y est nulle (on l'a

souvent comparé avec Robespierre à la Constituante). Après
la dissolution du Parlement, retiré dans ses terres, il s'occupe de travaux agricoles et répand dans les fermes du voisinage les doctrines puritaines ; cousin de Hampden, il songe
un instant à émigrer en Amérique. Quand les hostilités éclatent entre la royauté et le long Parlement, Cromwell forme
avec les fils de fermiers et les *yeomen* des comtés de l'est de
terribles escadrons de volontaires, « les Saints » comme ils
s'appellent eux-mêmes, « les Côtes de fer, » comme on les
appela bientôt sur le champ de bataille. Le sectaire et l'illu-
miné entre alors dans la voie où il va se transformer en
homme d'État.

II. *Cromwell pendant la guerre civile, il s'empare du pouvoir
suprême.* — Pendant la guerre civile, Cromwell, que ses talents
militaires mettent vite en lumière au milieu des Parlementaires, soutient une double lutte : d'un côté, lutte armée
contre les troupes royales, qu'il bat complètement à Marston-
Moor (1644) et dans la seconde bataille de Newbury ; d'un
autre côté, lutte sourde d'intrigues contre les Presbytériens
qui ont été d'abord les chefs du Parlement, et qui sont peu
à peu évincés au profit des Indépendants dont Cromwell est
le chef (Bill du renoncement à soi-même).

Cromwell est alors le maître de l'armée : il s'en sert à la
fois contre la royauté et contre le Parlement. D'une part,
Charles Ier, définitivement battu à Naseby (1645), livré par les
Écossais, est jugé et mis à mort (1649), la République est
proclamée ; les derniers défenseurs des Stuarts sont réduits à
l'impuissance (défaites des Écossais à Preston, 1648, à Dunbar
et à Worcester, 1563 ; écrasement de l'Irlande, 1651). —
D'autre part, le Parlement, *épuré* une première fois avant le
procès du roi, réduit à un pouvoir nominal sous la domination de l'armée, est finalement chassé par la force armée en
1653 ; Parlement Barebone. Cromwell est investi du gouvernement à vie, sans contrôle, avec le titre de lord Protecteur.

III. *Cromwell maître de l'Angleterre.* — Cromwell gouverne
alors l'Angleterre en souverain absolu, jusqu'à sa mort. Il ne

convoque bientôt plus de Parlement ; et, pour affermir son autorité sur le pays, il le divise en 14 gouvernements confiés à des majors-généraux qui lèvent des troupes, perçoivent les impôts, et ont le droit de faire emprisonner les suspects. Cromwell refuse le titre de roi, mais obtient le droit de désigner son successeur.

Il comprend que le plus sûr moyen d'affermir son pouvoir et de le légitimer aux yeux des Anglais, c'est d'en faire le garant de la prospérité nationale; il veut « rendre le nom d'Anglais aussi grand que l'a jamais été celui de Romain. » C'est lui qui, le premier, lance l'Angleterre dans la voie maritime et commerciale où elle devait trouver une incomparable grandeur, tant de gloire et tant de richesses. Acte de navigation (1651), guerre contre la Hollande (1652-1653), qui doit se résigner au développement maritime de sa rivale. Alliance de l'Angleterre avec la France contre l'Espagne, conquête de la Jamaïque, expédition de Blake sur les côtes de la Méditerranée, Dunkerque est remis à Cromwell. Le Protecteur aide à rétablir la paix dans la Baltique, protège les Vaudois persécutés par le duc de Savoie, est imploré par les Polonais contre les Russes, par les Transylvains contre les Turcs, etc. ; il est, jusqu'à sa mort, comme l'arbitre de l'Europe.

Conclusion. — Rien de plus étonnant que la destinée de Cromwell, membre du Parlement sans crédit et sans autorité, homme de guerre et chef du pouvoir militaire, enfin maître incontesté de tout le gouvernement. Le régime militaire du Protectorat n'était pas destiné à lui survivre : antipathique aux habitudes de la nation anglaise, on peut dire qu'il était le résultat du *fanatisme* particulier de Cromwell. Mais la grandeur maritime, coloniale et commerciale de l'Angleterre devait trouver un développement plusieurs fois séculaire dans la voie que le Protecteur lui avait tracée : elle était le fruit de son *génie politique.*

LX. — État de l'Europe à l'époque des traités de Westphalie et des Pyrénées.

Au milieu du dix-septième siècle, les traités de Westphalie et des Pyrénées, et d'autres traités contemporains qui rétablirent la paix dans le Nord, créèrent en Europe un état d'équilibre qui devait longtemps subsister ; après les guerres terribles qui avaient ensanglanté la première moitié de ce siècle, ils réglèrent à nouveau les relations de toutes les puissances européennes, et le système qu'ils constituèrent devait rester pendant plus d'un siècle la base de toute la politique générale.

Deux grandes questions dominaient alors toute la diplomatie européenne : 1° la question de la possession des Pays-Bas espagnols et de la rive gauche du Rhin ; 2° la question de la domination de la mer Baltique.

Ces deux questions sont comme les pivots sur lesquels vont tourner toutes les affaires générales de l'Europe dans la seconde moitié du dix-septième siècle ; vers 1660, elles ne sont pas encore résolues, mais elles semblent devoir l'être prochainement, la première en faveur de la France et au détriment des deux branches (espagnole et allemande) de la maison d'Espagne, la seconde en faveur de la Suède et au détriment de l'Allemagne et des autres États riverains de la Baltique.

I. *États engagés dans la question des Pays-Bas espagnols et de la vallée du Rhin.* — Décadence de l'Espagne, de l'Empire et de l'Italie, grandeur croissante de la France.

1° *La France.* — État de la France en 1659 : au dehors, acquisitions territoriales faites sur l'Allemagne aux traités de Westphalie (1648) et sur l'Espagne au traité des Pyrénées (1659), consolidation des frontières. La diplomatie de Mazarin lui a assuré une influence utile dans l'Empire (ligue du Rhin), en Hollande, en Suisse, en Lorraine, en Angleterre même (restauration des Stuarts, Charles II monte sur le trône, 1660). — Au dedans, pacification du royaume, soumission des grands à l'autorité royale; début imminent du règne personnel de Louis XIV.

2° *L'Espagne.* — Sous Philippe IV (de 1621 à 1665), elle a perdu quatre grandes provinces (Portugal, Provinces-Unies, Artois et Roussillon); elle possède encore les îles méditerranéennes, Naples et le Milanais, la Franche-Comté, la Belgique, les colonies d'Amérique, mais l'autorité du roi est bien souvent contestée dans ces provinces éparses (révolte de Masaniello à Naples). — Ruine intérieure : décadence de l'agriculture, de l'industrie, du commerce; nombre exagéré des moines; la population, en trois siècles, est tombée de 36 à 6 millions d'habitants.

Les petites puissances italiennes, clientes de l'Espagne un siècle auparavant, sont passées maintenant sous l'influence française : la Savoie, Gênes, la maison Farnèse à Parme, la maison de Gonzague à Mantoue et dans le Montferrat. — Neutralité politique du pape, de Venise, des Médicis en Toscane.

3° *L'Allemagne.* — Les traités de Westphalie ont annulé en fait l'autorité de l'Empereur dans l'Empire ; par la Ligue du Rhin, une partie des États allemands accepte le protectorat de la France. — L'Autriche, menacée en Allemagne par l'extension incessante du Brandebourg (le Grand Électeur, 1640-1688), menacée dans la vallée du Danube par les progrès des Turcs (alliance des puissants vizirs les Kiuperli avec la Transylvanie et la Hongrie) semble elle-même accepter franchement la situation nouvelle, et, négociant avec Mazarin, abandonne l'alliance de l'Espagne pour celle de la France.

II. *États engagés dans la question de la Baltique.* — La situation n'est pas moins favorable à la France dans le nord que dans l'ouest de l'Europe : c'est la Suède, son alliée, qui domine décidément dans le bassin de la Baltique.

1° *La Suède.* — La prépondérance, acquise par la Suède

pendant la guerre de Trente Ans, a été consolidée par de nouvelles victoires remportées depuis 1648 sur le Danemark, la Russie et la Pologne ; règne de Charles-Gustave, successeur de la reine Christine. Les traités de Westphalie, qui débarrassaient la Suède de la rivalité de l'Allemagne, la laissaient aux prises avec le Danemark (uni à la Norwège et maître des deux rives du Sund), avec les Polonais et les Russes. Avènement de Charles XI (1660) ; traités de Copenhague avec le Danemark (acquisition de la Scanie, de la Blékingie et du Halland), d'Oliva avec la Pologne (acquisition de la Livonie et de l'Esthonie), de Cardis avec la Russie (acquisition de l'Ingrie et de la Carélie). La Baltique est un lac suédois. — Mais la faiblesse des ressources de la Suède ne lui permettrait de conserver sa prépondérance qu'à l'aide d'une alliance constante avec la France.

2° *La Pologne*. — Elle possède encore un territoire immense, des Carpathes à la Baltique, et de l'Oder aux sources du Volga ; mais son anarchie gouvernementale la condamne déjà à la décadence : pour la conjurer elle va essayer en vain de s'appuyer sur la France (vains essais d'élection d'un prince français au trône de Pologne).

3° *La Russie*. — La consolidation de la dynastie des Romanof, et les victoires d'Alexis, père de Pierre le Grand (1645-1676), préludent aux grandes destinées de ce pays.

La Turquie est encore officiellement en dehors du concert européen ; mais les Turcs, établis dans la Basse-Hongrie, en hostilité constante avec l'Autriche, ne peuvent que seconder les projets de la France.

Conclusion. — Cette œuvre considérable de négociations qui ont à peu près rétabli en Europe la paix générale, a été conduite plus ou moins directement par la diplomatie française ; c'est aussi la France qui en a retiré le principal avantage : non seulement elle n'a plus rien à craindre pour son indépendance, mais elle est devenue l'arbitre incontestée de l'Europe. — Sa cause d'ailleurs ne se sépare pas encore de la cause des autres États : elle a lutté pour leur indépendance

en même temps que pour la sienne propre, elle n'a pas
encore sacrifié les intérêts légitimes de ses clients à de vains
désirs de gloire ; l'édifice de sa grandeur repose sur de
fondements inébranlables : la reconnaissance et l'intérêt de
l'Europe entière.

LXI. — Histoire du Parlement de Paris, de 1610 à 1661.

Le Parlement de Paris, simple cour de justice composée de
gens du roi qui avaient acheté leur charge, a eu de tout
temps l'ambition de jouer un rôle politique ; « se prétendant
le délégué de la nation qui n'en savait rien », il a voulu
usurper le pouvoir des États généraux, et imiter jusqu'au
bout le Parlement d'Angleterre, représentation de la nation,
véritable corps politique avec lequel il n'avait rien de commun que le nom. C'est surtout au milieu du dix-septième
siècle que cette ambition s'est fait jour : favorisée par les
circonstances, elle s'est manifestée avec éclat pendant les
minorités de Louis XIII et de Louis XIV ; — elle s'est affirmée
ensuite et s'est crue près de réussir pendant la première
Fronde ou Fronde parlementaire ; — mais comme elle ne
reposait sur aucun fondement légitime, elle a été incapable
de se soutenir par elle-même, et a été réduite à n'être plus
que l'appoint de l'ambition seigneuriale pendant la seconde
Fronde ou Fronde féodale.

Mais d'abord, comment le Parlement de Paris a-t-il pu
être conduit à s'attribuer les pouvoirs d'un corps politique ?
— 1° L'institution de la Paulette, en fondant l'hérédité des
charges judiciaires, avait donné naissance à une nouvelle
noblesse, la *noblesse de robe*, et cette noblesse nouvelle brûlait
de se faire reconnaître en exerçant dans l'État une influence
sérieuse ; — 2° cette ambition croyait pouvoir se manifester
légalement à l'aide du *droit d'enregistrement*, ayant lui-même
pour corollaire le *droit de remontrance ;* il est vrai que les *lits*

de justice permettaient à la royauté de rendre illusoire le droit d'enregistrement, mais le Parlement affirmait que les lits de justice pendant une minorité étaient une illégalité, il prétendait être « le tuteur-né des rois ».

I. *Le Parlement avant la Fronde.* — La royauté elle-même semble au début pousser le Parlement dans la voie politique : en 1610, Marie de Médicis et le duc d'Épernon lui demandent de casser le testament d'Henri IV ; après le ministère de Richelieu qui a ramené strictement les Parlementaires à leurs fonctions judiciaires, le même fait se reproduit : le Parlement de Paris en 1643 annulle le testament de Louis XIII et décerne la régence avec un pouvoir absolu à Anne d'Autriche ; il profite ensuite des avantages qui lui ont été ainsi accordés, et de 1643 à 1648, il fait à Mazarin une opposition acharnée (malversations et édits bursaux) ; l'affaire du renouvellement de la Paulette le décide « à sauter à pieds joints dans la politique » ; Arrêt d'Union (mai 1648).

II. *Le Parlement pendant la Fronde parlementaire.* — Les magistrats, « entêtés du bien public et de la haine des impôts », s'arment alors contre l'autorité royale « dont ils procédaient ». Ordonnance des 27 articles (le Parlement a les pouvoirs d'une représentation nationale, impôt consenti, liberté individuelle garantie, suppression des intendants) ; résistance de la cour et Journée des Barricades ; la cour semble un instant céder (paix de Saint-Germain), puis s'enfuit de Paris (janvier 1649), la guerre civile commence.

C'est le Parlement qui la dirige : il usurpe le pouvoir exécutif, après avoir usurpé le pouvoir législatif. Rôle du Président Molé et de Paul de Gondi.

Le Parlement lève des troupes, des impôts, « les procureurs montent à cheval », mais Condé réussit à investir Paris, et les princes, dont les Parlementaires ont dû accepter le concours contre la royauté, songent à entrer en relations avec l'Espagne. Le Parlement « refuse de s'associer à ce crime de lèse-patrie », et la paix de Rueil termine la première Fronde (avril 1649).

III. *Le Parlement jusqu'à l'avénement personnel de Louis XIV.*
— Désormais, le grand rôle du Parlement est terminé ; pendant les troubles qui précèdent la seconde Fronde (Cabale des Petits Maîtres), s'il déteste Mazarin, il se défie des seigneurs, et ne sait pas prendre une attitude nette. — Alliance de Mazarin et de Gondi, emprisonnement de Condé ; — puis Mazarin se brouille avec Gondi qui, pour se venger, unit la Fronde parlementaire à la Fronde des seigneurs, Mazarin est obligé de s'exiler ; — mais les défiances du Parlement contre les nobles se réveillent ; Gondi, devenu cardinal de Retz, entre en hostilité ouverte contre Condé ; quand celui-ci quitte la cour pour commencer la guerre civile, le Parlement décrète contre lui. — Le retour de Mazarin en France augmente les embarras des Parlementaires ; après les combats de Bléneau et du faubourg Saint-Antoine, Condé entre dans Paris qu'il domine par la terreur ; le Parlement, transféré à Pontoise par ordre du roi, obéit, et supplie Louis XIV de revenir à Paris. En 1653, la Fronde féodale est entièrement apaisée.

Mais le Parlement a été vaincu en fait avec les seigneurs, dont il s'est fait par moments l'auxiliaire. Défense expresse lui est faite de « prendre aucune connaissance des affaires générales de l'État et de la direction des finances » ; — toute remontrance est interdite aux magistrats, Louis XIV « en justaucorps rouge et chapeau gris » accourt de Vincennes leur signifier sa volonté (1655). Dès lors, la soumission est complète.

Conclusion. — Le Parlement, au moment où mourut Mazarin (1661), avait donc complètement échoué dans cette entreprise qu'il poursuivait depuis 1610 avec tant de persévérance : il avait voulu conquérir le premier rang dans la vie politique, et jamais il n'en fut aussi strictement exclu que sous Louis XIV. Mais cette ambition n'a pas été seulement puérile parce qu'elle ne s'appuyait sur aucun fondement sérieux, elle a été encore coupable, parce que, en provoquant la Fronde, elle a déchaîné sur la France une effroyable misère, et fait perdre à notre patrie une grande partie des résultats heureux acquis pendant la guerre de Trente Ans (l'Espagne refuse de poser les armes à Munster.)

LXII. — Rapports de la France et de la Hollande, de 1648 à 1678.

La France et la Hollande étaient officiellement alliées en 1648, au moment où se signaient les traités de Westphalie ; en 1678, elles étaient devenues ennemies, et la *Guerre de Hollande*, qui se terminait alors par les traités de Nimègue, devait laisser subsister entre elles pendant longtemps une haine irréconciliable. Quelles furent les causes d'un changement aussi absolu ? L'étude des relations que ces deux pays entretinrent entre eux pendant ces trente années montre que cette révolution si complète ne fut pas seulement, comme on l'a souvent avancé, la conséquence de l'orgueil et des rancunes de Louis XIV ; elle fut provoquée par des causes moins frivoles et plus profondes.

Divers motifs, en 1648, tendaient à rapprocher les Français et les Hollandais : la Hollande, par le traité de Munster, venait d'être reconnue officiellement comme État indépendant, et c'était en partie grâce à l'alliance de la France qu'elle obtenait ce résultat ; elle devait donc en éprouver quelque reconnaissance. En outre, le parti républicain, dans sa lutte contre le parti orangiste, manifestait des sympathies françaises, et la révolution qui, en 1650, allait renverser le stathoudérat et donner le pouvoir aux républicains, semblait devoir cimenter l'alliance des deux gouvernements. — Mais d'autre part, il y avait aussi entre les deux alliés des causes réelles de mésintelligence : la conquête de la Belgique espagnole par les Français paraissait nécessaire à Mazarin pour compléter la frontière française, et elle effrayait les Hollandais, aimant mieux avoir pour voisine l'Espagne affaiblie que la France forte et ambitieuse ; se croyant menacés dans leur indépendance, les Hollandais allaient en outre être lésés sérieusement dans leurs intérêts matériels par le développement de la marine et du commerce de la France ; enfin, il est certain que la différence de principes entre la Hollande protestante et républicaine et la France monarchique et catholique pourrait influer sur la marche générale de la politique, le jour où Louis XIV chercherait à appliquer dans toute leur rigueur les maximes du droit divin.

C'est ainsi que s'expliquent les oscillations et les changements que l'on constate dans les rapports de la France et de la Hollande de 1648 à 1678 : les deux pays sont d'abord alliés, mais sans grande intimité, jusqu'en 1668 ; — puis l'opposition de leurs intérêts politiques et économiques provoque entre eux une lutte diplomatique, de 1668 à 1672 ; — enfin, cette rivalité diplomatique aboutit à une guerre ouverte, qui dure jusqu'en 1678.

I. *Alliance de la France et de la Hollande.* — Cette alliance est ébranlée dès l'origine par la conduite des Hollandais qui, à Munster, ont consenti à se séparer de la France pour traiter isolément avec l'Espagne, prouvant ainsi qu'on ne peut pas faire un fond solide sur leur concours. — Néanmoins, quand depuis 1650 ils se trouvent sous l'administration pacifique des républicains (Jean de Witt), Mazarin se rapproche d'eux et consent à leur payer des subsides. — De Lionne conclut avec eux (1662) un traité formel d'alliance, en vertu duquel Louis XIV est amené à secourir la Hollande en guerre avec l'Angleterre (1666); son rôle pendant les hostilités ; son influence fait conclure la paix de Bréda (1667). Avantages commerciaux obtenus par la Hollande grâce à la médiation française.

II. *Lutte diplomatique entre la France et la Hollande.* — Mais les Hollandais se plaignent de n'avoir pas été assez efficacement soutenus dans la guerre par la flotte de Louis XIV, et les succès rapides remportés par les Français en Belgique pendant la guerre de Dévolution (1667-1668) les alarment pour leur propre indépendance : aussi l'alliance se change bientôt en rivalité. La Hollande se réconcilie avec l'Espagne, la défend, s'unit en sa faveur à la Suède et à l'Angleterre (Triple Alliance) et Louis XIV doit rendre une partie de ses conquêtes (Traité d'Aix-la-Chapelle, 1668).

Louis XIV forme alors le projet de ruiner ces alliés infidèles, qui sont l'obstacle le plus sérieux à l'acquisition de la Belgique (opinion de Louvois), et en même temps des concurrents sérieux pour notre commerce et notre marine (opinion de Colbert, guerre de tarifs). Campagne diplomatique habilement conduite par de Lionne : il défait la Triple alliance, et réunit l'Angleterre, la Suède, plusieurs princes allemands contre la Hollande soutenue par le seul électeur de Brandebourg. — État de la Hollande, rivalité des Orangistes et des républicains qui, favorables en principe à la France, sont, par une singulière fatalité, appelés à soutenir la guerre contre elle. Les hostilités éclatent (1672).

III. *Guerre de Hollande.* — Trois périodes dans cette guerre : dans la première, qui dure quelques semaines, la Hollande réduite à ses propres ressources est envahie et presque entièrement occupée ; — dans la seconde (1672-1673), l'inondation arrête les progrès des Français en Hollande, et Turenne doit défendre la ligne du Rhin contre les Brandebourgeois et les Impériaux, alliés des Hollandais (paix de Vossen); — dans la troisième enfin (1673-1678), la Hollande est à la tête d'une coalition européenne contre la France ; les Français évacuent la Hollande, et, tandis qu'ils combattent sur le Rhin contre les Allemands, ils luttent directement contre les Hollandais qui défendent les possessions espagnoles en Belgique (Senef, prise de Condé, de Bouchain, de Valenciennes, bataille de Cassel) et en Sicile (victoires navales de Duquesne); traités de Nimègue, concessions commerciales aux Hollandais.

Conclusion. — Les traités qui terminent cette période des relations entre la France et la Hollande semblent avantageux aux deux nations : d'une part, la Hollande conserve son indépendance et obtient des garanties pour son commerce ; d'autre part, Louis XIV paraît avoir atteint le comble de la gloire et de la puissance. — Mais en réalité, la France a successivement perdu tous ses alliés, alarmé toutes les puissances et tourné contre elle-même les inquiétudes de l'Europe dont elle était naguère la protectrice ; la Hollande n'a sauvé son indépendance qu'en sacrifiant sa liberté (élévation de Guillaume d'Orange au stathoudérat), et son rapprochement avec l'Angleterre, sa véritable rivale commerciale et maritime, finira par être nuisible à ses intérêts. La France et la Hollande ont donc toutes deux à regretter les conséquences des événements accomplis de 1648 à 1678.

LXIII. — L'alliance de la France et de l'Angleterre sous le règne de Louis XIV.

C'est en 1655 que Mazarin et Cromwell, deux politiques sans préjugés, qui avaient l'habitude de régler leurs actions sur leurs intérêts, non sur des sentiments, entrèrent en relations suivies ; ils entreprirent de faire succéder une alliance réelle à l'hostilité qui depuis tant de siècles mettait aux prises la France et l'Angleterre. Des motifs sérieux rapprochaient alors les deux pays : la France, affaiblie et épuisée par la Fronde, soutenait péniblement contre l'Espagne la guerre que les traités de Westphalie n'avaient pas interrompue ; incapable de porter à sa rivale un coup décisif qui la forçât à s'avouer vaincue, elle avait besoin d'une aide étrangère ; — Cromwell, de son côté, désireux de faire de l'Angleterre une puissance maritime et d'exercer sa marine naissante, voulait trouver pour elle un champ d'exercice que les possessions espagnoles pouvaient seules lui offrir : la France n'avait en effet ni colonies, ni galions, sur lesquels on pût mettre la main en cas de guerre.

L'alliance ainsi conclue devait survivre aux circonstances particulières qui en avaient déterminé la formation ; seulement elle dura en se transformant : quand Louis XIV commença à gouverner à la place de Mazarin, et à pratiquer cette politique ambitieuse qui allait lui susciter tant d'ennemis à travers l'Europe continentale, il devait attacher un prix particulier au maintien de l'alliance anglaise ; grâce à elle, n'étant pas forcé de diviser ses forces, adossé à l'Océan, il pourrait sur tous les points faire face à ses ennemis sur le continent. De même en Angleterre, quand la Restauration remplaça le Protectorat de Cromwell, Charles II Stuart, roi de droit divin, avide de rétablir le despotisme royal, en lutte avec les instincts libéraux de ses sujets, devait fatalement s'appuyer sur le monarque qui, en France, représentait le principe du droit divin avec tant de majesté et d'autorité ; quand, après Charles II, roi despote, Jacques II voulut être de plus un roi catholique, ce fut une raison de plus pour que l'Angleterre restât à la remorque de la France.

L'alliance franco-anglaise dura donc 33 ans, de 1655 à 1688 ; mais elle présenta successivement divers caractères : tant que vécut Cromwell, l'alliance fut équitable et également utile aux deux pays ; — après la Restauration des Stuarts, l'Angleterre occupa dans l'alliance un rang inférieur, ses intérêts furent subordonnés à ceux de la France. Cette subordination fut légère encore jusqu'en 1670 ; — mais, par la force même des choses, elle s'aggrava et devint complète depuis le traité de Douvres jusqu'à la catastrophe qui renversa les Stuarts.

1º *Première période, alliance équitable.* — Traité de Westminster (1655) renouvelé à Paris en 1657 : les vétérans anglais viennent renforcer l'armée de Turenne, victoire des Dunes, Dunkerque et Mardick sont remis aux Anglais. Les Stuarts sont chassés de France. Les protestants français protégés par Cromwell. — Mazarin n'ose pas, après la mort de Cromwell, encourager le rétablissement de la royauté (1660).

2º *Deuxième période, la Restauration anglaise s'appuie sur la France.* — Mais, en dépit de cette indifférence de Mazarin, la situation fut plus forte que les rancunes du nouveau roi Charles II, et son goût pour l'absolutisme comme ses besoins d'argent le rejetèrent vers la France. Vente de Dunkerque à Louis XIV pour 5 millions (1662); mariage d'Henriette, sœur de Charles II, avec le frère de Louis XIV; alliance formelle avec la France. — Pendant la guerre qui éclate entre la Hollande et l'Angleterre, Louis XIV s'allie officiellement avec les Hollandais, mais sa flotte garde une neutralité effective, et il ménage la paix de Bréda (1667). — Cependant en 1668 l'Angleterre entre dans la Triple Alliance qui borne les conquêtes de Louis XIV dans la guerre de Dévolution (traité d'Aix-la-Chapelle), rôle de William Temple.

3° *Troisième période, la Restauration anglaise à la solde de la France.* — Mais ce fut le dernier acte d'indépendance de la politique anglaise pendant la Restauration : dès 1670, Charles II se met littéralement à la solde du roi de France (traité de Douvres). Rôle de l'Angleterre pendant la guerre de Hollande : alliée effective de la France de 1672 à 1674, neutre de 1674 à 1677, alliée nominale des Hollandais de 1677 à 1678 (mariage de Marie d'York avec Guillaume d'Orange); mais Charles II assure secrètement Louis XIV qu'il gardera la neutralité. — Relations du roi de France avec les chefs de l'opposition dans le Parlement anglais.

Dès son avènement (1685), Jacques II qui veut rétablir le catholicisme dans son royaume, rend plus complète encore la subordination de l'Angleterre à la France, et déclare « qu'il se conformera exactement à la politique de Louis XIV », dont il reçoit des subsides. Préparatifs de Guillaume d'Orange, dénoncés par Louis XIV, qui offre inutilement à Jacques l'appui de sa flotte. Révolution de 1688.

Conclusion. — Cette Révolution marque la fin de l'alliance franco-anglaise au dix-septième siècle. Cette alliance, après avoir servi les intérêts anglais au temps de Cromwell, avait permis à Louis XIV de dominer l'Europe pendant la première partie de son règne, mais ce résultat même devait la rendre précaire ; en effet, « avec le papisme, ce que l'Anglais haïssait

le plus d'une haine héréditaire et traditionnelle, c'était la
France, » les rapports de Charles II et de Jacques II avec
Louis XIV contribuèrent donc pour beaucóup à les discré-
diter. A partir de 1688, l'Angleterre, dirigée par Guillaume
d'Orange, sera désormais au premier rang des ennemis de la
France.

LXIV. — Les grands traités de paix du règne
de Louis XIV.

Louis XIV a régné sur la France de 1643 à 1715 ; pendant
les soixante-douze années de ce long règne, la fortune de la
France a passé par différentes phases : le génie diplomatique
de Mazarin héritier de Richelieu, et celui de de Lionne,
préparent d'abord d'éclatants succès, la France se place au
premier rang des nations. — Puis, la fierté un peu hautaine
du jeune roi, plus tard son arrogance et l'abus de « la raison du plus fort » déconcertent l'Europe, provoquent ses
légitimes inquiétudes ; de là des coalitions, dont Louis XIV
triomphe d'abord, mais qui déterminent un *temps d'arrêt*
dans son règne jusqu'alors si brillant. — Enfin, la France
s'épuisant à mesure que grandissent le nombre et l'audace
de ses ennemis, la décadence se produit, incontestable, bien
que d'héroïques efforts parviennent à conjurer une catastrophe irréparable.

Ces grandes périodes du règne de Louis XIV impriment
leur caractère propre aux divers traités de paix qui ont été
signés de 1643 à 1715 : au début, la France a des alliés et
signe des traités glorieux et profitables ; — dans une deuxième
période, les alliés de la France l'ont abandonnée, les traités
sont glorieux encore, mais ne procurent que des profits con-
testables, ou même sont en réalité désavantageux ; — dans
une dernière période enfin, la coalition contre la France

embrasse presque l'Europe entière, et Louis XIV est obligé finalement de signer, dans les derniers traités de son règne, la ruine de toutes ses ambitions.

I. *Progrès toujours croissants.* — 1° Traités de Westphalie (1648) : la France obtient définitivement les Trois-Évêchés, puis l'Alsace (moins Strasbourg), Brisach et Philipsbourg, les deux clefs de l'Allemagne, Pignerol, la clef de l'Italie ; elle fait accorder des avantages considérables à ses alliés, les princes protestants d'Allemagne et la Suède ; elle amoindrit la puissance de l'empereur dans l'Allemagne dont elle garantit la constitution nouvelle et où elle assure la liberté de conscience. — L'équilibre européen est établi, avec la prépondérance bienfaisante de la France, protectrice de l'indépendance des peuples.

2° *Traité des Pyrénées* (1659). — L'Espagne, qui s'était refusée à traiter à Munster, est obligée, onze ans plus tard, vaincue par les armes de Turenne et la diplomatie de Mazarin, à signer la paix des Pyrénées : la France obtient le Roussillon et la Cerdagne, l'Artois (moins Saint-Omer et Aire), Le Quesnoy, Philippeville et Marienbourg, Thionville et Montmédy, et l'infante Marie-Thérèse épouse Louis XIV. — Le traité des Pyrénées complète glorieusement les traités de Westphalie.

3° *Paix d'Aix-la-Chapelle* (1668). — Mais déjà le traité d'Aix-la-Chapelle a une tout autre physionomie : Louis XIV, conquérant de la Flandre française (Lille et Douai) et de la Franche-Comté dans la guerre de Dévolution, est obligé par la Triple-Alliance de la Hollande, de la Suède et de l'Angleterre, de rendre la Franche-Comté à l'Espagne. — Cette paix d'ailleurs est provisoire, et Louis XIV la signe en prévision d'une guerre nouvelle.

II. *Apogée du règne de Louis XIV, et temps d'arrêt.* — Le traité d'Aix-la-Chapelle est comme une transition qui conduit aux traités de la seconde période : la France, au lieu de parler en quelque sorte au nom de l'Europe, vient de voir une intervention étrangère limiter ses conquêtes ; c'est l'ère des coalitions européennes formées contre elle qui va commencer.

1° *Traités de Nimègue* (1678-1679). — La première de ces coalitions (guerre de Hollande) est complètement vaincue ; à Nimègue, la paix se conclut avec la Hollande, l'Espagne et l'Empereur, d'après les conditions proposées par Louis XIV : il acquiert de la Hollande (à laquelle il fait d'importantes concessions commerciales) Tabago et le Sénégal ; de l'Espagne (à laquelle il rend les places de la *barrière*, Charleroi, Oudenarde, etc.) la Franche-Comté, Saint-Omer et Aire, plusieurs villes en Flandre et dans le Hainaut ; de l'Empereur (à qui il restitue Philipsbourg) Vieux-Brisach et Fribourg. — Les traités de Saint-Germain et de Fontainebleau (1679) avec le Brandebourg et le Danemark complètent la paix de Nimègue.

Louis XIV garde encore la prééminence en Europe ; mais tous ses alliés l'ont abandonné ou même se sont tournés contre lui ; la France est à l'apogée de sa puissance matérielle, mais elle est moralement moins forte qu'avant la guerre de Hollande.

2° *Traités de Turin* (1696) *et de Ryswick* (1697). — Dans la guerre qui suit contre une nouvelle coalition, la Ligue d'Augsbourg, la puissance de Louis XIV trouve sa limite. Malgré d'éclatantes victoires, la France ne peut détacher la Savoie de la coalition qu'en lui restituant toutes ses conquêtes, et ne peut obtenir la paix des autres coalisés qu'au prix d'énormes concessions (avantages commerciaux à la Hollande, les places de la Barrière ; Guillaume III reconnu roi d'Angleterre ; restitution de toutes les conquêtes, de Kehl, de Vieux-Brisach et de Fribourg ; abandon de la Lorraine).

Pour la première fois depuis Richelieu, la France recule dans sa formation territoriale. C'est que, dans la pensée de Louis XIV, la paix de Ryswick n'est qu'une trève : il veut être prêt à recueillir la succession du roi d'Espagne Charles II, qui est mourant.

III. *Décadence.* — Mais la guerre de la succession d'Espagne qui réunit contre la France presque toute l'Europe, montre la décadence définitive du grand règne ; les alliés, qui avaient cru démembrer la France, ne lui ôtent pas, il est vrai, une seule province ; mais la France est épuisée d'hommes et d'argent, et sa puissance reste stationnaire, tandis que celle de ses ennemis grandit démesurément.

1º *Traités d'Utrecht* (1713). — Le petit-fils de Louis XIV reste roi d'Espagne ; mais l'Espagne cède à la Savoie et à l'Autriche ses annexes en Europe ; la Hollande obtient une *Barrière* dans les Pays-Bas (1715); l'Angleterre garde Gibraltar, Minorque, plusieurs colonies dans l'Amérique du Nord, et fait démolir Dunkerque ; l'électeur de Brandebourg et le duc de Savoie obtiennent le titre de rois.

2º *Traités de Rastadt et de Bade.* — L'Empereur et l'Empire acceptent les conditions de paix arrêtées à Utrecht.

Conclusion. — En somme, les traités conclus de 1643 à 1715 pendant le règne de Louis XIV ont agrandi notre pays de cinq provinces (Alsace, Artois, Roussillon, Flandre, Franche-Comté); mais la France a laissé passer en 1715 entre les mains de l'Angleterre la prépondérance qu'elle exerçait en Europe en 1648. Quand on songe à toutes les ressources préparées par la politique hardie, prévoyante et modérée de Richelieu et de Mazarin, on ne peut s'empêcher de juger que le Grand Roi est loin d'en avoir su tirer tout le parti possible.

LXV. — De Lionne et la diplomatie française de 1661 à 1671.

S'il est juste de dire que « la succession d'Espagne fut le pivot sur lequel tourna presque tout le règne de Louis XIV », et que la politique du grand Roi a eu pour objectif constant la lutte contre la maison de Charles-Quint, il faut reconnaître aussi que le même esprit n'inspira pas toujours la diplomatie française dans cette grande question, pendant toute cette époque. Durant les dix premières années, de 1661 à 1671, la politique extérieure de la France, poursuivant l'exécution du *programme national* par des actes modérés et sages, ne chercha que des agrandissements compatibles avec la sécurité des autres nations européennes; ce n'est qu'après 1671 que, la passion remplaçant l'habileté, elle se traduisit par des actes de violence et d'ambition exagérée qui inquiétèrent toute l'Europe et préparèrent les futures coalitions. — Ces dix premières années du règne personnel de Louis XIV, les plus glorieuses et les plus fécondes, ont été dirigées principalement par de Lionne, le collaborateur préféré et le successeur de Mazarin, qui, comme son prédécesseur, sut s'inspirer de la force et de la mesure si admirablement unies dans les vues politiques de Richelieu.

Les origines de de Lionne; ses débuts. Son caractère : honnête, désintéressé, souvent indolent, mais « infatigable quand la nécessité y était, » avec le sens pratique des intérêts de la France. — Distinguer, dans la politique extérieure de la France de 1661 à 1671, ce qui est dû à l'influence du ministre, et ce qui est dû à l'action directe du roi : l'action personnelle de Louis XIV se marque surtout dans les négociations qui tendent à imposer à l'Europe la prééminence de la France; l'habileté de de Lionne se manifeste principalement dans celles qui ont pour objet de préparer le démembrement de la puissance espagnole.

I. *Action personnelle de Louis XIV.* — Louis XIV veut montrer à l'Europe quelle idée il se fait de la dignité de sa couronne : 1° *affaires de préséance* (rivalité des ambassadeurs de France et d'Espagne à Londres; — affaire du *salut* avec l'Angleterre, 1662; — affaire de la garde corse du pape à Rome, 1664). 2° Louis XIV, protecteur de l'Europe chrétienne contre le monde musulman (lutte contre les Turcs sur le Danube, bataille de Saint-Gothard; lutte contre les Barbaresques dans la Méditerranée de 1661 à 1665, attaque sur Djijelli).

II. *Préparatifs contre l'Espagne, rôle de de Lionne.* — Pendant ce temps, de Lionne dirige la diplomatie française vers les résultats sérieux et solides ; c'est surtout la préparation de nouveaux triomphes sur la monarchie espagnole qui occupe ses soins. Trois points à distinguer : 1° il isole l'Espagne ; 2° il dirige les négociations de la guerre de Dévolution ; 3° il prépare la guerre de Hollande.

1° Négociations pour isoler l'Espagne en Europe : entente conclue avec Charles II d'Angleterre, rachat de Dunkerque (1662), mariage du duc d'Orléans avec Henriette d'Angleterre ; — traité de neutralité avec la Suède ; — alliance formelle avec les républicains de Hollande, dirigée contre l'Espagne et contre l'Angleterre ; part prise par la France à la guerre maritime anglo-hollandaise et au traité de Breda (1667) ; — secours envoyés aux Portugais, bataille de Villaviciosa (1665) ; — extension nouvelle donnée à la Ligue du Rhin de 1663 à 1666 : elle a pour résultat d'isoler les Pays-Bas espagnols du reste de l'Empire ; — enfin, accord secret entre la France et l'Empereur sur la question espagnole (janvier 1668).

2° La diplomatie française dans la question de Dévolution : dès la mort de Philippe IV (1665), des négociations sont entamées avec l'Espagne au sujet des *Droits de la Reine;* elles aboutissent à l'invasion de la Flandre, guerre de Dévolution (1667). — Inquiétudes de l'Europe, la Triple Alliance de La Haye, 1668; de Lionne insiste pour la conclusion de la paix d'Aix-la-Chapelle (mai 1668).

3° Préparation de la guerre de Hollande : causes diplomatiques de la nouvelle guerre, qui, dans la pensée de de Lionne, doit conduire indirectement à la conquête de la Belgique. De Lionne dissout d'abord la Triple Alliance (traité de Douvres avec l'Angleterre, 1670 ; traité avec Charles XI de Suède, 1671 ; — puis, par une autre série de négociations, il ouvre aux troupes françaises le chemin de la Hollande (alliances avec les princes de la vallée du Rhin, avec l'électeur de Cologne évêque de Liège, occupation de la Lorraine

en 1670, traité conclu avec Lobkowitz, ministre de Léopold Ier,
en 1671).

Conclusion. — Cette campagne diplomatique, qui devait
aboutir au printemps de 1672 à la déclaration de guerre à la
Hollande, fut la dernière de de Lionne. Pendant les dix
années qu'il avait dirigé la diplomatie française, il avait glorieusement et utilement continué les traditions de Mazarin
et de Richelieu, maintenu autour de la France la clientèle
précieuse de petits États qui avait fait sa force pendant la
première moitié du siècle, préparé enfin un nouveau démembrement de la puissance espagnole, auquel il avait fait souscrire d'avance l'Europe presque entière. Malheureusement il
disparaissait à un moment critique, quand les hostilités
allaient éclater; avec sa mort devait s'interrompre cette
série de diplomates hors ligne qui depuis l'avènement de
Richelieu au ministère avaient dirigé les affaires extérieures
de la France, et dont l'œuvre allait être compromise et ruinée par l'influence violente de Louvois. De Lionne était mort
trop tôt.

LXVI. — Organisation du gouvernement et de l'administration en France vers 1661.

L'année 1661 est marquée, dans l'histoire de l'organisation
du gouvernement royal en France, par une véritable révolution, qui achève de constituer l'absolutisme monarchique
tel qu'il devait subsister jusqu'en 1789 : c'est la substitution
de l'action personnelle du roi à celle d'un « premier ministre », dans la direction générale des affaires.

Raconter la scène fameuse dans laquelle, aussitôt après
la mort de Mazarin, Louis XIV déclare que dorénavant ses
ministres devront « s'adresser à lui »; expliquer les intentions
du roi : « il veut gouverner par lui-même, ... entretenir ses
ministres les uns après les autres, se servir de ceux qui ont

des charges pour agir sous lui, selon leurs fonctions. » — Conséquences : c'est l'organisation pleine et entière de « *la monarchie administrative,* » c'est-à-dire la monarchie se régularisant elle-même, et cherchant à faire dominer le bien public au moyen du pouvoir absolu. Au moment intéressant où cette révolution s'accomplit, il convient de se rendre compte des circonstances générales et de l'état social qui la rendent possible, — des théories politiques sur lesquelles elle se fonde, — des instruments dont elle se sert dans le gouvernement central, dans les grands services publics, dans les provinces.

1. *État de l'esprit public en* 1661. — La noblesse a perdu toute influence politique dans l'État; dans ses luttes contre la royauté, elle n'a jamais cherché à établir un lien entre elle et les populations, aussi elle n'a pas d'influence morale, et la Fronde a achevé de ruiner son autorité matérielle. — La bourgeoisie, pas plus que la noblesse, n'est en état de faire contrepoids à l'autorité royale; elle ne demande que la tutelle monarchique contre l'oppression féodale ; création de la noblesse de robe. — Le pays est donc mûr pour l'établissement du despotisme royal.

II. *Théorie du droit divin.* — Au milieu de cette décadence politique des diverses classes sociales, la royauté a vu au contraire constamment grandir sa puissance morale en même temps que sa puissance matérielle. Comment s'est formée la théorie du droit divin, qui voit dans le roi le doigt de Dieu, et ne donne « d'autre limite à la volonté royale que la conscience du roi ? » — Théorie exposée par Bossuet dans la « Politique tirée de l'Écriture Sainte; » opinion presque unanime des contemporains. — Mais ce pouvoir absolu a été délégué par Dieu au roi pour le bien de ses sujets, non pour sa satisfaction personnelle : « l'intérêt de l'État, dit Louis XIV, doit marcher le premier,... c'est par le travail qu'on règne. » Efforts de Louis XIV pour exercer consciencieusement son *métier de roi.*

III. *Les rouages du gouvernement.* — Telles étaient les idées de Louis XIV sur le gouvernement ; quels instruments avait-il pour les appliquer ?

1° *L'administration centrale :* — les *grandes charges de la couronne* ont été supprimées ou n'ont plus d'autorité réelle ; le pouvoir est passé maintenant entre les mains des ministres et des secrétaires d'État. Quatre secrétaires d'État (la maison du roi et le clergé, — la guerre, — la marine, — les affaires étrangères) ; à côté d'eux, le chancelier, chef suprême de la justice, et le surintendant (remplacé bientôt par un contrôleur-général) chargé de l'administration financière. L'aristocratie est exclue systématiquement des fonctions ministérielles.

L'unité dans le gouvernement est réalisée par les *conseils du roi;* il y en a 6 en 1661 : le conseil secret, le conseil d'en-haut (où siègent les ministres d'État), le conseil des dépêches (chargé des fonctions qui appartiennent aujourd'hui au ministre de l'Intérieur), le conseil de la guerre, le conseil d'État, et le conseil d'État privé.

Le gouvernement central comprend encore un certain nombre de grands fonctionnaires : le surintendant de la navigation, le grand-maître des postes et relais, le surintendant des bâtiments du roi, etc.

2° *L'administration provinciale :* — L'administration provinciale a subi une modification analogue à celle qui s'est opérée dans l'administration centrale : les anciens fonctionnaires (les gouverneurs de provinces) ont perdu presque tout pouvoir et ne conservent guère qu'un titre; des fonctionnaires nouveaux (les intendants), instruments dociles de la royauté, ont acquis toute l'autorité réelle. — Les intendants de police, de justice et de finances, administrent les *généralités;* dans les *pays d'États,* ils ont à compter avec les États provinciaux dont le rôle s'amoindrit chaque jour; dans les *pays d'élections,* leur action n'est gênée par aucune entrave.

Au-dessous, grande diversité dans les institutions locales; les anciens fonctionnaires provinciaux subsistent, mais avec des attributions que chaque jour restreint; situation chaque jour croissante des *subdélégués*, choisis par les intendants eux-mêmes pour les aider dans le détail de leurs fonctions.

3° *L'administration financière*. — Trois administrations particulières correspondent aux trois sources du revenu : les *recettes domaniales* perçues par des receveurs particuliers, les *aides* affermées à des traitants dont la gestion est surveillée par les cours des aides, les *tailles* directement perçues par l'État (taille réelle et taille personnelle), sous le contrôle des cours des comptes.

4° *L'administration judiciaire*. — Les Parlements sont *cours souveraines*, chacun dans son ressort ; en première instance, les procès sont soumis aux présidiaux (un par bailliage) qui ont à peu près dépouillé de leurs attributions les vieilles juridictions des bailliages et des sénéchaussées. — A côté des justices royales subsistent les justices seigneuriales. — Existence de nombreuses juridictions spéciales ; affaires d'évocation.

Conclusion. — Le caractère distinctif du gouvernement et de l'administration de la France en 1661, c'est que « tout part du roi, tout revient au roi. » Les vieilles institutions subsistent, mais elles ne sont plus qu'un *décor ;* la réalité du pouvoir appartient à des fonctionnaires nouveaux, qui sont l'émanation directe de la royauté. Des secrétaires d'État et des conseillers d'État au centre, des maîtres des requêtes dans les provinces où ils remplissent les fonctions d'intendants, voilà les fonctionnaires par lesquels Louis XIV va réaliser dans le gouvernement et l'administration cette pensée qui lui est habituelle, « que le chef d'un État doit être partout et toujours présent à ses sujets. »

LXVII. — Colbert et Louvois.

Ces deux noms dominent toute l'histoire intérieure et extérieure de la France, pendant la première moitié du règne personnel de Louis XIV; le concours de ces deux génies administratifs contribua à ce résultat, « qu'il y eut alors le plus complet triomphe de la royauté. » (Michelet.) Ils travaillèrent donc à une œuvre commune ; il était difficile cependant d'imaginer deux esprits plus dissemblables.

Caractère de Colbert et de Louvois : le premier, d'un esprit quelque peu pesant et dur, mais solide, actif, infatigable au travail, animé, sous son apparente froideur (*vir marmoreus, l'homme de marbre*), d'une ardente passion pour le bien public : « une des gloires de Louis XIV, c'est d'avoir gardé vingt-deux ans pour ministre cet homme, un de ceux qui ont fait le plus pour la gloire de la France. » — Louvois, tout différent, sens droit, esprit net, force de volonté indomptable, mais violent et « farouche administrateur, » très ambitieux et prêt à tout pour conserver le pouvoir.

Colbert et Louvois n'ont pas été seulement des *commis*, des administrateurs, dirigeant un ou plusieurs départements ministériels; ils ont été aussi les inspirateurs plus ou moins écoutés de la politique générale du grand roi. Par conséquent, deux parties dans cette étude : 1º exposer les actes administratifs de Colbert et de Louvois; 2º comparer et apprécier leur influence politique.

I. *Administration proprement dite.* — 1º Colbert. Ses origines, ses rapports avec Mazarin; ministre de 1661 à 1683, il réunit les attributions de l'intérieur, du commerce, des finances, celles mêmes de la marine et des colonies où il se fit suppléer par son fils. — Les finances, très prospères jusqu'à la guerre de Hollande : Colbert punit les malversations passées, améliore le présent, change l'assiette de l'impôt

(diminution des tailles, augmentation énorme des aides),
tâche de garantir l'avenir (états de prévoyance). — L'industrie : *système protecteur*, création de l'industrie française,
manufactures royales, règlements des corporations, douanes
prohibitives; l'industrie est protégée contre la concurrence
intérieure et étrangère. — Le commerce : suppression de
douanes intérieures, encouragements à la marine marchande,
ports francs, canaux et routes, grandes compagnies de commerce. — L'agriculture : encouragements à la population
agricole, création de *l'échelle mobile* pour le commerce des
blés, ordonnance des eaux et forêts. — La marine : des vaisseaux sont construits, des ports creusés (Brest, Rochefort,
Toulon, le Havre), des équipages préparés (système des
classes, l'inscription maritime), les gardes-marine. — En
outre, réformes judiciaires (Grands Jours, ordonnances
civile, criminelle, du commerce, de la marine); encouragements aux lettres, aux sciences et aux arts. — Colbert ne
reste étranger à rien de ce qui touche les intérêts matériels
et moraux d'une grande nation.

2º Louvois. — Fils du chancelier Le Tellier, admis très
jeune à travailler avec Louis XIV qui se flatte de le « former »,
associé à son père dans le secrétariat d'État de la guerre
dès 1662, ministre jusqu'à sa mort en 1691. Influence de
Turenne sur le ministère de la guerre jusqu'en 1668. —
Réformes de Louvois; elles ont pour objet : 1º de subordon-
ner l'armée au pouvoir royal (suppression des grandes
charges militaires, toute-puissance des inspecteurs, création
de l'uniforme, etc.); 2º d'assurer le recrutement et l'instruction des troupes (recrutement à prix d'argent et tirage au
sort de la milice, réformes dans l'armement, fusil et baïon-
nette, amélioration des manœuvres, compagnies de cadets
pour former les futurs officiers, l'ordre du tableau, etc.);
3º de garantir le bien-être matériel des soldats (création du
service des vivres, des étapes, des ambulances, régularité de
la solde; l'hôtel des Invalides, etc.).— La France a l'armée la
plus nombreuse, la mieux équipée, et la plus instruite.

II. *Influence politique.* — L'influence de Colbert se fit sentir avant celle de Louvois et resta prédominante pendant les premières années du règne, les plus heureuses. « Cet homme, sorti d'un comptoir, avait le sentiment de la grandeur de la France, il oubliait son économie pour toutes les dépenses glorieuses. » C'est lui qui a conseillé à Louis XIV ses créations les plus utiles, les mesures qui ont le plus contribué à la prospérité publique, et il ne craignit jamais, au risque de perdre toute sa faveur, de faire opposition aux actes qui tenaient le plus au cœur du roi, quand ils devaient être préjudiciables à la France (fêtes inutiles, persécutions religieuses, révocation de l'édit de Nantes), etc. — Quant à Louvois, « l'administrateur est hors de cause ; mais on peut faire à l'homme politique son procès. » Pour se maintenir dans la faveur royale, il flatta les pires passions du roi, excita son orgueil, son instinct de domination, le détourna de conclure à temps une paix profitable dans la guerre de Hollande, de 1678 à 1691 dirigea la politique extérieure avec une violence inouïe (chambres de réunion, bombardement de Gênes, incendie du Palatinat, etc.), se montra tout aussi violent à l'intérieur (Dragonnades, etc.).

Conclusion. — Rien n'est donc plus explicable que la rivalité qui exista toujours entre Colbert et Louvois. Cette rivalité est fâcheuse, parce qu'elle gêna souvent l'action de ces deux administrateurs de génie ; mais ce qui est plus fâcheux encore pour Louis XIV et pour la France, c'est que dans cette rivalité l'influence de Louvois l'ait finalement emporté.

LXVIII. — Guillaume III, stathouder de Hollande et roi d'Angleterre.

Guillaume III d'Orange (fils posthume du stathouder Guillaume II, mort prématurément en 1650 après une tentative de coup d'État), a eu une des plus étranges destinées de

l'histoire : après d'obscurs commencements, il n'a cessé de
s'élever, et cet adversaire que Louis XIV dédaignait au début
a fini par tenir en échec et par arrêter la fortune du grand
roi. — Mais sa situation a grandi à proportion des services
qu'il rendait : stathouder de Hollande, il a sauvé l'indépendance de sa patrie; — chef de la Révolution de 1688, il a
« maintenu » les libertés publiques de l'Angleterre; —
reconnu par l'Europe entière comme roi de la Grande-Bretagne, il a défendu l'équilibre européen.

Cependant, ce n'est pas une figure aimable : « élevé par les
frères de Witt, il fit leur ruine; Stuart par sa mère, il renversa les Stuarts; gendre de Jacques II, il détrôna son beau-
père. » Mais c'était un esprit froid, calculateur, énergique,
portant « dans un corps faible et comme mourant la dure
obstination de son aïeul le Taciturne, » avec une seule passion, la haine de Louis XIV et de la France. Les fautes de la
politique française lui donnèrent le beau rôle, dans les trois
grandes questions qui mirent aux prises ces adversaires opiniâtres : la guerre de Hollande, — la guerre de la ligue
d'Augsbourg, — l'affaire de la succession d'Espagne.

1° *Guerre de Hollande, Guillaume stathouder.* — C'est à l'âge
de vingt-deux ans, quand Louis XIV envahit la Hollande (1672),
que Guillaume débute dans la vie politique : nommé général,
mais général presque sans armée, il ne peut empêcher le
passage du Rhin. — Après le massacre du Grand-Pension-
naire Jean de Witt, Guillaume, élevé au stathoudérat, noie
la Hollande pour la sauver, et profite du répit ainsi obtenu
pour armer contre la France : l'Espagne, l'Empire, le Brandebourg, il détache l'Angleterre de Louis XIV (grande alliance
de La Haye); les Français sont obligés d'évacuer la Hollande.
— Guillaume veut alors leur rendre attaque pour attaque, il
défend contre eux la Belgique espagnole et tente même d'envahir la France (Senef, guerre aux Pays-Bas de 1674 à 1678);
il ne réussit pas. Néanmoins, à la paix de Nimègue, il a sauvé
l'indépendance de sa patrie, et la reconnaissance de ses
concitoyens lui laisse une autorité presque absolue.

2° *La ligue d'Augsbourg, Guillaume roi d'Angleterre.* — Guillaume se sert de cette autorité pour contrecarrer la politique de Louis XIV, et pour réunir autour de la Hollande toutes les nations qui ont à redouter l'ambition impolitique du grand roi. Trois phases à distinguer dans cette période de son existence : 1° il profite de toutes les fautes de Louis XIV qui veut « régner en Europe » (Chambres de réunion, violences contre la Savoie, le Pape, l'Empire, etc.), pour former et exciter la ligue d'Augsbourg (1686); — 2° il prépare et exécute la Révolution anglaise de 1688 qui prive Louis XIV de son seul allié Jacques II, et lui donne à lui-même la couronne d'Angleterre (Déclaration des droits); par sa campagne d'Irlande et sa victoire de la Boyne (1689-1691), par la victoire navale de La Hogue, il affermit cette couronne sur sa tête; — 3° enfin, dès qu'il peut prendre part personnellement aux campagnes de la guerre de la ligue d'Augsbourg, tandis que ses alliés combattent sur le Rhin, les Alpes et les Pyrénées, il défend lui-même la Belgique contre Luxembourg (Leuze, Steinkerque, Nerwinden) et contre Villeroy (reprise de Namur); bombardement des ports de France. Paix de Ryswick (1697).

2° *Règne de Guillaume.* — Dès lors Guillaume règne paisiblement sur l'Angleterre jusqu'à sa mort (1702). A l'intérieur, il affermit le régime parlementaire; les droits du Parlement sont précisés et respectés; — au dehors, il travaille à maintenir l'équilibre européen menacé par le règlement de la succession d'Espagne (négociation des *Traités de partage* avec Louis XIV pour empêcher la réunion des possessions espagnoles soit à la France, soit à l'Autriche). Quand un Bourbon a été élevé au trône de Madrid, il prépare la grande coalition qui va briser les rêves de Louis XIV. La mort l'empêche de diriger cette lutte nouvelle, mais son esprit lui survit.

Conclusion. — Guillaume III, comme stathouder et comme roi, est un des hommes qui ont fait le plus de mal à la France. Quelle a été son influence sur les destinées des deux peuples qu'il a gouvernés? — Il a conservé à la Hollande le plus précieux des biens, l'indépendance; mais il a contribué à assurer sa sujétion commerciale et politique à l'Angleterre (la chaloupe attachée aux flancs d'un vaisseau de guerre). — Pour l'Angleterre, après les agitations du dix-septième siècle, il lui a préparé par l'affermissement du régime parlementaire deux siècles féconds de paix intérieure; il lui a donné le rôle glorieux et profitable de protectrice de l'équilibre européen, que la France abandonnait. Cependant, il a été de son vivant bien moins populaire chez les Anglais que chez les Hollandais : « Roi en Hollande, il n'était que stathouder en Angleterre. »

LXIX. — La marine militaire de la France, de 1661 à 1690.

Dans la seconde moitié du dix-septième siècle, la France devint ce qu'elle n'avait jamais été jusqu'alors, une grande puissance maritime; on peut même dire que pendant quelques années ses flottes dominèrent sur les mers.

Cette puissance navale, qui servit à la fois sa gloire et ses intérêts, est due entièrement à la volonté d'un grand ministre, Colbert, qui ne porta officiellement que pendant trois ans, de 1669 à 1672, le titre de secrétaire d'État pour la marine, mais qui eut en réalité la direction effective de cet important ministère depuis 1661 jusqu'à sa mort en 1683, et dont les traditions furent ensuite continuées par son fils aîné, Seignelay, jusqu'en 1690 (ministres titulaires de la marine : de Lionne jusqu'en 1669, Colbert de 1669 à 1672, Seignelay de 1672 à 1690).

La nature a destiné la France à être une puissance maritime de premier ordre (développement de ses côtes sur les deux mers les plus importantes pour les relations internationales, la Méditerranée et l'océan Atlantique), et tous les grands hommes d'État avaient tourné leurs vues de ce côté (rappeler Jacques Cœur, Sully, Richelieu); mais leurs efforts n'avaient pas été soutenus, l'œuvre même de Richelieu avait dépéri sous le ministère de Mazarin, et rien, ou presque rien, n'existait en 1661. État de la flotte à l'avènement de Colbert : 18 vaisseaux de guerre, mais la plupart hors d'état de tenir la mer; crédit annuel pour la marine réduit à 390 000 livres; les vaisseaux de commerce forcés d'arborer le pavillon hollandais ou anglais pour échapper aux pirates.

Colbert dut donc en premier lieu créer une marine (ports, flotte, équipages) et l'exercer dans des luttes peu importantes; — la marine ainsi créée rendit des services signalés pendant toute la guerre de Hollande; — enfin, après la paix de Nimègue, elle garda la suprématie acquise et, avant comme après la mort de Colbert, elle permit l'extension coloniale de la France, mais contribua aussi à faire peser lourdement sur l'Europe la prépondérance française.

I. *Création de la marine.* — 1° Établissement des ports militaires : Dunkerque racheté en 1662, Brest sous la surveillance de Duquesne de 1665 à 1674, Rochefort et la rade de l'île d'Aix sous la direction de l'ingénieur Clerville, Toulon transformé par Vauban, etc.; — 2° création d'une flotte : vaisseaux achetés en Suède, chantiers de construction, 70 bâtiments de guerre en 1666, 196 en 1671, 265 en 1690, dont 131 vaisseaux et 133 frégates. — 3° Organisation des équipages : l'inscription maritime ; système des *classes* étendu successivement à toutes les côtes de 1665 à 1668, (36,000 inscrits en 1670, environ 80,000 en 1690). Création des gardes-marine pour l'instruction des officiers (1668-1670). — 4° Enfin, cette flotte nouvelle fait son apprentissage dans les expéditions contre les Barbaresques, dans la guerre entre la Hollande et l'Angleterre (1666-1667). Affaire du salut.

II. — *La marine française dans la guerre de Hollande.* — Aussi la marine française occupe le premier rang dès la guerre de Hollande : 1° réunie à la flotte anglaise, elle opère dans la mer du Nord et tente un débarquement en Zélande sous les ordres de d'Estrées, trois grandes batailles navales

(1672-1674); — 2° restée seule, elle triomphe de la flotte hollandaise sur les côtes de Sicile, batailles navales de Stromboli, d'Agosta, de Palerme (1676), Duquesne et Ruyter; mais l'expédition n'est pas soutenue par Louis XIV, évacuation de la Sicile (1676); — 3° guerre aux colonies : d'Estrées reprend Cayenne aux Hollandais en 1676, et les bat à Tabago en 1677.

III. *La marine française de 1678 à 1690.* — La marine française a fait ses preuves; dès ce moment, elle est un élément intégrant de la puissance française. Aussi Louis XIV l'emploie constamment, avant et après la mort de Colbert (1683), tantôt dans des entreprises légitimes et profitables (extension coloniale : formation de la *France équinoxiale* (Guyane et plusieurs petites Antilles) depuis 1664 ; établissements à Madagascar, à l'île Bourbon, dans le Sénégal, dans la Louisiane, extension de la *Nouvelle France* dans l'Amérique du Nord, acquisition de Pondichéry 1683, fondation de Chandernagor 1688; dans la Méditerranée, nouvelles expéditions contre les Barbaresques), tantôt dans des entreprises violentes et qui irriteront l'Europe (bombardement de Gênes, 1684). — A la veille de la révolution d'Angleterre, Louis XIV offre inutilement à Jacques II l'appui de la flotte française, qui aurait empêché le débarquement de Guillaume d'Orange : la guerre de la ligue d'Augsbourg aurait ainsi avorté.

Conclusion. — Il n'y avait pas alors trente ans que la création de la flotte française avait été entreprise ; ce court espace de temps avait suffi au génie de Colbert et à l'habileté de Seignelay pour faire de la France une grande puissance maritime, capable de tenir tête à la Hollande et même à l'Angleterre, qui depuis la décadence de l'Espagne étaient restées les dominatrices des mers. L'œuvre avait été assez solidement construite pour ne plus périr : les circonstances extérieures ou la faute des hommes pourront quelquefois encore produire des éclipses dans la splendeur maritime de la France; mais les institutions de Colbert sauvegarderont toujours l'avenir.

LXX. Histoire générale de la péninsule italienne, de 1661 à 1789.

Au dix-septième et au dix-huitième siècle, l'Italie continue à n'être qu' « une expression géographique »; depuis que la dernière tentative d'unité faite au seizième siècle par les papes Jules II et Pie V a complètement échoué, la péninsule, morcelée en plusieurs États nominalement indépendants ou possédés par l'étranger, reste une proie offerte à l'ambition de ses voisins, et le champ de bataille où les nations européennes viennent vider leurs querelles. Elle reçoit donc l'impulsion et éprouve le contre-coup de toutes les grandes querelles, de tous les grands mouvements qui éclatent dans le reste de l'Europe : ce n'est pas dans la péninsule même, c'est en dehors de ses frontières que l'on trouve la raison d'être et l'explication de tous les événements que présente son histoire pendant ces deux siècles.

Au dix-septième siècle, l'Italie est encore espagnole : c'est le dernier souvenir de l'époque où l'Espagne croyait tenir la domination universelle; — au début du dix-huitième siècle, l'Espagne perd aussi la domination de l'Italie qui devient autrichienne, mais elle ne se résigne pas à cette perte, et pendant cinquante années, avec l'appui de la France, s'efforce de reprendre ce qui lui a été enlevé; — la seconde moitié du dix-huitième siècle est plus pacifique, l'Espagne et l'Autriche ne rivalisent plus que par les réformes administratives qu'elles tentent dans leurs États italiens.

Au milieu de ces agitations, il faut faire une place à part pour la Savoie, dont les ducs veulent se soustraire également à l'influence autrichienne et à l'influence espagnole, et, entre la France, l'Espagne et l'Autriche, conserver leur indépendance; ils rêvent de s'agrandir, non pas dans la péninsule entière, leur ambition ne va pas encore jusque-là, mais dans le Milanais, « cet artichaut qu'ils prétendent manger feuille à feuille. »

État de l'Italie en 1661. — L'Espagne est prépondérante : 1° Elle possède directement le Milanais, Naples (où elle vient de réprimer l'insurrection de Masaniello et la tentative du duc de Guise), la Sicile, la Sardaigne, une partie de l'île d'Elbe, et les Présides de Toscane; misère des peuples à Milan, à Palerme, à Naples; les vice-rois pressurent les sujets pour fournir à leur luxe. — 2° L'influence espagnole domine dans les États de l'Église, dans la Toscane soumise aux Médicis, à Parme et à Plaisance sous la maison Farnèse, à Modène sous la maison d'Este. — 3° A cette influence échappent : le duché de Mantoue uni au Montferrat; la république de Venise qui, en dehors de son territoire continental, ne possède plus que Candie (dont les Turcs vont s'emparer) et les Iles Ioniennes; la République de Gênes toujours en lutte contre la Corse; enfin la Savoie (Piémont, Savoie et comté de Nice) dont le duc, « le portier des Alpes », est présentement l'allié de la France.

1. *La prépondérance espagnole.* — Cette situation subsista sans modification sérieuse tant que la dynastie de Charles-Quint régna sur l'Espagne; la péninsule italienne resta étrangère aux luttes qui troublèrent l'Europe pendant la première partie du règne de Louis XIV. Mais, après la paix de Nimègue, les hauteurs de Louvois éloignèrent de l'alliance française le duc de Savoie Victor-Amédée; le bombardement de Gênes par la flotte française, l'affaire du droit d'asile à Rome, accrurent en Italie, par la haine de la France, l'influence de l'Espagne. Pendant la guerre de la Ligue d'Augsbourg (1690-1697), opérations sur les Alpes, Staffarde et la Marsaille. — Le traité de Turin (1696) enlève à la France ses conquêtes, et ramène la Savoie à l'alliance française; mais l'Espagne conserve partout ailleurs sa position.

II. *L'Italie disputée entre l'Espagne et l'Autriche.* — La mort de Charles II et les compétitions à sa succession bouleversent l'état territorial de l'Italie. — 1° Modifications projetées par

9.

les traités de partage; guerre de la succession d'Espagne, défection de la Savoie; la défaite de Turin (1706) ruine la domination espagnole, Naples même est perdue en 1707. Traités d'Utrecht : le duc de Savoie obtient la Sicile et le titre de roi; l'Autriche hérite de toutes les autres possessions espagnoles en Italie (1713), auxquelles elle joint le Mantouan.

2° Mais l'Espagne ne s'est pas résignée à ces sacrifices; après le mariage de Philippe V avec Élisabeth Farnèse, Albéroni veut enlever l'Italie aux Autrichiens; la Triple Alliance (1717) et la Quadruple Alliance (1718), destruction de la flotte espagnole sur les côtes de Sicile par l'amiral Byng. Les plans d'Albéroni échouent : le traité de Madrid (1720), qui force la maison de Savoie à échanger la Sicile contre la Sardaigne, ne donne au fils de Philippe V, don Carlos, que l'expectative de Parme et de Plaisance, et cette promesse est confirmée encore par le traité de Séville (1728).

3° La guerre de la Succession de Pologne (1733-1738) donna enfin un commencement de satisfaction aux ambitions espagnoles. Alliance de l'Espagne avec la France et la Savoie, campagnes de Villars et de Coigny dans le Milanais, de Montemar dans le royaume de Naples. Traité de Vienne (1738) : don Carlos obtient le royaume des Deux-Siciles avec les présides de Toscane; Charles-Emmanuel III, roi de Sardaigne, acquiert Novare et Tortone ; l'empereur Charles VI garde Parme et Plaisance, et son gendre François échange la Lorraine contre la Toscane.

4° La maison des Bourbons d'Espagne venait de prendre pied en Italie, elle y fait de nouveaux progrès à la suite de la guerre de la Succession d'Autriche. — Charles-Emmanuel allié d'abord à la France et à l'Espagne passe du côté de l'Autriche, et est battu à Coni (1744) et à Bassignano (1745), mais les Français sont à leur tour vaincus à Plaisance (1746) ; révolte de Gênes, combat d'Exilles. Traité d'Aix-la-Chapelle : cession de Parme et de Plaisance à don Philippe, frère de don Carlos ; Charles-Emmanuel s'étend sur la rive droite du Tessin.

III. *Réforme administrative dans la seconde moitié du dix-huitième siècle.* — Le traité d'Aix-la-Chapelle marque le début d'une ère nouvelle dans l'histoire de l'Italie : pendant la fin du siècle, jusqu'à la Révolution française, elle restera en dehors des grandes guerres européennes, et, durant cette période de paix, les souverains s'efforceront d'améliorer par de sages réformes la condition matérielle de leurs sujets. Influence des philosophes français.

1° États soumis aux Bourbons d'Espagne à Naples, règnes réformateurs de don Carlos (Charles VII, 1738-1759) et de Ferdinand IV, sous la direction du ministre Tanucci (jusqu'en 1777); — à Parme, don Philippe (1748-1765) et Ferdinand (1765-1802), réformes du ministre Du Tillot.

2° États sous l'influence autrichienne; — la Lombardie, possession directe de l'Autriche, habile administration du comte de Firmian ; Beccaria, auteur du traité *des délits et des peines;* — en Toscane, réformes accomplies par le prince de Craon sous le duc François (1737-1765), et par le duc Léopold Ier (1765-1790), les *Lois Léopoldines.*

3° États indépendants : — à Rome, pontificat réformateur de Benoît XIV; — en Sardaigne, Victor-Amédée III (1773-1796) « qui préférait, disait-il, un tambour à un académicien, » ne développa que les institutions militaires.

Conclusion. — L'Italie, en 1789, est aussi morcelée territorialement qu'elle l'était en 1661, et par suite exposée toujours aux mêmes dangers venus du dehors. Mais, d'une part, l'influence politique n'y appartient plus à une seule puissance : d'abord tout entière espagnole, puis tout entière autrichienne, elle est partagée maintenant entre la maison d'Autriche et la maison des Bourbons d'Espagne; — d'autre part, à la faveur même de cette rivalité, une puissance italienne a su se soustraire à la prépondérance des Bourbons comme à celle des Habsbourgs, c'est la maison de Savoie; elle a inauguré cette politique qui doit être pour elle si féconde en résultats.

LXXI. — La frontière française du nord-est jusqu'en 1789.

La région française est limitée naturellement de tous les côtés, par le Rhin, les Alpes, la Méditerranée, les Pyrénées, l'Océan Atlantique; et dans les temps anciens ces *limites naturelles* ont été aussi les *limites politiques* de la Gaule. Malheureusement, du côté du nord-est, sur le point où la France est le plus vulnérable, à proximité de sa capitale, dans le voisinage des peuples germaniques qui diffèrent d'elles par la race, les idées et les intérêts, elle a perdu depuis mille ans cette frontière si belle : par le traité de Verdun (842), elle perdit le grand fossé du Rhin qui l'avait couverte jusqu'alors, elle n'eut plus qu'une limite artificielle et confuse qui touchait en partie l'Escaut, la Meuse, la Saône : « alors commença pour elle l'existence la plus périlleuse, la plus laborieuse, qui, après dix siècles de combats, d'efforts, de revers, de succès, n'est pas encore terminée. » C'est cette situation géographique qui a fait en très grande partie les destinées, les périls et les grandeurs de la France.

Pendant tout le moyen âge, elle n'a pas eu d'influence sur le développement historique de la France; c'est seulement au quinzième siècle, quand, avec les temps modernes, naquirent les relations internationales, que le gouvernement français se préoccupa de la faiblesse de la frontière du nord-est, très affaiblie encore depuis le traité de Verdun. Depuis Louis XI jusqu'à Louis XIV, il essaya de reconquérir la frontière naturelle, la frontière gauloise, ou du moins quelques-uns des pays qui l'en séparaient; — puis, désespérant de pousser jusqu'au bout cette tâche glorieuse et profitable, il se proposa d'occuper au moins des positions défensives où il fût possible de construire une barrière artificielle contre ses ennemis; — enfin, l'œuvre de Vauban achevée, il fallut la défendre pendant le dix-huitième siècle contre de formidables assauts.

1. *Première partie. Conquêtes territoriales.* — Quand, dans la seconde moitié du quinzième siècle, la prévoyante politique de Louis XI essaya d'étendre vers le nord-est le domaine royal, le vaste territoire compris entre la frontière française d'une part, le Rhin d'autre part, serré, disputé par la France et l'Allemagne, resté comme flottant entre ces deux régions, n'avait pas pu former un État : deux principales dominations l'occupaient, la maison de Bourgogne et l'Empire. C'est donc contre la maison de Bourgogne, dont l'Espagne va bientôt hériter, et contre l'Empire que la France aura à combattre pendant des siècles pour constituer sa frontière du nord-est.

1º Louis XI parvient à conquérir définitivement la frontière de la Somme (traité d'Arras, 1482); puis, après la période malheureuse des guerres d'Italie (doublement malheureuse : d'une part, la France détourna son attention de sa tâche nationale; d'autre part, les territoires du nord-est sont rattachés à la puissante maison d'Espagne au temps de Charles-Quint), Henri II acquiert les Trois-Évêchés, et reprend Calais aux Anglais (1552-1558) : la France est rentrée dans la voie nationale.

2º Mais la frontière du nord-est n'en reste pas moins déplorablement faible, et la France en a la preuve au début de la période française de la guerre de Trente Ans (siège de Corbie, 1636). Aussi Richelieu et Mazarin, au milieu du dix-septième siècle, travaillent à acquérir la rive gauche du Rhin; mais, pendant la guerre de Trente Ans, les défiances et finalement la défection de la Hollande, puis pendant la guerre contre l'Espagne de 1648 à 1659 les troubles civils de la Fronde, empêchent les ministres français de conquérir toute la Belgique. Du moins, ils acquièrent l'Artois (traité des Pyrénées, 1659) et plusieurs villes du Hainaut et du Luxembourg; ils occupent l'Alsace (traité de Westphalie, 1648), restent maître de la Lorraine, et la formation de la Ligue du

Rhin, réalisant une pensée de Turenne, étend la clientèle de la France dans la vallée du grand fleuve.

3° Louis XIV, une fois de plus, tente la conquête de la Belgique (guerre de Dévolution), mais sans succès : il se borne alors à rectifier la frontière française, à faire « son pré carré, » comme dit Vauban : acquisition de Douai et Lille (1668), d'Aire, de Saint-Omer et de plusieurs places voisines (1678), de Strasbourg (1681), de Landau, de Sarrelouis — mais abandon de la Lorraine (1697).

II. *La frontière artificielle de Vauban.* — C'est sur ce territoire ainsi rectifié que Vauban fut chargé de construire la frontière artificielle qui l'a immortalisé. — Plan de Vauban : Diviser toute la ligne de Dunkerque à Bâle en huit sections, formées par les rivières et les montagnes qui coupent la frontière ; fortifier ces rivières et ces montagnes considérées comme les *flancs* des sections ; couvrir le *front* de ces sections par une ou plusieurs lignes de forteresses s'appuyant aux cours d'eau ; les soutenir en arrière en fortifiant Paris.

— Énumérer les principales forteresses de Vauban : dans la première section, entre la mer et la Lys ; dans la deuxième, entre la Lys et l'Escaut ; dans la troisième, entre l'Escaut et la Sambre ; dans la quatrième, entre la Sambre et la Meuse ; dans la cinquième. entre la Meuse et la Moselle ; dans la sixième, entre la Moselle et les Vosges ; dans la septième, entre les Vosges et le Rhin ; enfin dans la huitième, le long du Rhin. — Montrer enfin comment ce système de fortifications barre les trois vallées de l'Oise, de la Marne et de la Seine, les trois routes d'invasion qui convergent vers Paris.

III. *Historique de la défense de cette frontière, de* 1697 *à* 1789. — A peine cette frontière artificielle était-elle achevée, qu'elle fut soumise à une formidable attaque, de 1708 à 1712 : montrer par le récit de la guerre de la Succession d'Espagne, que c'est l'œuvre de Vauban qui, après les désastres de Ramillies et d'Oudenarde, sauva la France et donna le temps de réunir l'armée qui devait être victorieuse à Denain. — Dans la guerre de la Succession d'Autriche, l'armée autrichienne ne put, après Dettingen, forcer efficacement la frontière d'Alsace ; et le maréchal de Saxe, s'appuyant sur la frontière du Nord, occupa toute la Belgique, de 1744 à 1748. — La frontière du Nord-Est ne devait plus avoir d'autre épreuve à subir, avant 1789.

Conclusion. — La vieille monarchie française, malgré des efforts accumulés pendant tant de siècles, n'avait pu défaire entièrement l'œuvre du traité de Verdun ; du moins, elle avait pu toucher la ligne même du Rhin où elle s'étendait sur une longueur de plus de deux cents kilomètres ; et sur les autres points, à défaut de la frontière naturelle, elle avait élevé une excellente frontière artificielle, qui avait déjà sauvé une fois la France de 1708 à 1712, — qui allait la sauver une seconde fois en 1793.

LXXII. — Relations de la France et de l'Autriche, de 1672 à 1789.

La France et l'Autriche ont été presque constamment en guerre. Cette hostilité, plusieurs fois séculaire, était-elle dans la nature des choses en 1672 ? Résultait-elle d'un antagonisme insurmontable, d'une opposition invincible d'intérêts ? Personne ne pourrait l'affirmer.

Vers le milieu du dix-septième siècle, le but que la force même des choses assignait aux efforts de la France, c'était la conquête de la Belgique espagnole et le maintien de l'influence française sur la rive gauche du Rhin : voilà ce qu'exigeait impérieusement le souci de la défense de la frontière si vulnérable du nord-est. — Quant à l'Autriche, réduite depuis les traités de Westphalie à une suprématie purement nominale sur les princes d'Allemagne, et désormais incapable de reprendre l'œuvre de l'unité germanique que la puissance et le génie de Charles-Quint n'avaient pu mener à bonne fin, ses intérêts vitaux étaient dans la vallée du

Danube; établie au centre de ce bassin, dont elle ne possédait ni la tête ni la partie inférieure, sa politique naturelle devait être de fortifier cette position singulière et précaire. Les *intérêts nationaux* de la France et de l'Autriche n'étaient donc nulle part en contradiction : c'est ce qu'avaient compris, en France, Richelieu (qui, dans la guerre de Trente ans, avait cherché à combattre l'Espagne bien plus que l'Autriche) et Mazarin, en Autriche, M. de Lobkowitz, le ministre de l'empereur Léopold pendant les premières années de son règne. Mais, à Vienne, les *intérêts dynastiques* et les relations de famille l'emportèrent sur les intérêts nationaux; Léopold se décida à soutenir la branche espagnole de sa maison, menacée par Louis XIV dans la guerre de Hollande. Lobkowitz fut disgracié, et la guerre recommença entre l'Autriche et la France.

La lutte entre les deux pays allait durer quatre-vingts ans, presque sans interruption. Cette longue hostilité ne résulta, pendant la fin du dix-septième siècle, que de la politique inintelligente de l'Autriche : malgré un préjugé singulièrement répandu, c'est parce que l'Autriche le voulut que la France fut son ennemie. — Au début du dix-huitième siècle, l'acquisition de la Belgique par la maison de Habsbourg suscita entre les deux pays une cause nationale d'antagonisme qui jusqu'alors n'existait pas. — Enfin, après un demi-siècle de déboires dus en grande partie à sa politique antifrançaise, la cour de Vienne, par un revirement complet, se rapprocha de l'ennemie séculaire qu'elle s'était volontairement donnée.

I. *Première période, de 1672 à 1713.* — Au moment où l'Autriche se tourne décidément contre la France, deux ennemis sérieux s'élevaient déjà contre elle-même dans l'Empire : le Brandebourg dans le nord, la maison de Bavière dans le bassin du Danube. Elle s'unit cependant à ces ennemis naturels pour combattre la France. Trois guerres dans cette première période :

1° *Guerre de Hollande.* — C'est en 1673 que l'Autriche entre dans la coalition. Son général, Montecuculli, est repoussé du Rhin par Turenne ; l'année suivante, invasion désastreuse en Alsace. Après la mort de Turenne et la victoire de Consarbruck (1675), les Impériaux sont encore chassés d'Alsace par Condé, battus autour de Fribourg par Créqui, et l'empereur adhère à la paix de Nimègue (1679) qui ne lui donne aucun avantage.

2° *Guerre de la Ligue d'Augsbourg.* — Préliminaires de la guerre (les chambres de réunion, relations de Louis XIV avec les Turcs et les Hongrois soulevés, trêve de Ratisbonne ; formation de la Ligue d'Augsbourg (1686), affaires du Palatinat (1688) et de Cologne).—Opérations militaires : incendie du Palatinat, hostilités sur le Rhin ; les Autrichiens envoient des secours au duc de Savoie et sont ainsi aux prises avec les Français sur les Alpes. — Traité de Ryswick : Louis XIV rend à l'Allemagne ses conquêtes, sauf Strasbourg (1697).

3° *Guerre de la succession d'Espagne.* — Opposition de l'empereur Léopold aux traités de partage ; dès 1701 il commence la guerre. Les Français et les Autrichiens en viennent aux mains : en Allemagne (campagnes contre Villars, bataille d'Hochstett, l'Alsace menacée), en Italie (campagnes du prince Eugène contre Vendôme et Marsin, 1701-1707), en Espagne, bataille de Villaviciosa (1710), aux Pays-Bas (depuis Oudenarde jusqu'à Denain, 1708-1712); enfin une dernière campagne de Villars et du prince Eugène dans la Forêt-Noire termine la lutte. — Traité de Rastadt (1714); l'Autriche obtient les possessions espagnoles d'Italie et la Belgique.

Résultats de la politique que l'Autriche a suivie dans cette première période : elle a acquis des provinces italiennes qui ne lui servent à rien, la Belgique qui la condamne à l'hostilité contre la France ; et elle a dû laisser l'électeur de Brandebourg prendre le titre de roi.

II. *Seconde période, de 1713 à 1755.* — Pendant quelques années, par un contre-coup inattendu de la politique brouillonne d'Albéroni, l'Autriche vit en paix avec la France (Quadruple Alliance, 1718); mais bientôt la possession de la Belgique par l'Autriche (la Compagnie d'Ostende) produit son effet naturel, et les deux nations redeviennent ennemies. Le cardinal Fleury conjure une première guerre, sur le point d'éclater (1726-1729), mais il ne peut en prévenir deux autres.

1° *Guerre de la succession de Pologne.* — Après l'échec de Leczinski en Pologne, les Français et les Autrichiens sont aux prises sur le Rhin (Berwick, siège de Kehl) et en Italie (campagnes de Villars et de Coigny, 1733-1735). Traité de Vienne (1738), la Pragmatique sanction de Charles VI.

2° *Guerre de la succession d'Autriche.* — Cette fois, l'existence même de l'Autriche est mise en péril (1740-1748). Conquête de la Silésie par Frédéric II de Prusse, l'allié de la France; lutte des Autrichiens contre les Français en Allemagne (campagne de Bohême, invasion de l'Alsace), en Italie (bataille de Plaisance, soulèvement de Gênes), en Belgique (campagnes du maréchal de Saxe, Fontenoy, de 1744 à 1748). — Paix d'Aix-la-Chapelle : l'Autriche recouvre tout ce que les Français lui ont pris, mais non la Silésie.

Les résultats de cette seconde période sont encore moins favorables à l'Autriche que ceux de la première : elle a gardé la Belgique dont elle ne se soucie pas, elle a perdu la Silésie dont l'importance est capitale (Marie-Thérèse ne peut voir un Silésien sans pleurer), et elle a laissé grandir encore la Prusse, en qui elle commence à sentir sa vraie ennemie.

III. *Troisième période, alliance de l'Autriche et de la France.* — Ces résultats expliquent assez le revirement complet de la politique autrichienne, et son alliance avec la France; soutiens de cette politique nouvelle : en Autriche, Kaumitz; en France, madame de Pompadour et Choiseul.

1° *Alliance pendant la guerre.* — Les trois traités de Versailles (1756-1758); guerre de Sept Ans; l'Autriche, qui a d'abord promis la Belgique à la France, retire cette promesse; les Français luttent dans l'Allemagne occidentale, les Autrichiens en Bohême, en Silésie et en Saxe, sans que leurs armées combinent leurs efforts, de 1757 à 1763. Traité d'Hubertsbourg : rien n'est changé à l'état territorial de l'Allemagne, mais la Prusse a acquis une puissance morale considérable.

2° *Alliance pendant la paix.* — Choiseul veut conserver du moins pendant la paix une alliance qui vient de coûter si cher à la France; ses efforts pour prévenir le démembrement de la Pologne. Le mariage du dauphin avec Marie-Antoinette cimente l'alliance franco-autrichienne. Après la chute de Choiseul, la France épargne encore à l'Autriche une nouvelle guerre avec la Prusse (traité de Teschen, 1779), et, à la veille même de la Révolution française, aplanit des difficultés nées de la rivalité commerciale de la Belgique et de la Hollande.

Conclusion. — L'hostilité de l'Autriche et de la France a été nuisible à la seconde de ces deux puissances, qu'elle a trop souvent détournée de sa politique nationale et dont elle a contrarié le développement normal; mais elle a été bien plus funeste à la première, car elle a permis la grandeur de la Prusse. Le jour où l'Autriche s'est rapprochée de la France, la force acquise déjà par la Prusse et les fautes du gouvernement français ont empêché cette politique nouvelle de porter tous ses heureux fruits : il était trop tard quand l'Autriche a compris ses véritables intérêts.

LXXIII. — L'œuvre de Pierre le Grand.

Au nom de Pierre le Grand se rattache l'avènement de la Russie parmi les grandes puissances européennes; avant le règne de ce grand et terrible réformateur, elle comptait presque encore parmi les nations asiatiques. Pierre était fils du czar Alexis; en 1682, il succéda à son frère aîné Fédor, avec son plus jeune frère Ivan V; mais il n'avait que dix ans, et resta d'abord sous la tutelle de sa sœur l'ambitieuse Sophie; mais, en 1689, il relégua sa sœur au couvent, laissa son frère, pauvre infirme, associé au titre de czar (c'est en 1721 qu'il prit lui-même le titre d'empereur) et, à partir de ce moment, gouverna par lui-même jusqu'à sa mort (1725). Ces trente-six années lui suffirent pour créer la puissance russe.

Toute l'œuvre de Pierre le Grand peut se résumer en trois grands efforts, qui tous trois concourent au même but : 1° il travaille à rendre l'autorité du czar absolue ; 2° il se sert de cette autorité absolue pour introduire en Russie la civilisation occidentale ; — 3° il s'en sert aussi pour mettre la Russie en contact matériel avec l'Occident.

I. *Transformation despotique de l'autorité du czar.* — L'autorité du czar était limitée en pratique par la puissance des nobles héréditaires ou *boyards*, par celle du clergé, et aussi par les caprices de la garde des *strélitz*. Pierre casse la milice des strélitz (1698), et massacre plus de 5 000 d'entre eux; il organise l'armée russe à l'européenne et devient le seul maître de la force militaire; il détruit les privilèges des boyards, la noblesse sera dorénavant conférée par l'exercice des fonctions militaires ou des fonctions civiles qui dépendent de la volonté du czar. Enfin, en 1703, il supprime le patriarche de Moscou, qui était le chef tout-puissant de l'Église russe, et le remplace par un saint-synode d'évêques nommés par lui, et dont les décisions doivent être revêtues de sa sanction. Le czar est dorénavant maître absolu de l'armée, de la noblesse, de l'Église, de la nation entière.

II. *Introduction en Russie de la civilisation occidentale.*—Cette autorité absolue lui était indispensable pour obliger la nation russe à devenir, comme il le méditait, une nation européenne. Ses principaux collaborateurs : l'Écossais Gordon, le Génevois Lefort, le Russe Menchikoff, etc. Pierre attire les étrangers et fait lui-même de longs voyages : en 1697, il parcourt la Hollande (chantier de Saardam) et l'Angleterre, pour s'instruire dans les arts mécaniques et dans la marine, et pour recruter de nombreux ouvriers, des contremaîtres, des ingénieurs, qui doivent devenir les instructeurs du peuple russe. — Création d'écoles. — Réforme des finances, de la législation, de la discipline ecclésiastique, du calendrier. — Manufactures, canaux, commerce de caravanes avec la Chine. — Police, réforme des usages, des habitudes de la nation ; interdiction des longues barbes et de la longue robe asiatique des Moscovites.

Dernières agitations du vieux parti russe, ennemi des réformes ; répression sanglante ; le propre fils du czar, Alexis, opposé aux idées nouvelles, est mis à mort (1718).

III. *La Russie est mise en contact avec l'Occident.* — Pierre fait de la Russie une puissance maritime : 1° au début de son règne, il donne une importance nouvelle au port d'Arkhangel sur la mer Blanche ; il se fait marin lui-même, malgré son horreur de la mer, et exécute sur la mer Blanche un voyage d'exploration ; — 2° pour s'ouvrir l'accès de la mer Noire, il attaque les Turcs et leur prend, en 1696, Azov (Traité de Carlowitz, 1699) qu'il reperd en 1711 (Traité du Pruth) ; — 3° pour s'ouvrir l'accès de la Baltique, il fait, de 1700 à 1721, la guerre à la Suède (bataille de Narva, conquête de l'Ingrie, de l'Esthonie, de la Livonie, de la Carélie, bataille de Pultawa, 1709, Traité de Nystadt, 1721), et fonde, en 1703, Saint-Pétersbourg, en dépit des ennemis et des éléments, au milieu de marécages insalubres, une « fenêtre ouverte sur l'Occident » ; — 4° vers la fin de son règne, il enlève aux Persans Derbent, sur la mer Caspienne.

Dans son second voyage (1717), en Allemagne, en Danemarck et en France, il essaie de faire entrer la Russie dans le système des alliances européennes, et propose inutilement au Régent une union intime des deux pays. Traité de commerce conclu avec la France.

Conclusion. — Pierre le Grand a voulu, par le despotisme, civiliser ses barbares sujets : « c'était de l'eau-forte rongeant du fer. » Du moins, en mourant, il avait, par ses actes, montré à ses successeurs la voie à suivre dans tous les sens.

LXXIV. — L'alliance anglo-française au dix-huitième siècle.

Le dix-huitième siècle a été rempli, vers son milieu et vers sa fin, par la lutte suprême de la France et de l'Angleterre; la rivalité, plusieurs fois séculaire de ces deux pays, a atteint alors, sur terre, sur mer et aux colonies, une violence qu'elle n'a jamais dépassée; mais, au commencement de ce siècle, depuis la paix d'Utrecht jusqu'à la guerre de la succession d'Autriche, il y avait eu entre les deux rivales une période de trente années de paix constante.

Pendant cette période, les sentiments des deux peuples n'ont pas toujours été les mêmes: d'abord ils ont cessé d'être ennemis; puis ils sont devenus alliés. Quelles circonstances ont fait conclure cette alliance? Quelle influence a-t-elle exercé sur l'état de la France, sur celui de l'Angleterre, sur les affaires générales de l'Europe? Enfin, quel concours d'événements a fait rompre cette intimité? Voilà les points intéressants à mettre en lumière, en étudiant les rapports de la France et de l'Angleterre pendant cette partie du dix-huitième siècle où elles n'ont pas été ennemies.

I. *Causes de l'alliance franco-anglaise; première période de cette alliance.* — Après la conclusion de la paix d'Utrecht, tant que vécut Louis XIV, la France et l'Angleterre restèrent en face l'une de l'autre dans un état d'hostilité à peine déguisée, pleines de défiance et d'irritation; cette situation se modifia quand le Régent en France, Georges Ier en Angleterre, se virent menacés par deux adversaires, Philippe V et le Prétendant, qui, sous l'influence d'Albéroni, avaient uni leur cause: l'intérêt dynastique rapprocha alors les deux pays; influence prépondérante de l'abbé Dubois sur la conclusion de l'alliance, traité de La Haye (1716) : « Vous voilà, écrit Dubois au régent, hors de page, et moi hors de peur. »

L'alliance, ainsi conclue, devait durer jusqu'à la guerre de la succession d'Autriche. Elle pouvait être utile aux deux pays ; mais, dans une première période, par la faute des personnages qui dirigèrent le gouvernement français, Dubois et le duc de Bourbon, elle tourna au détriment de la France, dont les intérêts furent sacrifiés à ceux de sa rivale.

1° *Sous l'abbé Dubois :* la Triple Alliance pour le maintien de la paix d'Utrecht (1717), rejet de l'alliance russe proposée par le czar Pierre Ier. Hostilités en Sicile, la quadruple alliance (1718), complot de Cellamare ; guerre de la France contre l'Espagne (1719), l'armée française *exécute* sur la côte espagnole *les hautes-œuvres* de la politique anglaise ; rétablissement de la paix (1720). — Le Régent cherche ensuite à se rapprocher du cabinet de Madrid.

2° *Sous le duc de Bourbon :* mais son successeur, le duc de Bourbon, rompt violemment avec l'Espagne (1725), et la France est ainsi amenée à solliciter de nouveau l'appui de l'Angleterre, à qui elle se subordonne de plus en plus ; alliance de Hanovre. — L'avènement de Fleury (1726) empêche une conflagration générale.

II. *Seconde période ; Fleury et Walpole.* — Fleury est un partisan décidé de l'alliance anglaise ; ses relations cordiales avec le premier ministre d'Angleterre, Walpole ; mais, en même temps, il veut regagner l'alliance de l'Espagne, et sa politique conciliatrice parvient à ce résultat (négociations de 1726 à 1729). Dès lors, l'alliance anglo-française change de caractère : elle devient plus équitable pour la France, et elle est une garantie de paix pour l'Europe. « La France et l'Angleterre, dit le ministre anglais, unies ensemble, pourraient maintenir la paix de l'Europe, et même lui dicter la loi. » Les nécessités de l'alliance imposent à la France, il est vrai, certaines obligations, mais elle en retire aussi des avantages réels.

1° D'une part, Fleury s'engage à ne pas envahir la Belgique, ni dans la guerre de la succession de Pologne, ni au début de la guerre de la succession d'Autriche; pour ne pas inquiéter les Anglais, il néglige entièrement la marine militaire de la France.

2° Mais, d'autre part, tranquille du côté de la mer, il peut faire prévaloir les intérêts français dans les guerres continentales (traité de Vienne, 1738); il rétablit l'influence française en Orient (traité de Belgrade (1739); développement merveilleux du commerce, de la marine marchande et des colonies de la France. — Le peuple anglais s'indigne à la vue des avantages que la France retire de l'alliance : dès 1739, il attaque l'Espagne, il soutient indirectement l'Autriche dans la guerre de 1740; enfin, après la chute de Walpole et la mort de Fleury, déclaration officielle de guerre entre l'Angleterre et la France (1744).

Conclusion. — A ce moment, l'alliance était rompue en fait depuis cinq ans; elle n'avait été intime que de 1717 à 1726, tant que la France avait été sacrifiée aux intérêts anglais ; à partir de 1744, l'hostilité va recommencer, plus ardente que jamais. Du moins, l'alliance avait servi les intérêts des deux peuples, et noué entre eux des relations intellectuelles qui leur seront profitables à tous deux.

LXXV. — **Le ministère du cardinal Fleury.**

« Avec Fleury, le bon sens succède au bel esprit et aux aventures dans la direction des affaires de la France. » Son ministère, sans être éclatant, fut utile et non pas sans gloire; « il gagne à être vu entre les deux régences et le règne de madame de Pompadour. » — Les origines de Fleury; son caractère honnête, simple, économe, pacifique; évêque de Fréjus « par l'indignation divine. » Il avait soixante-treize ans quand, en 1726, l'affection qu'il avait su inspirer à son élève Louis XV le porta au ministère où il remplaça le duc de Bourbon ; il devait rester à la tête des affaires jusqu'à sa mort (janvier 1743).

État de la France en 1726 : à l'intérieur, misère générale, détresse du Trésor, désordre des esprits ; au dehors, alliance de Hanovre, imminence d'une nouvelle guerre européenne. Le vieux cardinal n'était pas « un politique à grandes vues, » mais son esprit prudent et circonspect sut conjurer ces dangers extrêmes ; pendant tout son ministère, il se laissa guider par des maximes invariables : dans son administration intérieure, ordre et économie, modération réelle dans l'exercice du despotisme ; — au dehors, rétablissement et maintien de la paix ; efforts continuels pour prévenir la guerre, et, si elle éclate, pour la localiser.

I. *Administration intérieure.* — Fleury est secondé par Philibert Orry, financier habile et intègre ; pas d'innovations : « il traite l'État comme un corps puissant et robuste qui se rétablit de lui-même ; » mais il réprime « l'escroquerie publique », diminue les tailles, abolit l'impôt du cinquantième, règle la valeur des monnaies, améliore le taux des fermes et des recettes générales, construit des routes (mais abus de la *corvée royale* qui pèse lourdement sur les campagnes) ; développement du commerce et de la richesse publique.

Persécutions malheureuses contre les jansénistes (les *convulsionnaires*); affaires de la Bulle *Unigenitus*, résistance du Parlement (1732).

II. *Politique extérieure.* — Pour faire triompher ses vues pacifiques, Fleury s'appuie constamment sur deux alliances : celle de l'Espagne qu'il parvient à reconquérir (réconciliation des Bourbons d'Espagne et de France), et celle de l'Angleterre qu'il conserve (relations amicales avec Walpole); mais la France ne sera plus, comme au temps de Dubois, subordonnée totalement à l'Angleterre : elle reste sur le pied d'égalité, et tire même de l'alliance le principal profit (magnifique développement commercial, colonial, intellectuel, voyages des écrivains français en Angleterre; l'*anglomanie* en France).

Dans la diplomatie proprement dite, Fleury est secondé pendant la première partie de son ministère par l'habileté de Chauvelin. Trois grandes affaires à étudier :

1° *L'alliance de Hanovre.* — Au début du ministère de Fleury, la guerre est sur le point d'embraser l'Europe entière divisée en deux camps : France, Angleterre, Prusse, Hollande, Suède, Danemark (alliance de Hanovre), d'une part; Espagne, Autriche, Russie, d'autre part. — Mais Fleury, qui connaît à fond l'Europe et sait que chacun des souverains poursuit un but particulier, distinct de l'intérêt de ses alliés, travaille à donner séparément satisfaction à chacune de ces vues personnelles : négociations laborieuses de 1726 à 1731 (Préliminaires de Paris, 1727; congrès de Soissons, 1728; traité du Pardo entre l'Angleterre et l'Espagne, 1728; traité de Séville entre la France et l'Espagne, 1729; traité de Vienne avec l'Autriche, 1731). Résultats : la paix est maintenue, la France s'est réconciliée avec l'Espagne, et un Bourbon doit régner à Parme.

2° *Guerre de la succession de Pologne* (1733-1738). — Le Midi pacifié, la guerre éclate au nord de l'Europe : élection de Stanislas Leczinski au trône de Pologne (1733). — Fleury refuse de le soutenir sérieusement (M. de Plélo, siège de Dantzig), il veut conserver ses forces pour agir en Occident, où il sent que les hostilités vont commencer, et où il s'allie solidement avec l'Espagne et la Savoie; neutralité de l'Angleterre (la France n'envahira pas la Belgique). Deux campagnes heureuses contre l'Autriche, sur le Rhin (Berwick, siège de Kehl), et en Italie (Villars et de Coigny en Lombardie, conquête du royaume de Naples). Après la disgrâce de Chauvelin, traité de Vienne (1735-1738), ses conditions avantageuses pour la France (réunion future de la Lorraine, établissement d'un Bourbon sur le trône de Naples).

Résultats : « Depuis la paix de Vienne, dit Frédéric II, la France est devenue l'arbitre de l'Europe »; paix de Belgrade, conclue sous la médiation française (1739); affaires de Corse;

développement merveilleux de la marine marchande, des Antilles françaises, des colonies.

3° *Guerre de la succession d'Autriche.* — Mais cette grandeur est éphémère, elle va être compromise par la guerre de la succession d'Autriche, que Fleury désapprouve, mais ne peut empêcher (1740-1741, traité de Nymphenbourg). Causes d'une rupture avec l'Angleterre : rivalité maritime et commerciale, faiblesse de la marine de guerre de la France, guerre entre l'Angleterre et l'Espagne, chute de Walpole.

La France, qui ne demande rien pour elle-même, soutient les prétendants à la succession de l'empereur Charles VI ; opérations en Allemagne, invasion en Bohême, défection de la Prusse (traité de Breslau, 1742) et des autres coalisés, retraite désastreuse de Bohême. — Mort de Fleury, il laisse la France engagée dans une terrible guerre continentale, — et gouvernée par un roi qui, tout en ne voulant plus prendre de premier ministre, ne se décidera jamais à exercer son « métier de roi ».

Conclusion. — Fleury a vécu trop longtemps pour sa gloire : « à force de vivre, il avait lassé tout le monde »; affaibli par l'âge, trompé par les événements, joué par les hommes, il ne sut pas s'effacer quand il l'aurait pu avec honneur. S'il était mort en 1740, il compterait sans doute parmi les plus habiles ministres de notre pays. Mais nous ne pouvons pas oublier qu'il a donné à la France les plus prospères et les plus glorieuses années qu'elle ait connues au dix-huitième siècle.

LXXVI. — Le Nord et l'Orient de l'Europe, de 1700 à 1733.

Avant l'année 1733 (commencement de la guerre de la succession de Pologne), les États du Nord et de l'Orient de l'Europe (Suède, Pologne, Turquie, Russie, Prusse) n'ont joué dans l'histoire générale qu'un rôle accessoire, ou du moins, si à certains moments et dans certaines circonstances leur action a exercé une influence sérieuse sur l'équilibre européen, cette action a toujours été intermittente ; ces nations sont jusqu'alors restées en dehors de la véritable Europe qui ne comprenait guère que les États du centre, de l'ouest et du sud. — Au contraire, à partir de la guerre de la succession de Pologne, les États du Nord et de l'Est interviennent constamment dans les affaires de la politique générale, et leur action s'y fait sentir d'une façon régulière et continue. Les causes, les incidents et les conséquences de cette révolution, voilà ce qu'il est intéressant de rechercher dans l'étude de l'histoire particulière de l'Europe orientale et septentrionale, pendant les premières années du dix-huitième siècle.

Un autre fait qui se dégage de cette étude, c'est que les puissances jusqu'alors prépondérantes, la Suède, la Pologne et la Turquie, déclinent rapidement, et l'importance passe à la Russie et à la Prusse, restées jusqu'au début du dix-huitième siècle dans un rang plus modeste. Ce changement est, du reste, étroitement mêlé au changement diplomatique précédemment indiqué, il en est l'explication et la cause. Il faut donc, au milieu des événements qui se pressent pendant ces trente-trois années, 1º rechercher dans l'état de l'Europe septentrionale et orientale, vers 1700, les raisons de ce double changement ; — 2º étudier la grande guerre de 1700 à 1721, par laquelle ce changement devient un fait accompli ; — 3º enfin, montrer les conséquences produites par cette guerre, de 1721 à 1733.

I. *État de l'Europe orientale et septentrionale vers 1700.* — La révolution que nous étudions n'a pas été déterminée principalement par des causes géographiques, car les cinq États qu'elle intéresse sont également mal constitués au point de vue territorial ; elle est donc le résultat de causes intérieures et diplomatiques.

1º *Géographie :* la Suède, possédant presque tous les rivages de la Baltique, a un empire vaste, mais fragile, et sans unité nationale. — Position analogue de la Turquie qui possède tous les rivages de la mer Noire. — La Pologne occupe une plaine immense, mal délimitée, sans frontières naturelles. — La Russie n'a de rivages que ceux de la mer Blanche, et est de fait en dehors de l'Europe. — La Prusse est coupée en deux parties : Prusse proprement dite et Brandebourg.

2° *Causes de décadence.* — La décadence est produite par des vices d'organisation intérieure (en Suède, puissance de la noblesse qui n'a aucun souci patriotique ; — en Pologne, pas de tiers état, faiblesse du gouvernement central, le *liberum veto ;* — en Turquie, conspirations de sérail) et par une détestable politique extérieure (ces trois États, également menacés par la Russie et l'Allemagne, loin de s'unir contre leurs ennemis communs, se combattent perpétuellement les uns les autres).

3° *Causes de progrès.* — Le contraire se produit en Prusse et en Russie : réformes de Pierre le Grand depuis 1689 ; progrès administratif de la Prusse, sous le *Grand Électeur,* jusqu'en 1688, et ensuite sous Frédéric III, qui, en 1700, devient Frédéric Ier, roi de Prusse. — Sagesse de la politique extérieure de la Russie et de la Prusse ; alliance étroite de ces deux États.

II. *Guerre de 1700 à 1721.* — La révolution politique, préparée par cet état du Nord et de l'Orient, est déterminée par la grande guerre qui, en 1700, réunit le Danemark, la Prusse et la Russie contre le jeune roi de Suède, Charles XII : invasion du Schleswig par les Danois, de la Livonie par Auguste, roi de Pologne et électeur de Saxe, et par le czar, Pierre le Grand. Trois périodes dans cette guerre :

1° Par le traité de Traventhal et la victoire de Narva, Charles XII disloque la coalition formée contre lui. — 2° Puis, avec plus d'instinct politique qu'on ne lui en a quelquefois reconnu, comprenant la communauté d'intérêts qui unit la Pologne et la Turquie à la Suède, il veut débarrasser la

Pologne de son roi allemand pour s'appuyer ensuite sur elle et ruiner le czar : victoires en Pologne de 1702 à 1706, élévation au trône de Stanislas Leczinski, mais défaite de Pultava, 1709. — 3° Charles XII veut alors faire avec la Turquie ce qu'il n'a pu accomplir avec la Pologne ; ses projets, sur le point de réussir, sont renversés par le traité du Pruth (1711), séjour à Bender (1709-1713).

Alors la grande ligue du Nord se renouvelle contre la Suède, ses désastres ; retour de Charles XII, négociations de Gœrtz avec Pierre le Grand, mort de Charles XII en Norvège (1718). Traités de Stockholm et de Nystadt (1719-1721), la Suède perd le rivage méridional de la Baltique (moins Stralsund) et le rivage oriental (moins la Finlande).

III. *Le Nord et l'Orient de l'Europe jusqu'en* 1733. — Ces pertes immenses et surtout l'affaiblissement du pouvoir royal, la puissance des nobles (partis des Chapeaux et des Bonnets) ôtent à la Suède toute importance politique pour un demi-siècle. — En Pologne, la défaite de Pultava a été suivie du renversement de Stanislas, du rétablissement d'Auguste ; ce roi allemand sacrifie tous les intérêts de son royaume dont il prépare l'asservissement à ses puissants voisins. — La Turquie a laissé échapper au traité de Pruth une occasion unique de conjurer sa ruine ; elle continue à s'affaiblir par une guerre nouvelle contre l'Autriche (traité de Passarowitz) et par les désordres intérieurs.

En Prusse, gouvernement économe de Frédéric-Guillaume Ier, le roi-sergent (1713-1740), qui organise de bonnes finances et une excellente armée. — En Russie, Pierre le Grand continue ses réformes ; quand il meurt (1725), il a si bien assuré la prospérité de son empire qu'elle n'est pas compromise par de fréquents changements de règne (Catherine Ire, 1725-1727 ; Pierre II, 1727-1730 ; Anne Ivanowna, 1730-1740).

Conclusion. — La révolution, préparée dans le Nord et l'Orient de l'Europe par tant de causes administratives et diplomatiques, effectuée par la lutte de Charles XII et de

Pierre le Grand, va être révélée en quelque sorte à l'Europe par la guerre de la succession de Pologne. Elle doit avoir des conséquences lamentables pour la France dont elle a ruiné les vieilles alliées (Suède, Pologne, Turquie) ; et la puissance de la Russie et de la Prusse, qu'elle a élevées, pèsera bien souvent et lourdement sur l'Europe occidentale.

LXXVII. — Les relations de la France et de la Russie au dix-huitième siècle.

L'élévation inattendue de la Russie, qui, au dix-huitième siècle, prit rang parmi les grandes puissances de l'Europe, rompait les traditions diplomatiques et dérangeait toutes les combinaisons politiques sur lesquelles s'était appuyée jusqu'alors la France dans l'Europe centrale ; en effet, si la Russie grandissait, c'était au détriment de la Suède, de la Pologne et de la Turquie, qui avaient été jusqu'alors les alliées de la France en Orient et qui lui servaient à inquiéter du côté de l'est la masse des nations germaniques, tandis qu'elle-même les menaçait du côté de l'ouest.

En présence de cette situation nouvelle, que devait faire le cabinet de Versailles ? Deux partis se présentaient à lui : s'allier franchement à la Russie, l'aider à réaliser son ambition d'agrandissement territorial, et, dans les combinaisons de la politique française, substituer cet empire jeune et plein d'avenir à la Suède, à la Pologne et à la Turquie en décadence ; — ou bien, au contraire, combattre décidément la Russie, soutenir avec énergie nos anciennes alliées et prévenir leur décadence par une intervention soutenue.

Ces deux partis avaient leurs avantages et leurs inconvénients ; il y en avait un troisième qui n'offrait que des inconvénients sans aucun avantage possible : c'était de ne pas s'allier avec la Russie, tout en ne prêtant à nos anciennes alliées aucune aide sérieuse et efficace. C'est ce que fit le gouvernement français.

Au début, il repousse les offres de la Russie qui recherchait la France et ne demandait qu'à conclure avec elle une alliance intime ; — la conséquence c'est que, dans une seconde période, la France et la Russie combattent l'une contre l'autre, de 1733 à 1748 ; — depuis la paix d'Aix-la-Chapelle, les circonstances ne les mettent plus aux prises, mais la politique de la France reste toujours aussi indécise et flottante.

I. *Première période, tentatives d'alliance.* — Dès que Pierre le Grand introduit la Russie dans la politique européenne, c'est vers la France qu'il dirige ses vues : 1° en 1711, il demande la médiation française dans sa guerre contre Charles XII, refus de Louis XIV ; — 2° en 1717, il vient en France et propose franchement la substitution de la Russie à la Suède et à la Pologne dans les alliances de la France ; refus du régent « ensorcelé » par Dubois pour l'Angleterre ; — 3° en 1725, Catherine Iʳᵉ propose de marier sa fille Élisabeth à Louis XV, refus du duc de Bourbon. « Fatal refus ! Combien l'alliance franco-russe, devenue étroite et intime dès le début, eût pu être favorable pour notre pays ! »

II. *Seconde période, hostilités.* — Cette politique française menait fatalement à la guerre : n'étant pas admise parmi les alliés de la France, la Russie devait naturellement se trouver parmi ses ennemis. De 1730 à 1748, les deux pays sont deux fois en guerre ; mais, dans cette période d'hostilités, il faut distinguer deux phases distinctes :

1° Sous les règnes d'Anne Ivanowna (1730-1740) et d'Ivan VI (1740-1741), la Russie est franchement l'ennemie de la France. — Guerre de la succession de Pologne (1733-1738) : le général russe Lascy installe Auguste III à Varsovie, et Munnich assiège Stanislas Leczinski dans Dantzig ; en 1734, une armée russe paraît pour la première fois dans l'Europe occidentale, dans la vallée du Rhin. — En 1739, la France intervient, par sa diplomatie, entre les Austro-Russes et les Turcs : au traité de Belgrade, négocié par notre ambassadeur à Constantinople, Villeneuve, la Russie est obligée de rendre ses conquêtes. — Enfin, en 1740, le gouvernement d'Ivan VI se déclare en faveur de Marie-Thérèse ; guerre contre la Suède, alliée de la France.

2° L'avènement d'Élisabeth, favorable à la France (influence de la Chétardie), ne paraît pas modifier d'abord la situation ; une armée russe paraît une seconde fois dans la vallée du Rhin, pendant la guerre de la succession d'Autriche. — Cependant la politique française regagne du terrain à Saint-Pétersbourg, et la paix d'Aix-la-Chapelle (1748) met fin aux hostilités entre les deux pays.

III. *Troisième période, de 1748 à 1789*. — Ils deviennent même alliés tant que vit la czarine Élisabeth, qui se laisse aller à sa vieille inclination pour Louis XV et pour la France ; influence prépondérante du goût français en Russie. La Russie s'unit à la France pour combattre Frédéric II pendant la guerre de Sept Ans.

Mais la mort d'Élisabeth (1762) et les variations de la politique française changent une fois encore la situation. Catherine II (1762-1796) flatte les philosophes français, mais ne songe qu'à ses propres intérêts : contrecarrée par Choiseul dans ses projets sur la Pologne, elle profite, depuis 1770, de l'incapacité de d'Aiguillon qui laisse partager la Pologne. — A partir de 1779, elle semble se rapprocher de la France (traité de Teschen, 1779 ; Ligue des Neutres, 1780) ; mais, en réalité, elle ne perd jamais de vue ses desseins sur la Pologne et la Turquie, et va profiter, pour les accomplir, des bouleversements causés par la Révolution française.

Conclusion. — Ainsi, pendant tout le dix-huitième siècle, la France n'a su ni s'allier franchement à la Russie, ni la combattre franchement ; la Russie, désireuse de satisfaire son ambition nationale, a dû chercher ailleurs, en Prusse, cette alliée nécessaire : de là l'union étroite de la Prusse et de la Russie, qui au dix-huitième siècle a permis à la Russie

10.

de s'étendre en Orient au détriment des *Français du Nord*,
— et qui, au dix-neuvième, doit peser si lourdement sur
l'Europe et sur la France.

LXXVIII. — Les progrès de la puissance prussienne de 1618 à 1786.

C'est en 1618 que l'État prussien est réellement constitué,
par la réunion du margraviat électoral de Brandebourg, vassal
de l'Empire d'Allemagne, et du duché de Prusse, vassal de
la Pologne ; en 1786, au moment où meurt Frédéric le Grand,
le nouvel État avait pris sa place parmi les grandes puissances de l'Europe. Comment une pareille transformation
a-t-elle pu s'accomplir en un siècle et demi ? quelles ont été
les principales étapes de la grandeur prussienne ?

La Prusse avait contre elle la géographie : en 1618, c'est
un État formé de deux tronçons, isolés l'un de l'autre, l'un
dans les bassins de l'Elbe et de l'Oder, l'autre dans le bassin
du Niémen ; pas de frontières ; pas d'unité nationale. Mais
elle avait pour elle l'habileté opiniâtre de ses souverains
(Frédéric-Guillaume *le Grand Électeur*, 1640-1688, Frédéric III
ou Frédéric Ier roi de Prusse, 1688-1713, Frédéric-Guillaume Ier
le roi sergent, 1713-1740, Frédéric II le Grand, (1740-1786) qui,
différents de talent, montrèrent tous une merveilleuse constance dans la même politique, mirent en œuvre les mêmes
moyens pour arriver au même but. — Les moyens : application constante du souverain à ses devoirs ; forte organisation du service militaire, et prépondérance marquée de
l'armée (« la guerre, dit Mirabeau, est l'industrie nationale
de la Prusse »), diplomatie « sans ombre de générosité ou
de scrupule » qui fait et défait les alliances au seul gré de
ses intérêts, manque absolu de sens moral et politique, mais
intelligence très éveillée de tout ce qui peut être avantageux.
Le but : affaiblir en Allemagne le plus possible l'autorité
de l'Empereur tout en développant territorialement l'État

prussien ; défendre au contraire, l'Empire contre les souverains étrangers, de façon à montrer à l'Allemagne la Prusse comme la protectrice des intérêts allemands.

En appliquant ces moyens à la réalisation de cette politique, les souverains prussiens parcoururent de 1618 à 1786 trois grandes étapes : 1º de 1618 à 1648 ils firent de la Prusse un des principaux États allemands ; — 2º de 1648 à 1713, ils conquirent pour cet État allemand une place parmi les États européens ; — 3º de 1713 à 1786, ils lui assurèrent la prépondérance en Allemagne et dans l'Europe centrale.

I. *Progrès de la Prusse en Allemagne.* — En 1618, Jean-Sigismond, margrave de Brandebourg, hérite du duché de Prusse. Deux grandes affaires dans cette première période : 1º Succession de Clèves et de Juliers ; après de longues négociations avec la maison de Neubourg, le Brandebourg conserve les seigneuries de Clèves, de la Mark et de Ravensberg. — 2º Rôle du Brandebourg dans la guerre de Trente Ans ; l'électeur, quoique protestant, ne soutient pas par jalousie le comte palatin roi de Bohême ; obligé par Gustave-Adolphe à se ranger de son côté, il abandonne les Suédois au traité de Prague (1635) ; ses relations avec Richelieu. Au traité d'Osnabruck (1648), il acquiert une partie de la Poméranie, Magdebourg, Halberstadt, Minden, Cammin : acquisitions précieuses dans les vallées de l'Elbe et du Weser, isolées il est vrai, mais qui étendent l'action de la Prusse dans l'Allemagne du Nord et qui devront être réunies un jour. La Prusse est devenue un des grands États allemands.

II. *La Prusse érigée en royaume.* — Mais les ravages de la guerre de Trente Ans ont dépeuplé et ruiné le Brandebourg. Politique intérieure du Grand Électeur : mise en culture des terres ; le Brandebourg devient *terre d'asile* pour les persécutés de tous les cultes, pour les protestants français après la révocation de l'édit de Nantes ; peuplement de Berlin. — Politique extérieure : le duché de Prusse devient indépendant de la Pologne (traité de Vehlau, 1657), grâce à l'habileté avec laquelle Frédéric-Guillaume promène son alliance de la

Suède à la Pologne. De même, à l'Occident, la Prusse entre d'abord dans la ligue du Rhin (1662), puis se prononce contre Louis XIV dans la guerre de Hollande (victoires de Turenne sur le Weser, traité de Vossem, 1673, violé par l'électeur l'année suivante ; campagne d'Alsace ; victoire de Fehrbellin sur les Suédois ; mais le traité de Saint-Germain, 1679, enlève à l'électeur toutes ses conquêtes), dans la guerre de la ligue d'Augsbourg (1688-1697), enfin dans la guerre de la succession d'Espagne ; (en 1701, l'électeur Frédéric III vend son appui à l'empereur Léopold en échange du titre de *roi* pour la Prusse, opposition du prince Eugène ; en 1713 ce titre est reconnu par l'Europe). — Ainsi, au début de cette période, la Prusse est devenue un État souverain ; à la fin, elle est érigée en royaume, tout en restant soudée à l'Allemagne par le Brandebourg.

III. *Le royaume de Prusse devient une des grandes puissances de l'Europe.* — Au dix-huitième siècle, la Prusse développe les avantages que peut produire cette situation double ; Frédéric-Guillaume Ier, en tombant à propos sur la Suède vaincue, acquiert une grande partie de la Poméranie (paix de Stockholm, 1720) ; il donne à la Prusse une armée admirablement dressée de 80 000 hommes, et un fort *trésor de guerre*. Frédéric II met en œuvre ces ressources : dans la guerre de la Succession d'Autriche (1740-1748), en violant tour à tour ses engagements avec la France et avec l'Autriche, il s'empare de la Silésie ; dans la guerre de Sept Ans (1756-1763), il conserve la Silésie, et par ses victoires sur une formidable coalition européenne, élève moralement la Prusse au premier rang des puissances de l'Europe ; dans le premier partage de la Pologne (1772), il réunit la Prusse proprement dite au Brandebourg ; enfin, dans l'affaire de la succession de Bavière (traité de Teschen, 1779), il prouve que la prépondérance en Allemagne est passée de l'Autriche à la Prusse.

Conclusion. — Habiles administrateurs, despotes éclairés, diplomates peu scrupuleux, souvent grands capitaines, les souverains de la Prusse, de 1618 à 1786, ont conduit par étapes successives leur royaume à la tête de l'Allemagne, et l'ont introduit parmi les grands États de l'Europe ; ils ont fondé une *grande puissance :* mais il faudrait en outre avoir rendu quelque service à l'humanité pour constituer une *grande nation.*

LXXIX. — Histoire coloniale de la France sous Louis XV.

Au milieu du dix-huitième siècle, la France, si admirablement placée sur l'océan Atlantique et sur la Méditerranée pour être une puissance maritime de premier ordre, a failli réaliser les rêves d'expansion lointaine que le génie de Richelieu et de Colbert avait caressés pour elle, et devenir la première puissance coloniale du monde. Dans les deux mondes, en Amérique et en Asie, elle a occupé la première les positions les plus importantes, et précédé l'Angleterre : c'est elle qui a ouvert la voie où sa rivale séculaire devait, en la supplantant, trouver tant de gloire, de richesses et de puissance. — Le trait caractéristique de ce développement colonial de la France, c'est qu'il a été tout spontané : le gouvernement français ne l'a ni provoqué, ni favorisé ; mais cela aussi l'a empêché d'être durable : le gouvernement, par cela même qu'il était resté dès le début étranger à ce mouvement, ne l'a jamais soutenu ; bien plus, on peut dire que, par ses fautes, il a contribué autant que l'Angleterre elle-même à le comprimer.

Après les misères de la guerre de la Succession d'Espagne, le progrès colonial de la France se manifeste dès les premières années du règne de Louis XV. Il est au début tout pacifique ; assez marqué, pour éveiller dès 1740 les jalousies de l'Angleterre ; — alors commencent les guerres coloniales ; en dépit de l'indifférence du gouvernement français, ces guerres ne parviennent pas d'abord à enrayer le mouvement d'extension des colonies françaises ; — mais, à partir de 1754, se produisent les effets naturels de l'apathie coloniale de Louis XV : les efforts désespérés des colons français ne peuvent plus résister à la supériorité écrasante des forces britanniques, l'empire colonial de la France s'écroule.

I. *Progrès pacifique, de 1715 à 1740.* — C'est le système de Law qui donne l'impulsion au mouvement colonial : la compagnie d'Occident (1717) développe la Louisiane (*Mississipiens*) où elle fonde la Nouvelle-Orléans ; fortification de Louisbourg dans l'île Royale. La compagnie des Indes (1719) : Dumas (1735-1741) achète Karikal et fonde plusieurs comptoirs ; La Bourdonnais, depuis 1733 gouverneur de l'île Bourbon et de l'île de France. Prospérité merveilleuse des Antilles françaises.

État des colonies françaises en 1740 : en Amérique, le Canada et la Louisiane, c'est-à-dire tout le bassin du Saint-Laurent et du Mississipi (importance de l'Ohio), la Guyane, plusieurs Antilles ; en Afrique, le Sénégal, l'île de France, Bourbon ; dans l'Inde, Pondichéry, Karikal, Chandernagor, Mahé et Surate. Rivalité coloniale avec l'Angleterre. Quelles belles destinées s'ouvraient pour notre pays, si le gouvernement de Louis XV avait secondé ces progrès ! Mais il va sottement perdre les forces et l'argent de la France dans des guerres continentales qui ne nous intéressaient en rien, tandis que l'Angleterre fera un effort suprême pour ruiner notre marine et nos colonies.

II. *Progrès pendant la guerre, de 1740 à 1754.* — C'est à la faveur de la guerre de la Succession d'Autriche que l'Angleterre espère une première fois ruiner l'empire colonial de la France ; mais l'événement trompe son attente : en Amérique, perte de Louisbourg par les Français ; dans l'Inde, La Bourdonnais prend Madras ; Dupleix, gouverneur-général depuis 1742, dont le génie est secondé par son lieutenant Bussy l'*Indien* et sa femme Jeanne *la Bégum*, se brouille malheureusement avec La Bourdonnais, mais inflige aux Anglais un désastre au siège de Pondichéry. Paix d'Aix-la-Chapelle (1748) : restitution mutuelle des conquêtes.

Mais cette paix n'interrompt pas la rivalité coloniale des deux pays : en Amérique, contestations sur l'Acadie et l'Ohio, prévoyance des gouverneurs La Galissonière et Duquesne, assassinat de Jumonville (1754). — Dans l'Inde, projets de Dupleix pour la conquête territoriale, il acquiert un empire peuplé de 30 millions d'habitants. Encore un effort, et la question coloniale était résolue en faveur de la France.

III. *Ruine des colonies françaises.* — L'Angleterre comprend le danger, et se décide à tout oser : elle obtient de la lâcheté de Louis XV le traité de Madras (abandon des conquêtes de Dupleix) ; puis, elle veut à tout prix le renouvellement de la guerre coloniale : pirateries de Boscawen.

Cette guerre s'ouvre pour elle par un désastre (perte de Minorque, 1756), mais le gouvernement de Louis XV s'engage dans la guerre continentale de Sept Ans et abandonne lâchement les colonies. Laissées à elles-mêmes, elles se défendent héroïquement : en Amérique, perte de Louisbourg; victoires de Montcalm au Canada de 1755 à 1758 ; mort de Montcalm, perte de Québec (1759) et de Montréal (1760); perte des Antilles. — En Afrique, perte du Sénégal (1758). — Dans l'Inde, premiers succès de Lally (1758), son échec à Madras (1759), perte de Pondichéry (1761). Paix de Paris (1763) : la France cède aux Anglais tout le Saint-Laurent, plusieurs Antilles, le Sénégal sauf Gorée, et la domination de l'Inde; elle abandonne la Louisiane à l'Espagne, son alliée malheureuse.

Choiseul, forcé d'apposer sa signature à ce traité, n'en était pas absolument responsable. Ses efforts, après la paix, pour relever la marine et les colonies françaises; mais sa chute (1770) ne lui laisse pas le temps de réaliser ses projets, et d'Aiguillon, qui le remplace jusqu'à la fin du règne de Louis XV, renonce à toute idée de revanche.

Conclusion. — L'histoire coloniale de la France sous

Louis XV suffirait à faire justice de ce préjugé paradoxal, que « les Français n'ont pas le génie colonisateur » : c'est le gouvernement, non le pays, qui a prouvé sa défaillance. L'avenir restait donc à la France, et Pitt voyait juste, quand, critiquant le traité de Paris, « vous laissez aux Français, disait-il au Parlement, la possibilité de rétablir leur marine et leurs colonies. »

LXXX. — La marine française pendant la guerre de l'Indépendance des États-Unis.

La guerre de l'Indépendance des États-Unis mit aux prises pendant cinq années, de 1778 à 1783, les forces navales de la France et de l'Angleterre. Pour la première fois, la France ne fit la guerre que sur mer ; sa diplomatie, sagement conduite par M. de Vergennes, évita la faute deux fois commise déjà au dix-huitième siècle (guerres de la Succession d'Autriche et de Sept Ans), et elle n'alla pas sottement attaquer un ennemi continental au moment même où tous ses intérêts étaient engagés dans la lutte maritime. — C'est là le caractère particulier de cette période brillante, pendant laquelle un ministre habile fait surgir des hontes du règne de Louis XV l'étonnante résurrection de l'ancienne marine de Louis XIV et réussit à créer et à armer ces flottes qui tiennent en échec dans la Manche, sur l'Océan, aux Antilles, dans la Méditerranée et jusque dans l'Inde toutes les forces navales de la Grande-Bretagne.

Pendant ces cinq années, la marine française, qui fut soutenue presque dès le début par la marine espagnole (conséquence de la politique de Choiseul et du pacte de famille), et un peu plus tard par la marine hollandaise, eut une tâche multiple à remplir ; elle allait obtenir trois grands résultats : contribuer à assurer l'indépendance des colonies anglaises de l'Amérique du Nord ; — relever l'honneur et la puissance maritime de la France ; — ruiner le despotisme que l'Angle-terre prétendait faire peser sur toutes les marines secon-daires.

I. *Part de la marine française dans la guerre d'indépendance proprement dite.* — Aussitôt après le traité d'alliance conclu avec les colonies et la déclaration de guerre de l'Angleterre, Louis XVI envoie la flotte de Toulon commandée par d'Estaing sur les côtes d'Amérique ; à son arrivée dans la baie de la Delaware, les Anglais évacuent Philadelphie ; une attaque manquée sur Rhode-Island ; — insuccès de d'Estaing à l'attaque de Savannah (1779) ; — en 1781, une flotte française dans la Chesapeake prépare le succès décisif, la capitulation de York-Town : dès lors, la cause de l'indépendance des États-Unis est gagnée.

II. *Guerre maritime générale.* — Mais la guerre générale que les flottes françaises soutenaient depuis 1778 sur toutes les mers contre les flottes anglaises continua encore deux ans.

1° Dans les mers d'Europe : — combat glorieux de la Belle-Poule, bataille d'Ouessant (1778) ; projet de descente en Angleterre (1779) ; la mésintelligence de d'Orvilliers et de l'amiral espagnol Cordova le fait échouer ; attaque infruc-tueuse sur Gibraltar (1779-1783), reprise de Minorque (1782) ; succès de Lamotte-Piquet en vue des côtes anglaises.

2° En Afrique : — reprise de Saint-Louis au Sénégal (1779).

3° Dans le golfe du Mexique : — succès de d'Estaing aux Antilles (1779), prise de Saint-Vincent et de la Grenade ; combats indécis entre l'Anglais Rodney et Guichen dans les eaux de la Martinique, reprise de la Floride aux Anglais (1780) ; victoire du comte de Grasse à Tabago (1781), mais il est battu aux Saintes par Rodney (1782).

4° Dans l'Inde : — c'est en 1782 seulement que Louis XVI envoie une flotte dans les mers de l'Inde ; le bailli de Suffren, qui la commande, soutient Hayder-Ali, Tippoo-Saëb et Bussy, et remporte cinq victoires navales, au Coromandel, à Ceylan, à Negapatam, à Trincomali et à Gondelour (1782-1783.)

III. *Émancipation des marines secondaires.* — Tous ces succès des flottes françaises donnent aux marines secondaires le. courage de résister au despotisme anglais. Les Hollandais commencent et protestent les premiers (1779); bataille de Doggers bank ; ravage des Antilles hollandaises, vengé par la flotte française. — En 1780, la *Neutralité armée* réunit la Russie, le Danemark, la Suède, le Portugal, la Prusse, avec la France et l'Espagne, pour imposer aux Anglais le respect des droits des neutres (le pavillon couvre la marchandise ; condamnation des blocus sur le papier.)

Conclusion. — Le traité de Versailles (1783) reconnaît l'indépendance des États-Unis, — rend à l'Espagne Minorque et la Floride, — donne à la France Sainte-Lucie et Tabago et supprime la clause du traité d'Utrecht relative à Dunkerque, mais ne lui rend pas le Canada et n'étend pas son domaine dans l'Inde.

Peut-être pouvait-on espérer un résultat plus utile des belles victoires remportées dans cette guerre par la marine française ; Louis XVI en signant la paix restait fidèle aux traditions de généreux désintéressement « qu'aucun peuple n'a jamais imité, et dont la France n'a jamais recueilli de profit ! » Du moins, la France avait lavé son honneur des hontes de la guerre de Sept Ans ; et l'Angleterre, qui avait perdu en cinq ans 132 vaisseaux et 150 frégates, était forcée d'apprécier à sa juste valeur la puissance maritime de son éternelle adversaire.

LXXXI. — Le Parlement de Paris et la royauté au dix-huitième siècle.

En 1715, quand mourut Louis XIV, il y avait plus de soixante ans que le Parlement de Paris, condamné au silence, enregistrait docilement toutes les volontés du roi, et se renfermait dans ses attributions judiciaires ; le changement de règne, par une conséquence inattendue, le fit rentrer par un coup d'éclat dans la vie politique : le duc d'Orléans, mécontent du pouvoir limité que lui laissait le testament du feu roi, appuyé par les ducs et pairs, se rendit dès le lendemain de la mort de Louis XIV devant le Parlement, et eut soin de déclarer « qu'il réclamait par avance les sages remontrances de l'auguste assemblée. » Le Parlement ne pouvait que servir les desseins de celui qui lui rendait, avec le droit de remontrance perdu depuis soixante ans, toute son importance politique : le testament de Louis XIV fut cassé.

A partir de ce moment jusqu'au dernier jour de l'ancienne monarchie, le Parlement de Paris ne cessa plus de jouer un rôle dans l'État. C'est d'abord dans les questions religieuses qu'il chercha à faire prévaloir son opinion ; — puis il transporta son opposition sur le terrain politique, mais sans succès tant que vécut Louis XV ; — enfin, profitant de la faiblesse du nouveau roi Louis XVI et des fautes commises par ses ministres, il imposa ses prétentions, et son opposition devint, sinon la cause principale, du moins l'occasion de la chute de l'ancien système de gouvernement.

I. *Luttes du Parlement et du clergé.* — Les interminables querelles des Jansénistes et des Jésuites (affaire de la Bulle *Unigenitus*) recommencent dès les premières années de la Régence ; le Parlement (exilé une première fois à Pontoise en 1720 pour son opposition au système de Law) soutient les Jansénistes, Dubois fait enregistrer la bulle (1720). — La lutte recommence sous Fleury : en 1732, les Parlementaires signent en masse leur démission, rappelés deux mois plus tard ; leur popularité. — En 1749, « guerre des billets de confession » entre le Parlement et l'archevêque de Paris Christophe de Beaumont ; en 1753-54, nombreuses lettres de cachet exilant des Parlementaires ; réconciliation momentanée à la suite de l'attentat de Damiens (1757.)

II. *Opposition politique du Parlement sous Louis XV.* — Se sentant soutenu par la faveur publique, et devant le discrédit chaque jour croissant de la royauté, le Parlement s'enhardit et s'aventure de nouveau sur le terrain politique. Déjà, à la fin de la guerre de la Succession d'Autriche, il a combattu les projets financiers de Machault (impôt du Vingtième, 1749). — Après la guerre de Sept Ans, nouvelles difficultés financières, opposition du Parlement à l'enregistrement des édits bursaux (vingtième, dons gratuits des villes, liquidation des rentes); Choiseul, ministre réformateur, comprend la gravité de la situation, et fait accepter une habile transaction (novembre 1763). — Dès lors, jusqu'à la chute de Choiseul (1770), l'accord subsiste entre le gouvernement et le Parlement, dont le ministre veut faire « le meilleur soutien de la monarchie. » Mécontentement de Louis XV, il éclate à propos de la lutte entre le Parlement de Bretagne et le duc d'Aiguillon, et du « pernicieux système d'unité de classes » de tous les Parlements du royaume. — Renvoi de Choiseul, le Parlement est cassé (1771), ses membres exilés; réformes judiciaires, le Parlement Meaupeou.

III. *Triomphe et chute du Parlement.* — Le discrédit profond du Parlement Meaupeou, et l'avènement de Louis XVI qui veut se rendre populaire changent la situation : rappel des Parlements (1774), malgré l'opposition de Turgot; ce grand ministre prévoit que le Parlement, corps privilégié lui-même, sera forcément le boulevard des privilèges qu'il veut supprimer. — En effet, le Parlement demande « qu'on ne change rien à l'antique constitution du royaume; » par suite, il s'oppose à la suppression de la corvée, à l'établissement d'une *subvention territoriale* payée également par tous les Français, et contribue à la chute de Turgot. — Plus tard, il recommence avec plus d'intelligence son opposition contre l'administration malhonnête de de Calonne, dès 1785, la continue contre les réformes improvisées de de Brienne (impôts du Timbre et de la Subvention territoriale, 1787), et réclame la convocation d'États généraux. La royauté résiste d'abord (séance royale, nov. 1787 ; arrestation de d'Epréménil et de Montsabert, mai 1788 ; projet de *Cour Plénière* et nouveau renvoi des Parlements); mais il faut céder, les Parlements sont de nouveau rappelés par Necker, et les États généraux convoqués pour le 5 mai 1789.

Conclusion. — Les luttes du Parlement et de la royauté au dix-septième siècle (la Fronde) avaient abouti à l'absolutisme monarchique de Louis XIV ; les mêmes luttes au dix-huitième siècle, continuées beaucoup plus longtemps et acquérant une gravité chaque jour plus grande, obligent la royauté à capituler. Mais le Parlement triomphait beaucoup trop complètement pour ses propres intérêts : corps privilégié, intimement lié à l'ancien régime, il devait être emporté avec tous les privilèges par la Révolution française. « Le Parlement de Paris peut bien faire des barricades, il ne peut pas élever de barrières. »

ÉPOQUE CONTEMPORAINE

LXXXII. — Comparer Colbert et Turgot.

Colbert et Turgot sont certainement les deux plus grands génies qui aient été appelés par l'ancien régime au contrôle général des finances, et qui aient eu à exercer sur toute l'administration intérieure cette sorte de direction générale attachée souvent à ces fonctions, l'un au moment où s'établissait pleinement l'absolutisme monarchique, l'autre à l'époque du déclin irrémédiable de ce même régime. Il est donc intéressant de comparer ce qu'ils ont fait et ce qu'ils ont voulu faire, leur caractère, — leurs plans financiers et économiques, — leur influence et les résultats qu'ils ont obtenus.

1° Leur caractère; ressemblances : tous deux ont passionnément aimé la France et le bien public. Chez Colbert, froideur extérieure (*le Nord*, comme l'appelait madame de Sévigné), apparente dureté recouvrant un amour sincère des classes laborieuses, un sentiment vrai d'humanité, joint à une probité scrupuleuse. — Chez Turgot, qui « avait le cœur de l'Hôpital et la tête de Bacon, » connaissances économiques les plus étendues, jointes à la pratique sérieuse des affaires, profond respect de la royauté, amour ardent des classes populaires : « Il n'y a, disait Louis XVI, que M. Turgot et moi qui aimions le peuple. »

Montrer comment Colbert et Turgot ont fait leur apprentissage du gouvernement, et résumer très brièvement l'histoire ministérielle de chacun d'eux.

2° Leurs plans financiers et économiques ; s'inspirant du même principe, ils diffèrent sur un très grand nombre de points, mais parce qu'ils ont à répondre à des circonstances différentes. Colbert travaille partout à compléter l'absolutisme monarchique : c'est que la France avant lui souffrait du désordre nobiliaire ou communal ; Turgot propose d'appeler en participation aux affaires publiques les représentants de la nation (municipalités de communes, d'arrondissement, de provinces, du royaume) : c'est qu'à la fin du dix-huitième siècle la France ne sentait plus que les inconvénients et les abus du despotisme. — Finances : en principe, Colbert donne la première place dans ses préoccupations aux réformes financières proprement dites, Turgot veut guérir le mal financier dont souffre la France en guérissant d'abord le mal politique. Dans la pratique, Colbert par esprit d'équité diminue l'impôt direct (la taille), payé par les roturiers et crée une augmentation énorme des impôts indirects (les aides) ; Turgot peut pousser plus loin encore cet esprit d'équité, par la création d'un impôt direct que tous, nobles et roturiers, payeront indistinctement (la *Subvention territoriale,* en remplacement de la corvée). Répugnance égale de Turgot et de Colbert pour les emprunts. — Économie politique : Colbert, par une protection parfois un peu étroite et jalouse (le Colbertisme, corporations, compagnies privilégiées de commerce, tarifs douaniers) crée l'industrie française et donne un brillant essor au commerce ; c'est par la liberté (abolition des maîtrises, des jurandes, etc,) que Turgot veut assurer le progrès de l'industrie et du commerce, assez forts désormais pour se développer d'eux-mêmes. Pour l'agriculture, Colbert réglemente le commerce des grains, imagine l'*échelle mobile,* etc. ; Turgot proclame la libre circulation des grains dans l'intérieur du royaume, etc. Tous deux comprennent l'importance et la nécessité de l'amélioration des voies de communication, etc.

3° *Résultats.* — Par les moyens les plus dissemblables, Colbert et Turgot tendent donc au même but, le développement de la prospérité matérielle, l'amélioration du sort des classes laborieuses. — Dans le domaine de la théorie, ils ont tous deux une importance extrême et presque égale; dans le domaine des faits, dans l'histoire administrative de notre pays, Colbert occupe une place bien plus considérable que celle de Turgot : c'est que l'un a joui de la plus grande longévité ministérielle que l'on puisse constater au contrôle général (22 ans ministre, de 1661 à 1683), l'autre est resté deux ans à peine au ministère (juillet 1774-mai 1776). Par suite, il a été donné à Colbert d'appliquer la plus grande partie de ses idées, dans presque toutes les branches de l'administration intérieure; Turgot a surtout laissé des projets.

Colbert a eu à lutter contre l'ascendant de Louvois, et, à partir de 1671, il a eu la douleur de voir son œuvre patiente peu à peu compromise par l'influence funeste de son rival; Turgot a combattu constamment contre les défenseurs des monopoles et des privilèges qu'il voulait détruire, et finalement a succombé devant la coalition du Parlement et des courtisans. — Ils ont d'ailleurs, l'un comme l'autre, senti l'amertume de voir le peuple demeurer hostile (Colbert) ou indifférent (Turgot) à leur patriotisme.

Colbert a constitué définitivement l'administration et toute l'organisation intérieure de *l'ancienne France* qu'il a vue à son apogée; Turgot a mérité qu'on fît de lui ce magnifique éloge, « qu'il aurait été capable de faire la Révolution par ordonnance, » c'est-à-dire d'organiser pacifiquement la *France nouvelle.*

LXXXIII. — Causes générales de la Révolution de 1789.

La Révolution française a-t-elle été une explosion violente et inattendue des passions populaires contre l'autorité légitime, a-t-elle été l'œuvre personnelle de quelques ambitieux avides de mettre la main sur le pouvoir? Ou au contraire a-t-elle été le remède nécessaire à une situation intolérable?

Opinion généralement répandue, pendant la seconde moitié du dix-huitième siècle, sur l'imminence et la nécessité d'un bouleversement complet de la société et du gouvernement (Boisguillebert, Voltaire, les philosophes, les économistes, les hommes d'État, les courtisans et madame de Pompadour, et Louis XV lui-même) : « Tout ceci durera bien autant que moi... » Pourquoi cette unanimité d'opinion? La réponse à cette question se trouve dans l'étude attentive des causes générales qui ont déterminé la Révolution de 1789.

Il faut distinguer dans cette étude la cause apparente, l'occasion de cette Révolution, — et ses causes réelles.

I. *Cause apparente.* — Le désordre des finances publiques : c'est l'impossibilité absolue de trouver de l'argent par emprunt ou par ordonnance et l'insuffisance complète des ressources ordinaires, qui déterminent Louis XVI à convoquer les États généraux; but de cette convocation : échapper à la banqueroute en faisant consentir les représentants de la nation à quelque grand sacrifice.

II. *Causes réelles.* — Mais le mal financier dont la France souffre avant 1789 n'est que le symptôme apparent d'un mal beaucoup plus grave : le désaccord complet existant en France, à cette époque, entre les mœurs ou les idées d'une part, les institutions de l'autre (désaccord qui se traduit dans l'ordre politique et dans l'ordre social), et la déconsidération profonde de l'autorité royale.

1° *Discrédit du gouvernement royal.* — Souvenir toujours vivant des hontes de Louis XV, malgré les vertus privées de Louis XVI ; ruine morale des anciennes institutions monarchiques (nullité politique de la noblesse, — opposition inintelligente des Parlements, aggravée par quelques déplorables erreurs judiciaires, — scandales fréquents dans le haut clergé). La royauté a donc perdu ses appuis naturels.

2° *Désaccord dans l'ordre politique.* — Le gouvernement monarchique est resté despotique ; pas de Constitution écrite, tout repose sur des usages ; attributions contradictoires et confuses des six ministres et des six conseils ; — l'opinion demande la *séparation des pouvoirs* (législatif, exécutif et judiciaire), l'abolition des lettres de cachet, la suppression ou la réforme des impôts iniques (tailles, gabelles, corvées, droits féodaux, etc.), la disparition de la vénalité des charges judiciaires, etc.

L'armée et la marine mal recrutées (l'embauchage à prix d'argent, la presse), mal commandées (grades réservés aux nobles, les officiers rouges et les officiers bleus)...

3° *Désaccord dans l'ordre social.* — L'opinion publique proclame l'égalité naturelle de tous les hommes (influence de J.-J. Rousseau) ; — et jamais les distinctions sociales n'ont été plus marquées. La nation forme trois classes distinctes, ayant chacune ses privilèges et présentant chacune des démarcations intérieures : le clergé (haut et bas clergé), vivant de ses revenus, soumis à un impôt spécial (*le don gratuit*), exempt de la taille ; richesse excessive des dignitaires ecclésiastiques, misère du bas clergé (*la portion congrue*) ; — la noblesse (noblesse de cour et petite noblesse), exemptée de la taille, jouissant du monopole des grades militaires, comblée d'honneurs et de pensions, etc.; — le tiers état (bourgeois des villes, *quartiers de bourgeoisie*, ouvriers de l'industrie, paysans des campagnes).

Il n'y a ni liberté individuelle, ni liberté de conscience, ni liberté de la presse, ni liberté de commerce, ni liberté de l'industrie, ni liberté de l'agriculture. Un siècle plus tôt, l'opinion publique ne songeait pas à ces libertés; maintenant, elle les réclame énergiquement.

Conclusion. — La Révolution était donc utile, inévitable, et prochaine. Mais comment se ferait-elle? Par *ordonnance* (Turgot), c'est-à-dire par des transformations graduelles, successives, pacifiques? Ou au contraire par un brusque mouvement qui emporterait tout à la fois? La solution de cette redoutable question, si grave pour l'avenir de la royauté et de la nation, était encore entre les mains du roi : se ferait-il le chef du mouvement réformateur, ou voudrait-il le comprimer? Tout dépendait de sa décision.

LXXXIV. — **Exposer l'œuvre de l'Assemblée constituante.**

Les États généraux de 1789, en se donnant le nom d'*Assemblée nationale constituante*, ont en quelque sorte tracé euxmêmes le programme de l'œuvre qu'ils voulaient accomplir : à l'antique monarchie absolue dans laquelle « tout reposait sur des usages », ils voulaient substituer une monarchie parlementaire, réglée par une Constitution écrite, précise, fixant les droits et les devoirs de chacun. Pour arriver à ce résultat, il leur fallut : renverser d'abord l'ancienne constitution politique et sociale de la France; — puis établir les principes nouveaux sur lesquels reposeraient dorénavant le gouvernement et la société; — enfin opérer cette réorganisation complète du pays.

I. *Ruine de l'ancien état de choses.* — Les événements accomplis pendant les cinq mois qui suivent la réunion des États généraux (mai-octobre 1789) suffisent à ruiner en fait toute l'organisation antérieure : après le Serment du Jeu de Paume (20 juin) et la séance royale du 23 juin, la prise de la Bastille (14 juillet) détruit la force morale de la royauté; — la séance de nuit du 4 août supprime toutes les inégalités sociales; —

enfin, les journées sanglantes des 5 et 6 octobre ramènent le roi à Paris : dorénavant, c'est l'Assemblée qui est maîtresse du gouvernement.

II. *Principes de l'ordre nouveau.* — Jusqu'à présent, la Constituante a détruit : il lui faut maintenant reconstituer. Quels principes appliquera-t-elle dans son œuvre? Opposition de tendances entre les royalistes purs, les royalistes parlementaires (Mounier, Lally-Tollendal, etc.) et les partisans des idées démocratiques (Barnave, Sieyès, etc.). — Discussions dans le comité de Constitution : question du veto royal, suspensif ou absolu; le pouvoir législatif sera-t-il confié à une ou à deux Chambres? — Déclaration des Droits de l'homme : liberté, égalité, propriété, sûreté, résistance à l'oppression.

III. *Réorganisation générale de la France.* — Après ces travaux préliminaires, les Constituants abordèrent l'œuvre proprement dite de la réorganisation du pays; cette œuvre les occupa environ deux ans (oct. 1789-oct. 1791).

1° *Réformes politiques.* — Elles sont contenues dans la *Constitution* proprement dite de 1791 : la souveraineté transférée du roi à la nation; séparation des pouvoirs; — pouvoir exécutif exercé par le roi, irresponsable, qui gouverne à l'aide de ministres responsables; — pouvoir législatif confié à une Assemblée élue pour deux ans, élection à deux degrés; veto royal suspensif pendant deux législatures; — pouvoir judiciaire indépendant de la royauté;

2° *Réformes judiciaires.* — En matière civile, *juges* élus pour 10 ans; en matière criminelle, le *jury.* — Juge de paix dans chaque canton, tribunal civil dans chaque district, tribunal criminel dans chaque département. — Appels circulaires, tribunal de cassation. — Haute cour nationale pour juger les crimes contre l'État;

3° *Réformes administratives.* — Nouvelles divisions territoriales (départements, districts, cantons, communes). — Administrateurs élus : le directoire départemental et le conseil général; le directoire de district et le conseil de district; les conseils communaux et les municipalités;

4° *Réformes sociales.* — Égalité dans la famille; création de l'état civil. — Abolition des classes;

5° *Réforme ecclésiastique.* — Constitution civile du clergé; nouvelles circonscriptions ecclésiastiques; les prêtres assermentés;

6° *Réformes financières.* — Pour liquider le passé, vente des biens nationaux, création des assignats. — Pour assurer le présent, création de *contributions* égales pour tous et proportionnelles : 1° contributions directes (foncière, mobilière; patentes); 2° contributions indirectes (douanes, enregistrement, timbre, hypothèque);

7° *Réformes militaires.* — Armée nationale ; les grades ouverts à tous les citoyens; avancement par ancienneté;

8° *Réformes économiques.* — Affranchissement du travail industriel, du travail agricole, du travail intellectuel, du travail commercial. — Le prêt à intérêt est autorisé.

Conclusion. — L'œuvre des Constituants n'a pas été irréprochable sur tous les points; mais c'étaient des esprits sincères, aimant ardemment leur patrie et la liberté; les *principes* qu'ils ont établis ont pénétré successivement dans la législation de tous les peuples. — Dans leur *œuvre* proprement dite, deux parts à faire : d'un côté les institutions civiles qu'ils ont créées, et qui, depuis un siècle, perfectionnées et modifiées, subsistent encore pour la plupart dans leur essence; d'autre part, la forme politique qu'ils ont donnée au gouvernement, la Constitution proprement dite de 1791, qui n'a pas duré une année.

LXXXV. — Étudier les opérations militaires des Français en Belgique pendant la Révolution (1789-1799).

Dans la guerre que la coalition européenne entreprit contre la Révolution française, le principal effort dès le début se porta de part et d'autre sur la frontière conventionnelle du Nord : d'un côté, les princes coalisés trouvaient un double avantage à attaquer la France sur ce point : c'est là qu'elle est le plus facilement vulnérable, et que les coups reçus peuvent lui être le plus funestes ; c'est là aussi que ses ennemis, pour qui cette guerre était bien plus encore une guerre d'intérêts qu'une guerre de principes, pouvaient espérer les conquêtes qui flattaient le plus leurs convoitises (l'Angleterre veut s'emparer de Dunkerque, les Autrichiens des places de l'Escaut et de la Meuse, etc.). — De l'autre côté, une offensive hardie sur cette frontière pouvait donner à la France les acquisitions les plus légitimes et les plus utiles : « notre pays ne peut avoir de sécurité durable qu'avec la barrière du Rhin, » disait dès 1792 Dumouriez dans le conseil de Louis XVI ; et plus tard la Convention résumait ainsi les instructions qu'elle donnait aux généraux de la République : « Rester sur la défensive partout où la France a ses limites naturelles, prendre l'offensive partout où elle ne les a pas. » Telles sont les raisons, politiques et militaires, qui dès le commencement des hostilités, en 1792, conduisirent les armées de la Révolution à la conquête de la Belgique.

L'entreprise n'était pas facile : il fallut s'y reprendre à trois fois pour la mener à bonne fin. La première tentative, au printemps de 1792, à peine commencée, aboutit à un échec complet ; la seconde, conduite par Dumouriez à la fin de la même année, eut un succès tout différent : la Belgique fut occupée en quelques semaines, mais reperdue aussi vite au commencement de 1793 ; — la troisième enfin, beaucoup plus pénible, ne donna la Belgique à la France qu'après dix-huit mois de combats (1793-1794) soutenus par deux armées aguerries ; mais cette fois la conquête fut durable, sanctionnée par les traités de Bâle et de Campo-Formio, et la seconde coalition ne put même plus la remettre en question.

1. *Première attaque contre la Belgique.* — Plan conçu par Dumouriez : l'armée du Nord, divisée en trois corps, doit envahir les Pays-Bas autrichiens tout disposés à accueillir

l'invasion française (révolte récente du Brabant); mais l'armée est mal commandée, indiscipline des soldats; combat de Quiévrain, marche sur Tournay, panique des troupes françaises. Le territoire belge est évacué, la frontière française menacée (mai-juin 1792). Siège de Lille par les Autrichiens.

II. *Seconde attaque contre la Belgique.* — Mais après Valmy, les Français reprennent l'offensive au nord. L'invasion de la Belgique est conduite par Dumouriez : 1° pendant quatre mois, elle est victorieuse, bataille de Jemmapes (nov. 1792), occupation de tout le territoire belge; mais ces succès sont compromis par les fautes administratives de Dumouriez et par la continuation téméraire du mouvement d'invasion en Hollande. — 2° Aussi, à partir de mars 1793, les revers recommencent : l'armée autrichienne de Cobourg menace les derrières de l'armée française, combat d'Aix-la-Chapelle; Dumouriez doit évacuer la Hollande; rentré en Belgique, battu à Neerwinden (mars 1793), il évacue aussi le territoire belge en entier; sa trahison (avril). La frontière française est une fois encore forcée, les places de l'Escaut et de la Sambre attaquées par les Autrichiens, Dunkerque assiégée par les Anglais (mai-juillet).

III. *Troisième attaque contre la Belgique.* — Rôle de Carnot, la France se relève. — 1° Le territoire français est délivré (bataille d'Hondschoote, Dunkerque débloquée, sept.; bataille de Wattignies, les Autrichiens rejetés en Belgique, oct. 1793); — 2° les Français reprennent l'offensive en Belgique (victoires sanglantes et inutiles de Pichegru à Mouscron et à Turcoing, belle victoire de Jourdan à Fleurus, la Belgique est de nouveau ouverte aux Français, campagne d'été de 1794); — 3° la Belgique est reconquise (victoires de l'Ourthe et de la Roër, les armées de Jourdan et de Pichegru s'étendent jusqu'au Rhin, campagne d'hiver de 1794; l'occupation de la Hollande couvre la Belgique, janv. 1795).

IV. *La Belgique assurée aux Français.* — Cette seconde conquête de la Belgique devait être plus durable que la première : elle est sanctionnée par la Prusse (traité de Bâle, avril 1795), par l'Autriche elle-même (traité de Campo-Formio, 1797); et la seconde coalition, arrêtée en Hollande par la victoire de Bergen (1799), ne peut même pas entamer la Belgique.

Conclusion. — L'occupation de la Belgique n'avait été pendant plusieurs siècles que l'idée politique des rois, la pensée traditionnelle de quelques hommes d'État; avec la révolution de 1789 et la nécessité de vaincre la coalition européenne, « cette idée devient tout à coup et sans préparation l'idée de la foule et la pensée nationale »; trois années de combats, trois attaques répétées coup sur coup avec une patriotique obstination, suffisent alors à la réaliser; l'Europe entière, sauf l'Angleterre, reconnaît ensuite le fait accompli. C'est ainsi que la France nouvelle a accompli en un instant la tâche huit fois séculaire de l'ancienne monarchie.

LXXXVI. — Exposer la politique de l'Angleterre dans ses relations avec la France, de 1789 à 1802.

De 1789 à 1802, l'Angleterre a été l'inspiratrice de toutes les coalitions européennes formées contre la France : elle les a provoquées par sa diplomatie, soutenues de ses subsides, dirigées de ses conseils; mais ce qui l'animait, ce n'était pas en réalité une question de principes : peu lui importait au fond le maintien ou la ruine de l'ancien régime monarchique français. Mais, dans les embarras de la France obligée de défendre son existence nationale contre une coalition européenne, elle voyait une excellente occasion de rechercher ses propres avantages et de conquérir définitivement la domination des mers. Pendant tout le dix-huitième siècle, la politique de l'Angleterre avait toujours poursuivi le même but : impliquer la France dans des guerres européennes, l'obliger à consacrer toutes ses ressources à la défense de ses frontières continentales, et profiter de cette situation pour déterminer ou achever la ruine maritime et coloniale de sa rivale. Les coalitions européennes formées contre la France parlementaire ou républicaine lui offraient donc une occasion presque inespérée d'achever l'œuvre commencée pendant la guerre de la Succession d'Autriche et la guerre de Sept Ans : l'Angleterre n'eut pas d'autre idée que d'utiliser cette occasion.

De 1789 à 1802, pendant la première période des guerres de l'Europe contre la Révolution, l'Angleterre ne prend part à la lutte directe que pour ruiner la flotte et les arsenaux de la France ; — mais, sur toutes les mers et aux colonies, elle travaille à assurer sa propre suprématie maritime et coloniale ; — cette œuvre, presque achevée, est compromise ensuite par deux événements inattendus, l'expédition d'Égypte et la Ligue des Neutres ; quand l'Angleterre aura conjuré ces deux dangers, elle consentira enfin à poser les armes, dans la conviction qu'elle a enfin assuré à jamais le triomphe de sa politique traditionnelle.

I. *Guerres directes contre la France.* — Au début des troubles révolutionnaires, l'Angleterre accueille les princes français et les émigrés, mais elle ne se joint aux ennemis déclarés de la France qu'après la mort de Louis XVI, et surtout après la conquête de la Belgique par Dumouriez. Pendant la première et la seconde coalition (1793-1797 ; 1799-1802), sa diplomatie est très active contre la France, et elle accorde de nombreux subsides aux coalisés, surtout à la Prusse ; mais elle n'intervient guère directement que sur les points où elle peut atteindre les établissements maritimes des Français : au nord, siège de Dunkerque (1793), défense malheureuse de la Belgique et de la Hollande contre Pichegru (1794-1795); en 1799, descente désastreuse des Anglais en Hollande, défaite de Bergen, capitulation du duc d'York ; — à l'ouest, victoire navale remportée sur Villaret-Joyeuse, destruction de la flotte de Brest, débarquement d'émigrés à Quiberon « où l'honneur anglais coula par tous les pores » ; — au sud, destruction de l'arsenal de Toulon, livré par les royalistes

(1793); vaine tentative pour séparer la Corse de la France (1793-1796).

II. *Progrès maritimes et coloniaux des Anglais.* — Mais l'Angleterre, pendant que ses alliés étaient partout battus sur le continent, remportait elle-même sur toutes les mers les triomphes les plus profitables, ceux auxquels elle tenait le plus : dès la première année de la lutte, elle a pris toutes les colonies françaises dans l'Inde et en Amérique, et encouragé l'insurrection de Saint-Domingue ; — quand la Hollande, abandonnée par l'Angleterre, est tombée entre les mains de l'armée française, les Anglais se hâtent de s'emparer des vaisseaux et des colonies des Hollandais, leurs alliés de la veille ; destruction de la flotte hollandaise à la bataille de Camperdown (1797); — l'Espagne est traitée de même quand elle a signé la paix de Bâle avec la République française : défaite de la flotte espagnole à la bataille du cap Saint-Vincent (1797).

III. *Victorieuse sur le continent, la France tâche d'atteindre les Anglais.* — Après les traités de Bâle, qui donnèrent à la France quelque répit sur le continent, l'Angleterre eut enfin à déjouer quelques tentatives des Français pour la troubler dans ses triomphes maritimes : 1° de 1796 à 1798, soulèvement de l'Irlande encouragé par le Directoire ; — 2° de 1798 à 1801, expédition d'Égypte qui, dans la pensée de Bonaparte, doit s'étendre jusqu'à l'Inde ; bataille d'Aboukir ; défaite et mort de Tippoo-Saëb, sultan de Mysore ; — 3° Ligue des Neutres, formée dans le Nord à l'instigation du Premier Consul ; bombardement de Copenhague, assassinat de Paul Ier.

Conclusion. — Ainsi, l'Angleterre triomphait sur tous les points : la marine française était détruite, les colonies de la France ruinées, un dernier essai pour renverser le despotisme maritime de l'Angleterre avait échoué ; Malte et l'Égypte étaient entre les mains des Anglais. L'Angleterre pouvait donc se résigner à laisser la rive gauche du Rhin à la France, qu'elle espérait voir renoncer désormais à toute ambition maritime et coloniale : c'est dans cette pensée qu'elle signa la paix d'Amiens (1802) ; cette paix ne devait durer que jusqu'au jour où le gouvernement britannique s'apercevrait de son erreur.

LXXXVII. — Les Français en Orient, de 1790 à 1801.

Ces trois années, de 1798 à 1801, sont marquées par l'expédition de Bonaparte en Égypte et en Syrie, et par l'occupation de l'Égypte par les Français. Cette expédition semble n'être qu'un épisode brillant, et comme un hors-d'œuvre au au milieu des grandes guerres de la Révolution ; quand on examine les choses de près, on s'aperçoit qu'elle se rattache étroitement à la politique traditionnelle de la France dans la Méditerranée orientale et en Asie, et au plan de guerre contre la puissance britannique. Quels étaient en effet les avantages possibles de cette expédition : 1° fonder en un point unique au monde la colonie la plus florissante, et par elle dominer entièrement la Méditerranée orientale où depuis des siècles la France avait tant d'intérêts ; — 2° s'étendre ensuite en Asie, soit que l'Égypte redevînt entre les mains des Français ce qu'elle avait été dans l'antiquité, l'entrepôt du commerce entre l'Hindoustan et l'Europe, soit qu'elle fût considérée simplement comme station militaire pour aller dans l'Hindoustan ; — 3° enfin, et par voie de conséquence, porter à l'Angleterre un coup mortel, en ruinant son commerce dans l'Inde : « Nous sentirons bientôt, écrivait Bonaparte en 1797, que pour détruire véritablement l'Angleterre il faut nous emparer de l'Égypte. » — Rappeler que ce projet avait été présenté jadis à Choiseul, et précédemment par Leibnitz à Louis XIV.

Tel est le caractère véritable de l'expédition d'Égypte, tels sont les projets qui ont conduit Bonaparte dans la vallée du Nil. L'entreprise réussit d'abord ; mais les événements ultérieurs ne répondirent pas au brillant début, et chacune des grandes étapes de l'expédition marqua la ruine successive de chacun des avantages que les Français pouvaient en espérer : la bataille navale d'Aboukir détruisit la flotte qui leur aurait été nécessaire pour agir dans la Méditerranée orientale; — l'insuccès de l'expédition de Syrie leur ferma la route de l'Inde; — enfin, l'Égypte elle-même leur fut reprise par les Anglais et les Turcs.

I. *Occupation de l'Égypte, ruine de la flotte française.* — Préparatifs secrets de l'expédition, réunion à Toulon de « l'aile gauche de l'armée d'Angleterre »; départ de la flotte (mai 1798), occupation de Malte, débarquement en Égypte (juillet); la prise d'Alexandrie, les victoires de Chébreiss et des Pyramides donnent l'Égypte à Bonaparte. Efforts pour coloniser la vallée du Nil; l'Institut d'Égypte; — mais à Aboukir (août), Nelson a détruit la flotte de l'amiral Brueys; conséquences de ce désastre : les Français ne peuvent plus agir dans la mer Méditerranée, le sultan se prononce contre eux et s'abandonne aux Anglais et aux Russes, l'Angleterre s'empare, au détriment de la France, de tout le commerce du Levant.

II. *Expédition de Syrie.* — L'Égypte ne peut donc plus être pour Bonaparte que le commencement de la route de l'Inde : de là, l'expédition de Syrie. — Relations de Bonaparte avec Tippoo-Saëb. Prise de Gaza, de Jaffa (mars 1799), victoire du Mont-Thabor; mais Bonaparte ne peut emporter Saint-Jean d'Acre, dont les défenseurs « lui ont fait manquer sa fortune, » et la peste se met dans son armée. Évacuation de la Syrie (mai); Bonaparte ne peut s'ouvrir la route de l'Inde, et doit renoncer à tous ses rêves sur l'Orient.

III. *Perte de l'Égypte.* — Désormais, l'expédition ne pouvait plus avoir qu'une portée restreinte, l'occupation et la colonisation de l'Égypte. 1° Bonaparte sauve une première fois l'Égypte (victoire d'Aboukir sur les Turcs), mais ne peut se résoudre à s'enfermer sur ce théâtre borné et retourne en Europe (août 1799); — 2° Kléber, son successeur, après un moment de découragement (convention d'El-Arish, janvier 1800), continue glorieusement sa tâche (victoire d'Héliopolis, travaux de colonisation), mais il est assassiné (juin 1800); — 3° après lui, Menou continue d'abord l'œuvre de colonisation; mais il ne peut empêcher le débarquement d'une armée anglaise à Aboukir; capitulation d'Alexandrie (août 1801), les Français évacuent l'Égypte, Malte est déjà tombée aux mains des Anglais.

Conclusion. — Ainsi finit une expédition qui avait été inspirée par des vues politiques, mais entreprise à un moment où les circonstances générales ne la favorisaient pas; elle fut en somme défavorable à la France, puisque celle-ci ne put ni s'ouvrir la route de l'Inde, ni garder l'Égypte, et qu'elle vit l'influence anglaise s'établir dans toute la Méditerranée. D'autre part, cette expédition, qui avait remué tout l'Orient, ne fut pas sans influence sur les destinées de cette partie du monde : les débris de la civilisation française devaient rester en Égypte, et y contribuer plus tard à la régénération du monde oriental.

LXXXVIII. — Tracer le plan général de la troisième coalition.

La troisième coalition (1805) marque la période critique des guerres de la Révolution et de l'Empire; la France n'avait fait jusque-là que des guerres défensives, elle avait combattu pour défendre le territoire national menacé par l'invasion, en 1793 (première coalition) comme en 1799 (deuxième coalition); maintenant Napoléon, poussé par le désir de combattre et de vaincre sur le continent l'Angleterre qu'il ne peut plus espérer d'atteindre dans son île, va soutenir des guerres incessantes pour faire la loi à l'Europe; la troisième coalition est le début de cette politique nouvelle.

Elle réunit contre la France, avec l'Angleterre, l'Autriche, la Russie, la Suède et le royaume de Naples ; ces deux dernières puissances ne jouèrent qu'un rôle effacé. — Mais l'Autriche dès le commencement des hostililités se met en avant, et tandis que Napoléon est encore au camp de Boulogne, elle prend hardiment l'offensive dans la vallée du Danube et en Italie, comptant garder pour elle seule les profits d'une victoire qu'elle aurait été seule à remporter. — La rapidité et le génie stratégique de Napoléon déjouent ses calculs : en quelques jours, elle est chassée à la fois de l'Italie et de l'Allemagne. — Elle n'a plus alors d'espérance que dans le secours des armées russes qu'elle avait d'abord dédaignées ; mais les deux puissances unies ne devaient pas avoir plus de bonheur que n'en avait eu l'Autriche seule, et la bataille décisive d'Austerlitz met fin à la troisième coalition.

I. *Formation de la coalition, l'Autriche prend l'offensive.* — Tandis que Napoléon prépare au camp de Boulogne une descente en Angleterre, combine l'arrivée de la flotte de Villeneuve dans la Manche, et fait occuper le Hanovre, le cabinet britannique pour conjurer le danger suscite une nouvelle guerre continentale : l'Autriche, la Russie, et les Deux-Siciles déclarent la guerre à la France (prétextes : couronnement de Napoléon comme roi d'Italie, annexion de Gênes); la Prusse hésite; l'Allemagne du Sud se déclare en faveur de Napoléon.

L'Autriche prend hardiment l'offensive, pour prévenir à la fois ses propres alliés et Napoléon : Mack occupe la Bavière et veut attaquer la frontière du Rhin, l'archiduc Charles espère conquérir la Lombardie. — Une armée russe doit rejoindre celle de Mack ; une armée anglo-russe doit débarquer à Naples.

II. *L'Autriche, isolée, est battue en Allemagne.* — Mais Napoléon, par la rapidité de sa décision et de ses mouvements, déjoue les plans de l'Autriche et des coalisés : il abandonne son projet de descente en Angleterre (l'amiral Villeneuve à Cadix, bataille de Trafalgar), il reste sur la défensive en Italie où Masséna est mis à la tête des troupes; lui-même, à la tête de l'armée de Boulogne qu'il transporte sur le Rhin, prend vigoureusement l'offensive en Allemagne. Mack est tourné, vaincu à Wertingen et à Elchingen, et capitule dans Ulm (octobre 1805); « l'empereur a battu l'ennemi avec les jambes et non avec les baïonnettes de ses soldats. » — Ces premières opérations ont chassé les Autrichiens de l'Allemagne du Sud, et donné aux Français la vallée supérieure du Danube. Indécisions de la Prusse.

III. *Défaite des Autrichiens unis aux Russes.* — Il restait à vaincre les Autrichiens en Autriche, où ils attendaient maintenant avec angoisse le secours des Russes. — Le combat de Dirnstein ouvre aux Français la route de Vienne, qui est occupée; les armées autrichiennes se concentrent en Moravie, où elles opèrent leur jonction avec l'armée russe : bataille d'Austerlitz (2 déc.). Le czar se retire en Russie, et, protégé par l'immensité de ses États, ne pose pas les armes ; l'Autriche, laissée à la discrétion du vainqueur, signe la paix de Presbourg (26 déc. 1805); la troisième coalition est dissoute.

Conclusion. — La troisième coalition a couvert de gloire Napoléon et la France; mais le profit a été plus apparent que réel. Pour la première fois, Napoléon a « cherché à vaincre l'Angleterre sur le continent »; les circonstances vont maintenant le pousser chaque jour plus avant dans cette voie, et les violences de sa politique finiront par tourner contre la France, non plus seulement les rois dont elle triomphait depuis 1792, mais les peuples qui triompheront d'elle en 1814.

LXXXIX. — L'Autriche et l'Europe de 1806 à 1815.

En 1806, au lendemain d'Austerlitz et du traité de Presbourg, l'Autriche se trouvait dans la plus triste des situations : dépouillée de la Vénétie, du Frioul, de l'Istrie et de la Dalmatie en faveur du royaume d'Italie, du Tyrol et du

Vorarlberg en faveur de la Bavière, de la Souabe en faveur du Wurtemberg, du Brisgau en faveur du grand-duché de Bade, exclue de l'Allemagne où Napoléon organisait la Confédération du Rhin, elle était par elle-même singulièrement affaiblie ; et, en dehors de ses frontières, dans toute l'Europe continentale, elle ne voyait aucune grande puissance sur laquelle elle pût sérieusement compter. Sa position géographique, ses intérêts matériels, la mettaient partout en opposition avec la Prusse (antagonisme de la Prusse et de l'Autriche en Allemagne, progrès inquiétants de la Prusse depuis un siècle), et avec la Russie (les progrès de la Russie vers Constantinople alarment l'Autriche, puissance danubienne, qui a besoin d'étendre sa domination, ou au moins son influence prépondérante sur la partie orientale du bassin du Danube). — D'autre part, ses principes et l'esprit dominateur de Napoléon créent un antagonisme profond entre elle et la France.

Dans ce conflit d'intérêts et de principes, l'Autriche reste d'abord à l'écart de toute alliance continentale et ne s'unit étroitement qu'à l'Angleterre ; — cette politique ayant attiré sur elle de nouveaux désastres (campagne de 1809), elle se rapproche de la France et entre dans son *système fédératif* (1809-1812) ; — mais ce sacrifice de ses principes n'est compensé par aucune satisfaction donnée à ses intérêts ; aussi, quand la fortune abandonne Napoléon, l'Autriche se tourne contre lui, et malgré les dangers que peut lui faire courir l'accroissement de la Russie et de la Prusse, elle se joint à elles pour renverser l'empire français.

I. *L'Autriche seule contre la France.* — L'Autriche veut d'abord par ses propres forces relever sa situation : aussitôt après Presbourg, elle prépare sa revanche : levées extraordinaires d'hommes, soulèvement de l'opinion publique en Allemagne, alliance secrète avec l'Angleterre, etc. Après les premiers revers des Français en Espagne, formation de la cinquième coalition (Angleterre et Autriche) ; deux parties dans les opérations militaires : 1° campagne en Bavière,

Abensberg, Eckmuhl, l'archiduc Charles rejeté au nord du Danube (Ratisbonne) (avril 1809); ces victoires enlèvent toute importance à l'échec des Français à Sacilé, en Italie; — 2° campagne en Autriche, Napoléon entre à Vienne (mai); à Essling, il ne peut réussir à franchir le Danube; à Wagram, victoire complète (juillet). Armistice de Znaïm. Échec des Anglais à Walcheren. Paix de Vienne (oct. 1809) : l'Autriche perd la Carinthie, la Carniole, la Gallicie occidentale, Salzbourg, et adhère au blocus continental.

II. *L'Autriche dans l'alliance française.* — L'Autriche, diminuée de plusieurs millions de sujets, coupée de toute communication avec la mer, voyant la frontière française portée à quarante lieues de Vienne, consent à entrer alors dans l'alliance de Napoléon (mariage de Napoléon et de Marie-Louise, coopération militaire de l'Autriche à la guerre de 1812 contre la Russie); mais cette alliance n'est qu'une sujétion mal déguisée, et l'Autriche, en sacrifiant ses principes, ne reçoit en retour aucune satisfaction pour ses intérêts. Aussi, dès le désastre de la retraite de Russie, elle sépare sa cause de celle des Français, et sans se joindre encore à la Prusse et à la Russie, elle garde la neutralité.

III. *L'Autriche se joint à la coalition contre la France.* — Hésitations de l'Autriche pendant les premiers mois de 1813; difficultés de sa position, entre Napoléon qui ne veut voir en elle qu'une sujette, et la coalition prusso-russe, dont le triomphe pourrait alarmer ses intérêts vitaux. Armistice de Pleiswitz (3 juin - 10 août); l'Autriche, dont les propositions sont rejetées par Napoléon, se joint à la coalition. — Part de l'armée autrichienne dans la seconde campagne d'Allemagne (Dresde, opérations en Bohême, bataille de Leipzig) et dans la campagne de France de 1814 (opérations dans la vallée de la Seine). — L'Autriche dans les négociations pour le rétablissement de la paix (premier traité de Paris, congrès et traités de Vienne, deuxième traité de Paris) : la rivalité d'intérêts se dessine entre l'Autriche d'une part, et de l'autre la Russie et la Prusse. — Acquisitions territoriales de l'Au-

triche : le royaume lombard-vénitien avec les provinces illy-
riennes et Raguse (200 lieues de côtes), Passau et Salzbourg.

Conclusion. — L'Autriche triomphait en 1815. Vaincue
d'abord par la France, réduite au rôle de satellite de l'empire français, elle réparait toutes ses pertes territoriales;
mais sa joie ne devait pas être sans mélange, et elle pouvait
craindre que la victoire devînt pour elle plus dangereuse que
la défaite même; les agrandissements de la Russie menaçaient de lui barrer l'Orient, et ceux de la Prusse de lui
enlever l'Allemagne.

XC. — Relations de la France et de la Prusse, de 1795 à 1815.

Parmi toutes les monarchies européennes, la Prusse est
la première qui en 1795 se réconcilia avec la France nouvelle et consentit à lui reconnaître la possession de ses
limites naturelles (la rive gauche du Rhin); vingt ans plus
tard, au contraire, elle était au premier rang des ennemis
de la France, et contribua, plus que toute autre puissance,
à la catastrophe finale et au démembrement de l'empire français. Sous ces variations apparentes, il n'est cependant pas
difficile de retrouver et de dégager l'idée constante qui
inspira la politique de la Prusse dans ses relations avec
notre pays : peu soucieuse des principes ou des sentiments,
attachée opiniâtrément à la poursuite de son propre intérêt,
elle observa une neutralité bienveillante envers la France ou
même s'allia avec elle tant qu'elle crut que cette alliance lui
serait profitable, de 1795 à 1805; — puis, quand elle vit que
Napoléon ne se bornait pas à abaisser l'Autriche, mais bar-
rait aussi le chemin à la grandeur prussienne, elle se tourna
contre lui; ses efforts, mal combinés, aboutirent d'abord à
un désastre, et jusqu'en 1812 elle tomba presque au rang de

sujette de la France; — mais pendant ces mêmes années elle
prépara silencieusement sa revanche, et, après les désastres
de la campagne de Russie, elle fit éclater sa haine farouche
contre notre pays; cette haine, elle la montra d'abord sur
les champs de bataille de 1813, de 1814 et de 1815, ensuite
dans les laborieuses négociations qui rétablirent la paix en
Europe.

I. *La Prusse neutre ou favorable à la France.* — De toutes les
puissances coalisées contre la France au début de la Révolution, la Prusse est celle qui avait été le moins sensiblement
atteinte par les premières conquêtes de la Convention :
aussi se décida-t-elle la première à traiter : paix de Bâle
(avril 1795), la Prusse cède à la France ce qu'elle possédait
sur la rive gauche du Rhin, mais doit recevoir une indemnité territoriale à la pacification générale. — Dès lors, elle
reste neutre, et assiste avec une satisfaction déguisée aux
désastres de l'Autriche, sa rivale en Allemagne, de 1795
à 1797, tandis qu'elle-même exerce une sorte de protectorat
sur les États allemands. — Cette situation subsiste pendant
la seconde coalition (1798-1802) : dans la ligue des neutres
(1800-1801), la Prusse soutient la politique française. — Au
début de la troisième coalition, ambassade de Duroc à Berlin ; devant les empiétements de l'influence française en
Allemagne, la Prusse hésite : elle s'unit secrètement avec la
Russie ; puis après Austerlitz, signe avec Napoléon le traité
du 15 décembre 1805, qui au prix d'une humiliation lui
donne le Hanovre.

II. *Rupture entre la France et la Prusse; la Prusse subor-*
donnée à la France. — Mécontentement profond de la Prusse,
qui voulait les avantages de l'alliance avec la France, mais
sans l'alliance même ; quand Napoléon a formé la Confédération du Rhin, et qu'elle n'a pas réussi elle-même à former
une Confédération de l'Allemagne du Nord, elle rompit décidément avec la France. — Quatrième coalition (1806-1807) :
désastre d'Iéna, les Français à Berlin, traité de Tilsitt ; la
Prusse, réduite à quatre provinces, tombe presque au

rang de vassale de la France. — La Prusse de 1807 à 1812 : au dehors, elle semble accepter avec résignation la situation qui lui est faite, et suit docilement l'impulsion de la politique française (neutralité prussienne pendant la cinquième coalition, 1809; participation d'une armée prussienne à la guerre de Russie, 1812); mais au dedans, elle prépare activement sa revanche (réformes de Stein, réorganisation de l'armée, le Tugendbund, exaltation du patriotisme allemand).

III. *La Prusse se relève.* — Alliée plus ou moins sincère de la France de 1795 à 1805, puis tombée au rang de sujette après Tilsitt, la Prusse n'attendait qu'une occasion de secouer le joug : le désastre de l'expédition de Russie lui fournit cette occasion ; dès lors elle va être la plus terrible ennemie de la France, d'abord sur les champs de bataille, ensuite dans les négociations.

1° *Opérations militaires :* la Prusse entre dans la sixième coalition (févr. 1813); dans la première campagne d'Allemagne, les Prussiens sont battus à Lutzen et à Bautzen; dans la deuxième, battus d'abord en Silésie, ils sont ensuite vainqueurs à la Katzbach, à Dennewitz, à Leipzig. — Dans la campagne de France (1814), opérations de Blucher dans les vallées de la Marne et de l'Aisne, capitulation de Paris. — Pendant les Cent-Jours, participation des Prussiens à la campagne de Belgique (Ligny et Waterloo, juin 1815).

2° *Négociations :* Rôle de la Prusse dans la conclusion du premier traité de Paris ; — avidité des diplomates prussiens au congrès de Vienne; l'Angleterre et l'Autriche s'unissent à la France pour résister à leurs prétentions, soutenues par les Russes; les traités de Vienne (juin 1815) donnent à la Prusse la plus grande partie de la rive gauche du Rhin enlevée à la France; — après Waterloo, la Prusse réclame le démembrement de la France ; le second traité de Paris lui donne Sarrelouis.

Conclusion. — De 1795 à 1815, dans ses relations avec la France, alliée, sujette, ou franchement ennemie, la Prusse n'avait jamais recherché que son avantage particulier; mais les malheurs qu'elle avait attirés sur elle par sa politique égoïste avaient eu cette conséquence inattendue de faire d'elle comme la personnification des malheurs de la *patrie allemande*; ce rôle lui avait déjà rapporté beaucoup en 1815, il devait lui être plus profitable encore par la suite. Quant à la France, une dure expérience, qui ne devait pas être la dernière, lui apprenait la force du patriotisme allemand que l'ambition de Napoléon Ier avait provoqué, et dont la Prusse savait se faire un instrument.

XCI. — Le Congrès de Vienne et les traités de 1815.

Les représentants de toutes les puissances européennes, qui se réunirent à Vienne en septembre 1814, allaient présider à une des tâches les plus sérieuses que la diplomatie ait jamais eus à remplir; après une guerre générale de vingt-cinq années, qui avait bouleversé l'Europe entière, il fallait régler à nouveau l'ordre européen, rétablir la stabilité des monarchies, partager entre les vainqueurs les dépouilles de la France vaincue. Le premier traité de Paris avait réduit aux limites de 1792 le territoire français qui, en 1813, s'était étendu jusqu'à Lubeck d'une part, jusqu'à Terracine de l'autre : avec cette zone considérable de territoires que la France abandonnait, il fallait satisfaire les convoitises rivales des grandes puissances, tout en constituant un nouvel équilibre européen qui pût être durable; telle est l'œuvre immense et délicate qui s'imposait aux diplomates de 1814.

Pour comprendre ce qu'ils firent, il faut d'abord se rendre compte de l'état moral des puissances à l'époque où le Congrès se réunit, des convoitises et des craintes de chacun; — exposer ensuite l'histoire proprement dite du Congrès, les incidents qui marquèrent sa longue session; — faire connaître enfin les stipulations territoriales contenues dans les traités de 1815.

I. *Les puissances européennes en 1814.* — Au mois d'avril 1814, les *alliés*, c'est-à-dire l'Angleterre, la Prusse, la Russie et l'Autriche, étaient unanimes sur un point, c'est que la France resterait étrangère aux délibérations auxquelles donnerait lieu le partage de ses dépouilles : elle ne serait admise au Congrès qu'à la condition expresse de souscrire d'avance aux conditions de la reconstitution de l'Europe. C'est que *les quatre*, comme on les appelait, s'étaient bien accordés pour écraser la France, mais ils n'étaient nullement d'accord sur le sort futur de l'Europe, et ils ne voulaient pas que la France profitât des rivalités de leurs ambitions pour s'insinuer entre eux et reconquérir de l'influence. — L'Espagne, le Portugal et la Suède seraient admises au Congrès, mais dans les mêmes conditions que la France : c'étaient *les quatre* qui résoudraient souverainement toutes les questions. — Prétentions des quatre alliés : la Prusse doit être rétablie dans la puissance qu'elle avait avant 1806, et demande la Saxe entière ; Alexandre de Russie réclame toute la Pologne ; l'Angleterre concède volontiers Dresde aux Prussiens, mais refuse Varsovie aux Russes ; l'Autriche se refuse à l'une et à l'autre de ces deux cessions. Vaines négociations poursuivies entre *les quatre* pendant tout l'été de 1814.

II. *Le Congrès proprement dit.* — Ouverture du Congrès en septembre 1814 ; les principaux représentants de l'Europe. Habileté de Talleyrand, qui représente le nouveau roi de France, Louis XVIII : il déclare « que la France, sans ambition et rentrée dans ses anciennes limites, désire uniquement que l'œuvre de la restitution s'accomplisse pour toute l'Europe comme pour elle ; » c'est le principe de la *légitimité*, qui comble d'aise toutes les petites puissances, et contre lequel les grandes n'osent rien objecter, bien qu'il condamne leurs prétentions. — Talleyrand tire ingénieusement parti de la situation : après avoir rassuré l'Europe par le désintéressement de la France, il intervient comme modérateur entre les ambitions rivales, aidé par l'Angleterre qui a déjà acquis sur toutes les mers les colonies qu'elle peut désirer ; à une alliance secrète de la Prusse et de la Russie répond un traité secret entre la France, l'Autriche et l'Angleterre (3 janvier 1815) : la France rentre dans le concert européen. — Malheureusement, le retour de Napoléon aux Cent-Jours fait perdre tous les fruits de cette habile politique : la coalition générale de l'Europe se trouve instantanément reformée, la France est exclue des délibérations du Congrès, et c'est sans elle et contre elle qu'est signé l'Acte final du Congrès de Vienne (juin 1815).

III. *Stipulations des traités de Vienne.* — Aussi, c'est la France qui a le plus à souffrir des traités de 1815 : elle est amoindrie, non seulement de tout ce qu'elle perd (elle est ramenée à ses limites de 1790), mais encore de tout ce que gagnent ses rivales ; tout est combiné pour armer l'Europe contre elle d'une façon formidable.

1° *Les grandes puissances.* — L'Angleterre acquiert toutes les positions maritimes importantes, et le Hanovre est rendu à son roi comme fief masculin ; — l'Autriche, diminuée de la Belgique, reçoit le royaume lombard-vénitien, Passau et Salzbourg, elle devient prépondérante en Italie ; — la Prusse n'obtient que la moitié de la Saxe, mais est dédommagée par les provinces rhénanes, elle s'étend de la Sarre au Niémen ; — la Russie garde la Finlande, les îles d'Aland, la Bessarabie, et le czar devient roi constitutionnel de Pologne.

2° *Les puissances secondaires.* — Elles subissent pleinement la volonté des grandes puissances. La Belgique est donnée à la Hollande, et une partie du Palatinat à la Bavière, pour former des barrières contre la France ; l'Espagne et le Portugal recouvrent leurs dynasties nationales, mais vont perdre leurs colonies d'Amérique ; création de la Confédération germanique ; la Norvège, enlevée au Danemark, est réunie à la Suède ; neutralité perpétuelle de la Belgique et de la Suisse ; restauration des petits princes italiens. — Abolition de la traite des nègres.

Conclusion. — Malgré les efforts de Talleyrand, les puissances européennes étaient animées, à la fin du Congrès de Vienne, des mêmes intentions malveillantes à l'égard de la France qui les inspiraient au début; le respect de la *légitimité* ne présida que nominalement à l'œuvre de ce Congrès et aux traités de 1815 : en réalité, l'ancien équilibre européen était entièrement détruit, au détriment de la France et des puissances secondaires, au profit surtout de deux puissances qui devenaient formidables : l'une, l'Angleterre, sur les mers; l'autre, la Russie, sur le continent.

XCII. — La Sainte Alliance.

La Sainte Alliance a été une coalition permanente des rois, une sorte d'assurance mutuelle qu'ils contractèrent entre eux contre la Révolution : après avoir vaincu Napoléon pour toujours, en 1815, ils sentaient bien qu'ils n'avaient pas aussi définitivement triomphé des principes nouveaux que la France et Napoléon avaient répandus parmi les nations européennes, pendant vingt-cinq années de guerre; ils comprenaient qu'ils n'avaient dû eux-mêmes leur victoire finale qu'à ces mêmes principes d'indépendance nationale et de liberté politique, que Napoléon avait abandonnés, dont ils avaient repris la défense, et au nom desquels ils avaient provoqué, parmi leurs sujets, un soulèvement national contre les Français. Mais, les promesses qu'ils avaient faites pendant la lutte, à l'heure où ils avaient besoin du dévouement de leurs peuples, ils ne songeaient pas à les tenir après la victoire : ils voulaient simplement ressaisir toutes leurs prérogatives, maintenir les anciennes doctrines monarchiques et féodales, défendre, en un mot, l'ancien régime contre leurs sujets devenus les partisans du régime nouveau. — Telles sont les idées qui, après 1815, déterminèrent les souverains coalisés à conclure entre eux une alliance, dont l'effet serait de rendre perpétuels les bénéfices de leur victoire.

La Sainte Alliance avait donc un but parfaitement défini : maintenir à jamais l'ordre que le Congrès de Vienne avait établi en Europe; pendant quinze ans, son influence s'est fait sentir dans les affaires européennes, mais avec des fortunes diverses. Pendant les premiers mois, la Sainte Alliance eut à s'organiser, à se définir, à régler son mode d'action; — elle fut alors toute-puissante, tant que les grands États européens s'entendirent unanimement pour la soutenir, jusque vers 1823; — mais alors l'Angleterre, par haine contre la France, devenue influente dans la Sainte Alliance, abandonna cette coalition permanente, et combattit même son action sur différents points; alors les revers commencèrent, et l'influence de la Sainte Alliance déclina de plus en plus, jusqu'au jour où la Révolution de 1830 lui porta le dernier coup.

I. *Formation de la Sainte Alliance.* — Elle eut, en réalité, deux fondateurs : l'un, le czar Alexandre qui la constitua; l'autre, M. de Metternich, qui l'organisa. Le czar Alexandre, sous l'influence de la mystique madame de Krudener, fut l'instigateur de l'Alliance, et lui donna sa forme singulière : les trois souverains de Russie (grec schismatique), de Prusse (protestant) et d'Autriche (catholique romain), « se regardant comme frères en Jésus-Christ,... ne prendront pour règle de leur conduite que les préceptes de la religion... » (26 septembre 1815). C'était une association sans grande portée, telle qu'Alexandre l'avait conçue; le ministre de l'empereur d'Autriche, Metternich, comprit le parti qu'on pouvait en tirer pour la défense de l'ancien régime; il l'organisa, et lui donna son moyen d'action : congrès fréquents, dans lesquels les princes délibèreront sur toutes les mesures utiles pour atteindre dans tous les pays l'esprit révolutionnaire. — Tous les souverains sont invités à adhérer à l'Alliance : aux trois signataires primitifs se joint bientôt l'Angleterre qui, sans adhérer formellement au traité, le soutient énergiquement, car c'est à ses yeux un moyen d'empêcher le relèvement de la France ; adhésion successive de tous les souverains ; la France entre formellement dans la Sainte Alliance, après le Congrès d'Aix-la-Chapelle et l'évacuation du territoire français par les alliés (1818).

II. *Toute-puissance de la Sainte Alliance.* — Tant que les souverains furent unanimes, la Sainte Alliance fut toute-puissante : détestée des peuples, elle comprima d'abord toutes les agitations populaires : en Belgique, en Allemagne (désordres de la Wartburg, assassinat de Kotzebue, congrès de Carlsbad, 1819, et de Vienne, 1820) ; — en Italie (révoltes à Naples et en Sicile, dans le Piémont ; congrès de Troppau, 1820, et de Laybach, 1821 ; — l'Autriche, chargée de rétablir l'ordre dans la Péninsule, bat les Napolitains et les Piémontaïs, et rend aux rois des Deux-Siciles et de Sardaigne leur pouvoir absolu, 1821) ; — en Espagne (insurrection à Cadix, rétablissement de la Constitution de 1812 ; congrès de Vérone, 1822, la France est chargée de faire triompher en Espagne la volonté de la Sainte Alliance ; prise du Trocadéro, 1823 , Ferdinand VII d'Espagne recouvre son autorité absolue).

III. *Décadence de la Sainte Alliance.* — Mais ce fut la dernière grande victoire de la Sainte Alliance : l'Angleterre, mécontente déjà de l'introduction de la France dans cette association et du relèvement de l'influence française, proteste vivement contre l'intervention française en Espagne ; le ministre Canning, successeur de Castlereagh, se déclare ouvertement en faveur du libéralisme européen ; la mort d'Alexandre Ier de Russie, en 1825, porte à la Sainte Alliance un autre coup : dès lors, le libéralisme va remporter quelques succès, de jour en jour plus marqués. — En Amérique, soulèvement des colonies espagnoles ; l'Angleterre se déclare en leur faveur, et signe avec elles des traités avantageux ; — en Grèce, l'insurrection contre les Turcs a été combattue primitivement par l'Autriche et la Sainte Alliance ; mais elle profite du revirement qui s'est produit depuis 1823, et, soutenue par l'Angleterre, la France et la Russie, elle émancipe la

Grèce (1829); — enfin, en France, la Révolution de 1830 fait aussi sortir la France de la Sainte Alliance, et marque le dernier terme de cette coalition des rois.

Conclusion. — La Sainte Alliance a été le plus formidable. effort fait par toutes les grandes monarchies européennes pour maintenir l'ancien régime et empêcher l'avènement des idées nouvelles ; pendant quinze ans elle a pesé sur la politique européenne ; mais, malgré l'habileté de ses hommes d'État,, elle ne pouvait réussir : d'abord, parce qu'elle avait contre elle la haine commune des libéraux dans tous les pays ; ensuite et surtout, parce que les rois eux-mêmes n'étaient pas sincèrement unanimes, et n'entendaient pas sacrifier réellement leurs intérêts au triomphe de leurs principes.

XCIII. — **La guerre de l'indépendance hellénique.**

Causes de la guerre d'indépendance : vitalité du patriotisme hellénique, survivant à quatre siècles de domination turque ; contagion lointaine des idées d'indépendance nationale répandues dans le monde par la Révolution française (les Français aux îles Ioniennes) ; décadence de la Turquie, et relèvement régulier de la race hellénique dont le commerce et surtout la marine marchande deviennent florissants ; progrès de l'instruction, renaissance des souvenirs littéraires et patriotiques (la société des Philomuses, le poète Rhigas, etc.) ; espérances fondées sur le concours des chrétiens d'Europe et surtout des Russes, coreligionnaires des Grecs.

Préliminaires de la guerre : résistance héroïque des villes Épirotes à la domination turque (Souli, Parga, 1819) ; révolte d'Ali de Tebelen, pacha de Janina ; soulèvement d'Alexandre Ypsilanti, aide de camp du czar, sur les bords du Danube.

Divisions de la guerre : Dans une première période,

de 1821 à 1824, les Grecs remportent des succès nombreux, mais peu décisifs, et s'efforcent de s'organiser ; — mais ils sont abandonnés à eux-mêmes par les gouvernements européens, tandis que les Turcs sont soutenus par une armée égyptienne, qui leur donne une supériorité marquée pendant une seconde période, de 1824 à 1827 ; — dans une troisième et dernière période, l'intervention anglo-franco-russe change entièrement la situation, et l'indépendance de la Grèce est proclamée.

I. *Première période. Succès des Grecs.* — L'insurrection éclate en 1821, sur plusieurs points à la fois : Botzaris en Épire, Colocotroni dans la Grèce centrale, Germanos en Achaïe, Miaulis et Canaris dans les îles et sur mer ; fureur des Turcs, massacre des Phanariotes. — Les gouvernements européens restent neutres : la Russie et la Sainte Alliance, entraînées par Metternich, se refusent à soutenir des insurgés ; mais réveil de l'opinion publique, les Philhellènes, les *Orientales*, nombreux volontaires, etc. — Congrès national réuni à Épidaure : installation d'un Conseil exécutif de cinq membres, et d'un Sénat de 59 membres. — Événements militaires : après le massacre de Scio, victoires navales de Miaulis et de Canaris ; les Grecs prennent Navarin et Tripolitza, chassent les Turcs de la Morée, s'emparent d'Athènes.

Deuxième période, revers des Grecs. — Mais, après des prodiges de valeur et des victoires inespérées, les Grecs voient le sultan Mahmoud obtenir contre eux l'appui de Méhémet-Ali et de l'Égypte (1824). Une première fois, Canaris barre la route à la flotte égyptienne. — Mais il est moins heureux en 1825 ; Ibrahim-Pacha débarque en Morée avec l'armée égyptienne, et après une guerre atroce soumet presque toute cette péninsule. — Dans la Grèce centrale, les Turcs reprennent Missolonghi (lord Byron, 1826) et Athènes (colonel Fabvier). Les Grecs divisés entre eux, écrasés par les forces réunies des Turcs et des Égyptiens, sont à la veille de succomber.

Troisième période, intervention européenne. — Mais alors la

Russie par ambition, l'Angleterre par défiance, la France par instinct chevaleresque, signent le traité de Londres du 6 juillet 1827, qui aboutit à une intervention armée en faveur des Grecs : bataille de Navarin, destruction de la flotte turco-égyptienne par les flottes alliées (20 septembre 1827).— Conséquences de cette victoire : mécontement de l'Angleterre qui abandonne la lutte ; intervention directe des Russes qui occupent les principautés Danubiennes et Trébizonde ; expédition française en Morée et départ des Égyptiens (1828). — L'Angleterre et l'Autriche, inquiètes des progrès de la Russie, imposent le traité d'Andrinople (septembre 1829) : la Russie obtient le delta du Danube ; le sultan Mahmoud reconnaît l'indépendance de la Grèce, qui bientôt se constitue en royaume, et prendra pour roi un prince bavarois, Othon.

Conclusion. — La Grèce devait son indépendance au courage héroïque de ses enfants, autant qu'à la protection désintéressée de la France ; pour la première fois, la diplomatie européenne faisait un pas sur une route qui aurait pu la conduire peu à peu à la solution de la question d'Orient, par l'émancipation progressive des populations chrétiennes soumises au joug des Ottomans ; — malheureusement, les inquiétudes de l'Angleterre avaient renfermé le nouveau royaume dans des limites trop étroites, où il ne devait pas trouver son développement normal et régulier : cause de complications futures.

XCIV. — **Montrer quelles ont été, dans l'Europe centrale, les conséquences de la Révolution française de 1830.**

La Révolution de juillet 1830 a été, aux yeux des divers peuples européens autant qu'à ceux du peuple français, le renversement éclatant de l'œuvre de la Sainte Alliance : la

Restauration accomplie en France par les alliés semblait être, en effet, la clef de voûte de l'ordre établi en Europe par les traités de 1815. Or, ces traités, par leurs stipulations propres ou par les conséquences qu'ils avaient entraînées, avaient profondément blessé les aspirations nationales et les tendances libérales des différents peuples aussi bien que celles des Français ; ils avaient souffert en commun, ils espérèrent que la délivrance serait aussi commune. — Voilà pourquoi les journées de juillet furent le signal d'agitations révolutionnaires qui bouleversèrent la plus grande partie de l'Europe, les pays dont les intérêts et les sympathies avaient été le plus sérieusement méconnus en 1815, et notamment dans l'Europe centrale les Pays-Bas, la Pologne, l'Allemagne ; — et voilà pourquoi aussi les souverains ne parurent pas éloignés de rendre la France responsable de tous ces mouvements populaires ; au fond, ces défiances des rois étaient bien injustes : ce n'était pas la Révolution française qui était la cause des agitations populaires, elle n'en était que l'occasion ; la cause véritable, on ne la trouverait que dans la détestable politique du Congrès de Vienne.

C'est dans les derniers mois de l'année 1830 que l'agitation populaire se propagea des rives de l'Escaut à celles de la Vistule ; partout éclatèrent des révolutions ou des insurrections. — En présence de ces soulèvements qui se réclamaient des idées françaises, que ferait le gouvernement de la France ? C'était toute la question. Là où la France put intervenir, en Belgique, l'insurrection devait triompher et l'œuvre du Congrès de Vienne s'écrouler ; — mais, dans les pays que la politique ou l'éloignement géographique durent soustraire à l'action de la France (Allemagne et Pologne), la cause des peuples était condamnée d'avance, et l'ancien ordre de choses devait, avec plus ou moins de facilité, être fatalement rétabli.

I. *Soulèvements dans l'Europe centrale.* — 1° *La Belgique :* C'est dans le voisinage immédiat de la France, en Belgique,

que l'influence de la révolution de juillet se fait tout d'abord sentir. Causes d'une révolution : la création du royaume des Pays-Bas, décidée par le Congrès de Vienne, a déplu presque autant aux Hollandais lésés dans leurs intérêts matériels, qu'aux Belges froissés dans leurs sentiments nationaux et religieux. — L'insurrection éclate à Bruxelles (25 août) ; retour offensif des Hollandais qui sont battus à Bruxelles (25 septembre), bombardement d'Anvers ; le 10 novembre, un congrès national proclame l'indépendance du pays.

2° *L'Allemagne :* L'œuvre du Congrès de Vienne n'avait satisfait ni les tendances nationales des Allemands (maintien du particularisme dans la Confédération) ni leurs désirs de liberté (suppression de toute charte et de tout parlement) ; — aussi, sous le coup d'insurrections (septembre-novembre 1830), les souverains de Brunswick, de Hesse-Cassel, de Hanovre et de Saxe sont forcés d'accorder une constitution à leurs sujets ; révoltes en Bavière, à Breslau, à Berlin ; sympathies françaises dans les provinces rhénanes.

3° *La Pologne :* Situation difficile du royaume constitutionnel de Pologne, créé par les traités de 1815 ; d'une part, il ne comprend pas toutes les provinces polonaises possédées directement par le czar, d'autre part il est gouverné par l'*autocrate de toutes les Russies.* — Les Russes chassés de Varsovie (29 novembre 1830) ; mais les Polonais restent désunis : les nobles ne réclament que des libertés nationales et voudraient traiter avec le czar Nicolas ; les bourgeois demandent des réformes radicales ; les paysans restent indifférents. Le dictateur Chlopicki remplacé par Radziwill (janvier 1831).

II. *Attitude de la France, intervention en Belgique.* — En Pologne, comme en Allemagne et en Belgique, les peuples s'insurgeaient aux cris de : Vive la France ! Deux partis en France : les uns veulent soutenir les révoltés et entreprendre à travers l'Europe une guerre de propagande ; les autres prêchent le respect des traités, ils demandent que la France intervienne seulement dans les pays où elle a des intérêts immédiats, et qu'une intervention étrangère menacerait de compromettre. Par suite, intervention de la France en Belgique.

Après que Louis-Philippe a refusé pour lui ou pour un de ses fils la couronne de Belgique, et que la conférence de Londres a déclaré Léopold de Saxe-Cobourg roi des Belges, la France, en août 1831, arrête les Hollandais vainqueurs à Louvain, et en décembre 1832 délivre Anvers. Indépendance de la Belgique.

III. *Défaite des insurrections en Allemagne et en Pologne.* — Mais, sur les autres points de l'Europe centrale, la France s'abstient d'intervenir : en Allemagne, elle craindrait de réveiller le mouvement de 1813 ; en Pologne, elle est rebutée par l'éloignement et se contente de témoigner aux Polonais une sympathie stérile. Résultat : triomphe définitif de l'absolutisme en Allemagne et en Pologne.

1° *En Allemagne :* A partir de 1831, période de réaction ; la Prusse et l'Autriche effrayées se rapprochent ; la diète de Francfort (1832) détruit les conséquences des concessions précédentes et rétablit en fait l'absolutisme.

2° *En Pologne :* Début des hostilités, l'armée russe est successivement battue à Grochow, à Waver, à Ostrolenka (février-mai 1831). — La France et l'Angleterre abandonnent les Polonais, tandis que la Prusse se joint au czar. — Insurrection démocratique à Varsovie ; prise de Varsovie par les Russes (8 sept. 1831). Le czar abolit la Charte de 1815, et enlève à la Pologne son autonomie.

Conclusion. — En présence des mouvements révolutionnaires que la révolution de 1830 provoqua dans l'Europe centrale, mais qui avaient été réellement causés par la mauvaise politique des rois, la France montra autant de modération que de loyauté : elle refusa de s'annexer la Belgique, de soutenir la Pologne et les révoltés allemands. Quelle fut la récompense de cette conduite ? Par ces ménagements, elle déçut les sympathies des peuples, et ne gagna que les dédains de l'Angleterre, les méfiances de l'Autriche et de la Prusse (conférences de Munchengrœtz), et l'hostilité à peine déguisée de la Russie.

XCV. — **Les réformes en Angleterre, de 1820 à 1850**.

Au milieu du dix-neuvième siècle, l'histoire intérieure de l'Angleterre présente un aspect particulier : tandis que toutes les nations continentales sont profondément bouleversées par l'invasion des idées françaises, l'Angleterre seule échappe à cette influence, protégée moins encore par le fossé de la Manche que par ses institutions spéciales, qui peuvent être pour elle l'instrument d'un progrès pacifique et indéfini.

Au début du siècle, elle avait glorieusement lutté contre la France et contre Napoléon ; en 1815, la fin des grandes guerres de la Révolution et de l'Empire la mettait à l'apogée de sa puissance maritime et coloniale : elle avait acquis, avec beaucoup de gloire, une suprématie incontestée sur les mers, et toutes les colonies importantes du globe. Mais cette prospérité avait son revers : le contre-coup du blocus continental et une crise économique intense imposaient aux fermiers et aux ouvriers des souffrances matérielles considérables ; — l'oppression des catholiques et de l'Irlande, continuée depuis près de deux siècles, était maintenant devenue intolérable, et les maux qu'elle déterminait exigeaient un prompt remède ; — enfin, les vices du système électoral qui donnaient une influence exclusive aux nobles et aux riches étaient la cause d'embarras politiques sérieux.

Telles sont les principales questions politiques et économiques qui, après la pacification générale de 1815, s'imposaient à l'attention des hommes d'État anglais ; elles devaient être résolues par le jeu naturel des institutions britanniques, sous les règnes de Georges IV (1820-1830), de Guillaume IV (1830-1837), et de la reine Victoria (depuis 1837).

12.

I. *Réformes économiques.* — Triste situation de l'Angleterre après 1815 : cours forcé des billets de banque, crise agricole, crise économique déterminée par l'introduction des machines et par l'établissement de barrières douanières sur le continent ; progrès effrayants du paupérisme ; lois sur les céréales ou corn-laws (1816), désordres matériels jusqu'à la chute des torys, en 1822. — Ministère Canning, ses principes libéraux : réformes d'Huskisson, disciple d'Adam Smith, abolition de l'Acte de navigation, principes de la liberté commerciale sous Georges IV ; — sous Guillaume IV, réforme de la loi sur les pauvres (1834) ; — sous Victoria, agitation légale provoquée par la *Ligue de Manchester*, sous l'influence de Cobden, abolition des corn-laws, que le peuple appelait les lois de famine (1846).

II. *Émancipation des catholiques.* — État lamentable de l'Irlande depuis Cromwell : l'Irlandais catholique ne possède pas le sol, et moyennant un salaire dérisoire le cultive pour des propriétaires anglais ; il paye la dîme au clergé anglican ; il n'a pas de droits politiques et ne peut exercer de profession libérale ; insurrections fréquentes. — Influence d'O'Connell « le grand agitateur de l'Irlande » ; fondation de l'Association catholique, vif mouvement de l'opinion libérale en Angleterre. En 1828, le ministère Wellington, quoique tory, abolit l'acte du Test ; en 1829, le bill d'émancipation des catholiques, déjà voté quatre fois par la Chambre des Communes, est enfin adopté par la Chambre des Lords. — Mais la question irlandaise n'est pas encore résolue ; vains efforts d'O'Connell pour obtenir le *Rappel de l'Union*.

III. *Réforme parlementaire.* — Organisation défectueuse du Parlement au début du dix-neuvième siècle : Chambre Haute (lords spirituels et temporels) et Chambre Basse (députés des Communes et chevaliers des comtés) ; représentation fort inégale des Communes, les *bourgs-pourris*, influence prépondérante des nobles sur les élections des campagnes. — Sous Guillaume IV, ministère réformateur de Grey, présentation du bill pour la réforme parlementaire (1831) ; opposition des

lords; agitation menaçante dans tout le pays ; adoption définitive du bill de réforme (1832). — Caractère de cette
réforme : elle ne fait pas table rase de tout ce qui existait
précédemment, mais introduit un compromis entre l'ancien
système électoral et la réforme absolue que la logique avait
pu réclamer.

Conclusion. — Les réformes accomplies en Angleterre au
milieu du dix-neuvième siècle sont donc aussi complètes que
celles qui, au même moment transforment la plupart des
autres États européens ; elles règlent les questions économiques, la question religieuse, la question électorale et parlementaire ; seulement, elles s'accomplissent suivant une
méthode toute différente. On ne constate pas de brusques
mouvements en avant, s'attaquant simultanément à tous les
abus, et suivis souvent de mouvements de recul non moins
brusques qui remettent en question toutes les conquêtes précédentes : en Angleterre, les problèmes qui préoccupent
l'opinion publique trouvent successivement leur solution, et
la solution obtenue est durable. Ces résultats précieux sont
dus à la pratique d'institutions séculaires parfaitement
appropriées aux habitudes et au tempérament du peuple
anglais, et à l'intelligence politique de l'aristocratie britannique.

XCVI. — La question d'Orient sous le règne de Louis-Philippe.

La question d'Orient, qui depuis un siècle a si souvent
troublé la paix européenne, a failli, au temps de Louis-Philippe, prenant un tour inattendu, déterminer une coalition
générale des grandes puissances contre la France.

Rappeler brièvement la nature et l'importance de la question d'Orient : importance politique et commerciale de
Constantinople, clef de la Méditerranée orientale ; impor-

tance analogue de l'Égypte et de la Syrie qui commandent les routes de l'Inde ; décadence irrémédiable des Turcs, devenus incapables de conserver par eux-mêmes ces positions d'une importance capitale : qui les remplacera ? Ambitions rivales des Européens en Orient.

Les cabinets européens, par jalousie mutuelle, se sont accordés pour prolonger le plus possible l'existence de l'empire turc ; mais les calculs de leur politique ont été déçus à diverses reprises par des incidents inattendus. Parmi ces incidents, un des plus graves s'est produit en 1840 ; la crise qui fut alors sur le point d'ensanglanter l'Europe avait été préparée par des commotions intérieures qui pendant les dix années précédentes avaient troublé l'empire ottoman et menacé son intégrité ; — la diplomatie européenne réclame alors pour elle-même le soin de pacifier l'Orient ; mais la diversité des vues des différentes puissances faillit les mettre toutes aux prises, et pendant plusieurs mois l'Europe put se croire à la veille du renouvellement des grandes guerres de la Révolution et de l'Empire.

I. *La question d'Orient en Orient.* — Sous le règne du sultan Mahmoud (1808-1839), prince réformateur, mais dont les réformes violentes sont impuissantes à conjurer la décadence de son empire vermoulu, la Turquie n'a cessé de s'affaiblir (émancipation de la Grèce, de la Serbie) ; au contraire, une des provinces musulmanes, l'Égypte, a accompli des progrès étonnants, sous la direction de Méhémet-Ali, lieutenant de Mahmoud, ambitieux et entreprenant, qui s'appuie sur l'influence française et tâche de se soustraire à la domination turque. — Première guerre de Méhémet-Ali contre Mahmoud (1831-1833) : Ibrahim, fils de Méhémet, conquiert la Syrie, victoire de Konieh ; intervention de la diplomatie européenne, paix de Kutayeh ; le traité d'Unkiar-Skelessi place la Turquie sous le protectorat russe. — Seconde guerre de Méhémet-Ali contre Mahmoud ; victoire complète d'Ibrahim à Nézib (1839), mort de Mahmoud.

II. *La question d'Orient et l'Europe.* — C'est alors que la question d'Orient devient une question européenne : la diplomatie réclama pour elle-même la solution du différend entre le sultan et son vassal ; la France s'associa d'abord loyalement à la politique des autres cabinets ; mais la jalousie de l'Angleterre l'exclut du concert européen, et elle ne put y rentrer qu'en sacrifiant ses vues particulières dans la question d'Orient.

1° *Intervention européenne :* Note collective du 27 juillet 1839 (ministère Soult) ; néanmoins, il n'y a pas accord réel entre les puissances : la France ne cache pas ses sympathies pour Méhémet-Ali ; mais la Russie n'entend pas substituer en Orient un empire vigoureux à un empire mourant, et la Prusse suit son impulsion ; l'Angleterre ne veut pas abandonner à un allié de la France l'Égypte et la Syrie, c'est-à-dire les deux routes des Indes ; l'Autriche est hostile au pacha rebelle.

2° *Hostilité de l'Angleterre contre la France :* Ces quatre puissances, par jalousie ou par ambition, se rapprochent bientôt et reforment contre la France une sorte de Sainte-Alliance. L'Angleterre, à l'insu de la France, conclut avec la Russie, l'Autriche et la Prusse le traité de Londres (15 juillet 1840) par lequel ces quatre puissances promettent au sultan leur concours effectif ; ultimatum posé à Méhémet-Ali ; bombardement de Beyrouth.

3° *Convention des Détroits :* indignation de la France, quand elle se voit exclue du concert européen ; armements précipités ; fortifications de Paris, agitation universelle en Europe. — Mais sous l'influence de Louis-Philippe, le parti de la paix l'emporte dans les Chambres françaises, chute du ministère Thiers. Méhémet-Ali reste sacrifié, et la Convention des Détroits, signée par Guizot (juillet 1841), fait rentrer la France dans le concert européen : l'entrée du Bosphore est interdite aux vaisseaux de guerre de toute nation, et le traité d'Unkiar-Skélessi est ainsi détruit au détriment de la Russie.

Conclusion. — Ainsi se dissipa cet orage qui, formé dans

les montagnes de la Syrie, avait été sur le point de ravager l'Europe entière. L'Angleterre pouvait se réjouir d'une double victoire : elle avait abaissé le protégé de la France en Égypte et ruiné l'influence russe à Constantinople. — Mais la question d'Orient n'était qu'ajournée : car la Russie n'avait pas renoncé à son ambition, la France désirait une revanche, et l'Angleterre avait satisfait sa jalousie plus qu'elle n'avait réellement sauvé l'empire ottoman.

XCVII. — **La guerre de sécession aux États-Unis.**

La guerre de sécession, née de causes diverses, politiques, économiques et morales, a arrêté et compromis au milieu du dix-neuvième siècle la prospérité inouïe des États-Unis. Richesse et développement de cette Confédération en 1860 : 33 États, 32 millions d'habitants, exportation de céréales vers l'Europe, monopole du coton, progrès marqués de l'industrie, etc.

Un double antagonisme a manqué ruiner cette florissante république : le Sud esclavagiste, agriculteur et libre-échangiste a des intérêts opposés à ceux du Nord abolitionniste, industriel, partisan du système protecteur ; en outre, le Sud, *démocrate*, veut affaiblir le pouvoir central, tandis que le Nord, *républicain*, veut le fortifier. Depuis les premiers temps de l'Union, les démocrates partisans de l'esclavage avaient eu le dessus (mort de John Brown, 1859) : mais en 1861 un président républicain, Abraham Lincoln, est élu pour la première fois. — Mécontentement du Sud, la scission est opérée, la Confédération du Sud s'organise, se choisit une capitale, Richmond, se nomme un président, Jefferson Davis, (fév. 1861). Le Nord proteste : alors s'engage une épouvantable guerre civile.

Une fois commencée, la guerre devait se poursuivre pendant quatre ans (1861-1865), avec des chances diverses. Le Sud eut d'abord le dessus, en 1861, parce qu'il avait de meilleurs officiers et de meilleurs soldats ; — mais, à partir de 1862, le Nord se relève : il s'organise, s'aguerrit, tient tête partout à ses adversaires, et les succès sont balancés ; — puis, la continuation de la lutte épuisant les ressources du Sud moins vaste et moins peuplé, tandis que les ressources du Nord sont indéfinies, la victoire se prononce de plus en plus nettement en faveur des républicains.

I. *Première période, succès du Sud.* — Les gens du Sud, ou *confédérés,* prennent l'offensive contre les gens du Nord, ou *fédéraux :* le fort Sumter est attaqué et pris par le sudiste Beauregard, à Charleston (avril 1861). — Du côté du Nord, les généraux Butler, Mac-Clellan, Meade, Sherman, Sheridan, Grant ; plus de richesses et plus d'hommes, mais beaucoup moins de vrais soldats ; — du côté du Sud, les généraux Lee, Beauregard, Johnstone, Jackson ; population moins nombreuse, mais plus belliqueuse, plus d'expérience militaire. — Aussi les confédérés obtiennent d'abord l'avantage, et remportent une grande victoire à Bull's Run, sur la route de Washington. Efforts énergiques du Nord pour réparer cette défaite, établissement de la conscription qui en trois ans donnera plus de deux millions de soldats ; création d'une marine. Abolition de l'esclavage.

II. *Deuxième période, succès balancés.* — La supériorité numérique permet alors au Nord de reprendre l'offensive et de poursuivre contre ses adversaires l'exécution d'un plan méthodique ; il se propose : 1° de couper les communications des confédérés avec l'Europe où ils veulent vendre leur coton et d'où ils peuvent tirer du matériel de guerre ; 2° d'occuper la ligne du Mississipi et de briser ainsi en deux la Confédération du Sud ; 3° enfin d'attaquer et de prendre Richmond, le centre de la résistance des confédérés. — Mais l'énergie des confédérés, le talent de leurs généraux, leurs qualités guerrières leur permettent de résister longtemps avec avantage sur tous les points.

1° La flotte du Nord bloque les ports du Sud ; combats du Merrimac et du Monitor ; mais plusieurs corsaires confédérés parviennent à prendre la mer (l'Alabama) et causent à la marine de commerce du Nord des dommages énormes.

2° Sur le Mississipi, une flotte fédérale remonte le fleuve et prend la Nouvelle-Orléans, mais ne peut remonter au delà de Port-Hudson, tandis qu'une autre armée du Nord, qui descend le fleuve, est arrêtée par les formidables retranchements de Wicksbourg.

3° Enfin, les troupes du Nord s'approchent de Richmond, mais ne peuvent forcer les lignes qui couvrent la capitale du Sud ; les confédérés rendent attaque pour attaque, et deux fois menacent Washington, mais ils sont arrêtés à Antietam (1862) et à Gettysburg (1863).

III. *Triomphe du Nord.* — Mais il était manifeste que le Sud s'épuisait, tandis que les ressources du Nord devenaient de plus en plus abondantes. Avec l'été de 1863 commencèrent les succès décisifs ; mais il fallut encore dix-huit mois d'efforts gigantesques pour venir à bout de la résistance opiniâtre des Confédérés.

1° Opérations militaires : les Fédéraux s'emparent de Port-Hudson et de Wicksbourg, la Confédération forme désormais deux tronçons ; — Sherman, par une marche audacieuse du Mississipi à l'Atlantique, perce de part en part le tronçon le plus important, et ruine toutes ses ressources ; — enfin, Grant et les généraux du Nord convergent tous vers Richmond qui tombe en leur pouvoir (avril 1865), la rébellion est écrasée. Mais le président Lincoln est assassiné par un partisan fanatique du Sud.

2° Pacification : sagesse des fédéraux vainqueurs, qui s'abstiennent de toute vengeance ; reconstitution méthodique de l'Union ; licenciement des armées.

Conclusion. — Cette guerre formidable, qui avait mis l'Union à deux doigts de sa perte, laissait le Sud ruiné et le Nord affaibli, avec une dette fantastique ; mais les États-Unis, après avoir étonné le monde par cette lutte gigantesque,

allaient l'étonner encore plus par leur rapidité à réparer leurs
pertes.

XCVIII. — **Formation de l'unité italienne au milieu du dix-neuvième siècle.**

Onze années (1859-1870) ont suffi à achever l'œuvre de
l'unité italienne : en 1859, l'Italie n'était encore, suivant la
parole célèbre, « qu'une expression géographique », et elle
était non seulement morcelée en plusieurs petits États, mais
presque entièrement soumise à l'influence ou à la domination de l'Autriche ; en 1870 elle avait complètement constitué son unité, depuis les Alpes, jusqu'à la mer Ionienne, et
elle ne relevait plus que d'elle-même. Ce résultat considérable
était dû certainement à l'enthousiasme patriotique des Italiens, mais aussi et surtout à la politique habile de la maison
de Savoie, qui associa son ambition aux aspirations unitaires
de la péninsule, et parvint à réaliser à son profit l'unité italienne. Au dix-huitième siècle, la Lombardie était « comme
un artichaut que le roi de Sardaigne voulait manger feuille
à feuille » ; au dix-neuvième, c'est l'Italie entière qui remplace la Lombardie.

Le Piémont et l'Italie avant 1859 : situation privilégiée du
Piémont, le seul État constitutionnel au milieu des États
italiens gouvernés par des princes absolus, le seul royaume
national à côté de pays gouvernés par des princes d'origine
étrangère ou dominés par les Autrichiens. — Aussi, depuis
1849, les vœux et les sympathies des populations italiennes
se tournent unanimement vers le Piémont ; les révolutionnaires, les *Mazziniens*, acceptent la direction d'un roi, Victor-
Emmanuel, qui confond sa cause avec la cause italienne,
d'un ministre, Cavour, qui prépare avec des chances de
succès la guerre d'indépendance contre l'Autriche, et, après

la guerre d'Orient, au Congrès de Paris (1856), est assez habile pour attirer l'attention des cabinets européens sur la situation faite à l'Italie par la réaction de 1849.

La question, ainsi posée, ne pouvait être résolue que par les armes ; les hostilités, plusieurs fois interrompues, devaient durer onze années ; pendant ce temps, la tâche des généraux et des soldats fut singulièrement facilitée par la souplesse, quelquefois peu scrupuleuse, mais toujours souverainement habile, de la diplomatie piémontaise : dans une première période, en s'alliant avec la France, elle a détruit le joug autrichien ; — dans une seconde, en s'alliant au parti révolutionnaire, elle a constitué l'unité italienne ; — dans une troisième enfin, en s'unissant à la Prusse, elle a complété cette unité.

I. *Alliance du Piémont et de la France.* — 1° Cavour, renonçant à la maxime qui a causé les désastres de 1848 (*Italia fara da se*), travaille à conclure l'alliance avec la France et à lui faire porter ses fruits : entrevue de Plombières avec Napoléon III, refroidissement de la France et de l'Autriche ; — l'Autriche envahit le Piémont (avril 1859), la France lui déclare la guerre.

2° Guerre d'Italie (1859) : les victoires de Montebello (mai) et de Palestro délivrent le Piémont ; — celles de Magenta et de Solferino (juin) délivrent la Lombardie, soulèvement des duchés italiens ; — mais alors la mobilisation menaçante de la landwehr prussienne décide Napoléon III à s'arrêter : conclusion inopinée de l'armistice de Villafranca (juillet) ; paix de Zurich.

II. *Alliance du Piémont avec le parti révolutionnaire.* — Privé de l'alliance française, et obligé d'accepter les stipulations du traité de Zurich, Cavour s'entend alors avec le parti révolutionnaire qu'il encourage secrètement, et peut ainsi éluder ses engagements. — D'abord, la Romagne, la Toscane, Parme et Modène s'unissent au Piémont (mars 1860), qui doit céder la Savoie et Nice à la France. — Quelques semaines plus tard, une expédition partie de Gênes sous les ordres de Garibaldi soulève la Sicile et Naples, et assiège dans Gaëte le roi des Deux-Siciles (mai-sept. 1868). — Sous prétexte d'enrayer le mouvement révolutionnaire, l'armée piémontaise envahit alors les États pontificaux (bataille de Castelfidardo), et va faire capituler Gaëte (févr. 1861). Victor-Emmanuel est roi d'Italie : il ne lui manque plus que *Rome*, où une armée française maintient le pouvoir du pape, et *la Vénétie*, possession autrichienne.

III. *Alliance de l'Italie avec la Prusse.* — Un nouveau changement de front, une nouvelle modification dans ses alliances, devait bientôt les lui donner. En 1866, l'Italie s'unit étroitement à la Prusse et, profitant des embarras de la France engagée au Mexique et de la guerre d'Allemagne, envahit la Vénétie. Les Italiens sont battus par les Autrichiens, sur terre à Custozza, sur mer à Lissa (juillet); mais les victoires de la Prusse obligent l'Autriche à céder la Vénétie à Napoléon III, qui la rétrocède immédiatement à Victor-Emmanuel. — En 1867, Garibaldi fait sur Rome une tentative infructueuse, qu'arrête le combat de Mentana; mais, en 1870, après les défaites qui obligent les Français à rappeler le corps d'occupation de Rome, les Italiens entrent dans la Ville Éternelle et en font leur capitale (sept.). — Loi des garanties envers la papauté.

Conclusion. — C'est ainsi que triompha la politique de Cavour; la mort l'avait empêché d'assister au succès final, mais ses continuateurs poursuivirent sa tâche; tous les grands événements de l'histoire contemporaine, la guerre d'Orient comme la guerre de la Prusse et de l'Autriche, toutes les forces vives de l'Europe moderne, la France, la Révolution, l'Allemagne, avaient tour à tour servi ses desseins. La maison de Savoie avait pleinement satisfait son ambition, et les Italiens avaient réalisé leurs rêves les plus aventureux. Quelle serait la conséquence de ce grand événement pour les destinées de l'Italie elle-même, et pour l'équilibre européen ?

XCIX. — Formation de l'unité allemande au milieu du dix-neuvième siècle.

L'unité de l'Allemagne avait été pendant des siècles l'objet des convoitises de l'Autriche, le rêve des poètes et des patriotes allemands ; elle a été réalisée de nos jours par et pour la Prusse, grâce au génie d'un grand ministre, M. de Bismark, et aux fautes inouïes commises par les hommes d'État qui dans différents pays ont été ses antagonistes ou ses auxiliaires inconscients. Ce n'est pas l'Allemagne qui s'est elle-même émancipée et unifiée, en fondant dans une vaste concentration nationale tous les éléments locaux et tous les *particularismes* ; c'est la Prusse qui a conquis et absorbé tous les petits États allemands. L'Allemagne a été *prussifiée* bien plutôt qu'*unifiée :* c'est ce que montre l'exposé des divers incidents qui ont amené cette grande transformation.

Trois étapes conduisirent M. de Bismark au but qu'il s'était proposé à lui-même, le jour où il fut appelé à la tête du ministère prussien par le nouveau roi de Prusse Guillaume Ier : 1° il organisa militairement la Prusse pour les luttes qu'il prévoyait, et l'établit solidement dans le nord de l'Allemagne ; — 2° il expulsa l'Autriche de l'Allemagne et assura à la Prusse une suprématie absolue sur les États allemands ; — 3° enfin il constitua définitivement l'unité impériale de l'Allemagne au profit de la Prusse. Une grande guerre marqua chacune de ces étapes : « ce n'est pas par des discours parlementaires, avait dit M. de Bismark, c'est par le fer et le feu que se résoudra la grande question du temps. »

1. *Préliminaires.* — La Prusse et l'Allemagne au dix-neuvième siècle : l'antagonisme séculaire de la Prusse et de l'Autriche s'est développé à partir de 1848 par suite de la prétention des deux puissances de reconstituer le monde ger-

manique, chacune à son profit. — En Prusse, avènement de Guillaume Ier (1861), ministère de M. de Bismark ; formation du *Nationalverein ;* exagération des dépenses militaires prussiennes, l'ère des conflits. — Bientôt, la guerre du Sleswig-Holstein permet à la Prusse d'utiliser ses ressources militaires : bataille de Duppel, défaite des Danois. Le traité de Vienne (1864) leur enlève les duchés, que détiennent la Prusse et l'Autriche : tel est le point de départ du plan gigantesque que M. de Bismark va réaliser.

II. *L'Autriche évincée de l'Allemagne.* — Tout d'abord, il provoque des difficultés avec l'Autriche à propos de la possession des duchés danois (convention de Gastein, 1865); après deux années de négociations difficiles, soutenu par le Nationalverein et décidé à la lutte, il désarme Napoléon III en lui promettant à Biarritz de larges compensations, s'allie à l'Italie et déclare la guerre à l'Autriche, qui a pour elle l'alliance des princes allemands (juin 1866). — L'armée italienne est battue, mais les armées prussiennes triomphent partout, avec une rapidité foudroyante, des Autrichiens à Sadowa, des Hanovriens à Langensalza, des Bavarois à Aschaffenbourg (juillet). — Paix de Prague : l'Autriche ne fait plus partie de l'Allemagne ; la Prusse s'annexe le Hanovre, la Hesse-Cassel, le Nassau, etc., et groupe autour d'elle les États allemands au nord du Mein; conventions secrètes avec les États du Sud.

III. *Achèvement de l'unité allemande.* — L'Allemagne était maintenant soumise au joug prussien, mais elle détestait ce joug : restait à lui faire accepter sa défaite, à la réconcilier avec le nouvel état de choses; M. de Bismark y parvint en réveillant la haine du nom français; cette tâche difficile lui fut facilitée par les fautes singulières de Napoléon III. — Affaire du Luxembourg (1867) : la Prusse montre à l'Allemagne qu'elle la protège seule contre les convoitises de *l'ennemi héréditaire.* — Aussi, quand Napoléon III, poussé à bout, finit par déclarer la guerre à la Prusse, l'Allemagne entière se leva pour combattre avec les Prussiens contre la

France. — Guerre franco-allemande (1870-1871) : batailles de Reichshoffen et de Sedan, capitulation de Metz; la défense nationale sur la Loire, dans le Nord, dans l'Est; capitulation de Paris (janv. 1871), paix de Francfort. — Cette guerre ne donna pas seulement à la Prusse l'Alsace et une partie de la Lorraine : pendant le siège de Paris, les princes allemands proclamèrent à Versailles le roi Guillaume empereur héréditaire d'Allemagne, et ils ne furent plus que ses vassaux.

Conclusion. — Dix années (1861-1871) avaient suffi à M. de Bismark pour accomplir sa tâche : le Danemark, l'Autriche et l'Allemagne, la France, avaient été successivement vaincus, et sur toutes ces ruines s'élevait la grandeur triomphante de la Prusse. Résultats pour l'Allemagne : despotisme militaire, inimitié irréconciliable de la France, exagération des préparatifs guerriers, le pays entier transformé en une caserne; — résultats pour l'Europe : la création d'une grande puissance militaire au centre de l'Europe est une menace perpétuelle pour tous les voisins; la *paix armée* impose des dépenses aussi fortes que la guerre la plus ruineuse.

C. — Le rôle civilisateur de la France au dix-neuvième siècle.

Depuis cent ans, la France a éprouvé les fortunes les plus diverses; elle a remporté les plus éclatants triomphes et elle a connu toutes les amertumes et tous les désastres de la défaite; elle a répandu dans le monde les plus généreuses idées, et elle a vu quelquefois ces idées se retourner contre elle; enfin, depuis le traité de Francfort, elle a vu l'axe de la politique européenne se déplacer : de Paris, il a été transporté à Berlin. — Ce qui peut nous rassurer sur l'avenir de notre pays, c'est la constatation des immenses services qu'il a rendus à l'humanité et à la civilisation pendant le siècle qui vient de s'écouler; personne, plus que la France, n'a contribué à répandre dans le monde ces idées de civilisation et de progrès qui ont été dans le passé et qui doivent rester dans l'avenir l'honneur de notre chère patrie.

, L'influence de la France est marquée dans les voies les plus diverses, soit que l'on étudie le développement politique du monde, — soit que l'on examine son développement intellectuel, — soit enfin que l'on considère son développement économique et moral.

I. *Influence politique de la France.* — Influence universelle de la Révolution de 1789 : « en ce jour et dans ce lieu, a dit Gœthe le soir de la bataille de Valmy, a commencé une époque nouvelle dans l'histoire du monde. » Idées nouvelles sur les droits de l'homme et sur les droits des peuples ; les guerres de la Révolution et de l'Empire propagent ces idées en Europe, et préparent partout l'avènement du nouveau régime. — De 1815 à 1848, la France continue pacifiquement cette propagande; influence européenne de la révolution de 1830 et de celle de 1848. — Efforts généreux faits par la France pour soutenir de nobles causes, même quand ses intérêts ne sont pas engagés ou peuvent être compromis dans ces interventions : elle assure l'indépendance de la Belgique, intervient à Ancône, soutient moralement les Polonais, dépense, sans compter, ses millions et le sang de ses enfants pour conquérir en 1859, l'indépendance de l'Italie, etc. « La France est le seul pays qui fasse la guerre pour une idée. »

II. *Influence intellectuelle de la France.* — Part de la France dans les grandes découvertes scientifiques qui transforment de nos jours l'aspect du monde (la vapeur, l'électricité, etc...) — Influence considérable de la littérature française (théâtre, roman, histoire, philosophie...) « la première histoire sur laquelle les étrangers jettent les yeux après leur histoire nationale, c'est celle de la France; et la première langue qu'ils étudient après leur langue maternelle, c'est la langue française. »

III. *Influence économique et morale de la France.* — La France, cette patrie des idées de liberté et d'indépendance, travaille aussi au dix-neuvième siècle, par son génie et par son argent, à effacer les distances, à percer des isthmes (canal de Suez, canal de Corinthe, canal de Panama), à unir les peuples, à rapprocher les centres de production et de consommation. — Ses efforts pour la suppression de la traite des nègres, pour l'émancipation des esclaves, pour la protection des opprimés de tout pays. — Son rôle colonisateur : en Algérie et en Tunisie, « tout observateur impartial des merveilleux résultats obtenus par un demi-siècle d'occupation française, dit un historien anglais, M. Grant Allen, sera obligé de convenir que cette occupation est le plus grand des bienfaits pour le continent noir, et que la civilisation implantée à Alger rayonne déjà et s'infiltre rapidement au delà du désert même. » Résultats analogues obtenus au Soudan (par le Sénégal), au Congo, à Madagascar, au Tonkin, etc.

Conclusion. — Ce tableau rapide nous montre qu'au dix-neuvième siècle notre pays n'a pas cessé de rendre des services signalés aux autres peuples ; aucun n'a été animé de sentiments plus généreux, aucun n'a plus efficacement travaillé au labeur commun de l'humanité. — Il faut donc avoir confiance dans l'avenir de notre patrie, l'aimer, et être fiers d'elle.

DEVOIRS D'ÉLÈVES

SUJETS DÉVELOPPÉS

I. — Histoire de la Germanie, depuis la fin du quatrième siècle de notre ère, jusqu'en 638.

Tour à tour envahissante et envahie, la Germanie a joué au cinquième et au sixième siècle un rôle important dans l'histoire, au milieu des grands bouleversements de peuples qui ont rempli cette époque.

Par elle-même, elle n'offrait cependant pas un grand attrait aux envahisseurs, et il semble que sa pauvreté et son infertilité auraient dû la mettre à l'abri de toute attaque extérieure : comprise entre le Rhin et la Vistule, entre la Baltique et les Alpes, elle était entièrement couverte de forêts, « un écureuil aurait pu aller des rives du Rhin à celles de la Vistule sans descendre de la cime des arbres; » dans les éclaircies s'élevaient des cabanes éparses près des fontaines et des cours d'eau ; le climat était âpre, et le ciel gris et bas, « capable d'attrister les regards des hommes, s'il n'eût été celui de leur patrie. » Plusieurs cabanes formaient un village, plusieurs villages un canton ou *gau*, plusieurs cantons une tribu, plusieurs tribus une confédération.

Mais, à défaut de richesses naturelles, sa position géographique la destinait à se mêler activement au grand mouvement d'invasion qui devait, à la fin du quatrième siècle, renverser l'empire romain et bouleverser tout le monde civilisé. La Germanie en effet bordait à l'ouest et au sud le monde romain ; du côté de l'est, elle était en contact avec le monde asiatique, avec les terribles Huns qui allaient sortir de leurs déserts, attirés par la réputation de la Ville Éternelle : c'est donc forcément en se frayant un passage à travers les forêts de la Germanie que les Huns pourraient atteindre l'objet de leurs convoitises ; les peuples germaniques allaient donc nécessairement se trouver comme submergés et entraînés par le mouvement de la Grande Invasion.

Leur propre instinct d'ailleurs les poussait vers ces entreprises belliqueuses. Le Germain ne connaissait d'autre occupation ni presque d'autre plaisir que le métier des armes ; le printemps venu, il courait aux combats : tantôt il allait conquérir la nourriture que ses champs mal cultivés ne lui donnaient pas ; tantôt il se mêlait à quelque expédition de vengeance ou de brigandage. Sa religion était aussi guerrière que ses mœurs : le palais d'Odin ne s'ouvrira que pour le brave mort sur le champ de bataille, et celui que les Walkyries auront ainsi recueilli passera l'éternité à combattre le jour, à boire toute la nuit la bière et l'hydromel dans le crâne de ses ennemis.

C'est ainsi que les mœurs des Germains et la situation géographique de leur pays expliquent toute leur histoire de la fin du quatrième siècle jusqu'au commencement du septième. La Germanie eut d'abord à soutenir une rude attaque venue de l'Orient ; — vaincue par les Huns, poussée et entraînée par eux, elle déborda ensuite sur les terres romaines au sud et à l'est, jusqu'au moment où des conquérants sortis de son sein eurent soumis tout le territoire jusqu'à l'Océan ; — alors, une nouvelle période commença pour elle : elle eut à lutter contre les peuples germaniques qui s'étaient établis en Occident, et qui, pour barrer la route à

de nouveaux envahisseurs avec lesquels ils ne voulaient pas
partager, se retournèrent contre la Germanie d'où ils étaient
sortis.

Depuis des siècles les Germains faisaient effort pour franchir le Rhin et le Danube, pour aller chercher du butin sur
les terres de l'empire romain, et particulièrement du vin
dont le gouvernement impérial avait défendu l'exportation,
quand tout à coup, dans la seconde moitié du quatrième
siècle de notre ère, ils furent eux-mêmes attaqués du côté
de l'est par un formidable ennemi sorti des steppes de l'Asie,
par les Huns. De race mongolique, rompus dès l'enfance à
supporter le froid, la faim, passant leur vie sur leurs petits
chevaux rapides et décharnés, les Huns produisaient une
impression de terreur mêlée de dégoût qui paralysait la
résistance. La première nation germanique à laquelle ils se
heurtèrent fut celle des Goths, qui depuis longtemps s'étaient
avancés à l'est de l'Europe, et occupaient à peu près le sud
de la Russie actuelle, sur les deux rives du Dnieper; les trois
grandes subdivisions de cette race, les Ostrogoths à l'est du
Dnieper, les Wisigoths à l'ouest, et les Gépides plus au nord
vers la Baltique, avaient été réunies en un vaste empire qui
avait à sa tête le vieil Hermannrich. Au moment où les Huns
arrivaient sur le Volga, en 373, Hermannrich venait de mourir; après une première défaite où son successeur fut tué, les
Ostrogoths se soumirent; les Wisigoths voulurent une fois
encore tenter la fortune, mais ils furent de nouveau vaincus
sur le Danube et sur le Pruth; acculés aux frontières de
l'empire d'Orient, ils aimèrent mieux les franchir en suppliants et demander des terres à l'empereur Valens, que d'accepter la domination des barbares envahisseurs (376).

Ainsi, du premier coup, la Germanie était entamée; cette
première barrière renversée, les Huns poursuivirent sans
obstacles leur course vers l'Occident; les Karpathes ne les
arrêtèrent pas : ils traversèrent le défilé des sources de la
Theiss, remontèrent la vallée du Danube, et parurent bientôt
dans le cœur même de la Germanie. Leur arrivée y produisit

un désordre inexprimable : les différents peuples germains, bouleversés, fuyant pêle-mêle dans une inexprimable terreur, rejetés sur les frontières de l'empire romain, les franchirent sous la formidable poussée des Huns. Alors commence dans l'histoire des peuples germaniques une nouvelle période : envahis, ils allaient à leur tour devenir envahisseurs.

Ce fut à peu près pendant un siècle, à partir de 376, que la Germanie inonda sans relâche le sud et l'ouest de l'Europe de ses bandes conquérantes. Dans ce grand nombre d'invasions diverses, on peut distinguer certaines grandes périodes, déterminées chacune par un nouveau pas des Huns sur le sol germanique. La première est celle qui est marquée par l'invasion des Wisigoths, qui, après avoir été accueillis en suppliants sur les terres de l'empire d'Orient, se révoltèrent à diverses reprises, sous Alaric ravagèrent la Grèce et l'Italie, et finirent par aller s'installer au commencement du cinquième siècle dans le sud de la Gaule.

Mais déjà à ce moment un second ban d'envahisseurs était parti de la Germanie. L'apparition des Huns dans le bassin moyen du Danube provoqua en effet en 406 la Grande Invasion, celle des Alains, des Suèves, des Vandales et des Burgondes. Une avant-garde, conduite par Radagaise, traversa d'abord les Alpes, mais elle périt tout entière sur les rochers de Fésules en Toscane ; le reste de l'invasion franchit le Rhin, inutilement défendu par d'autres Germains, les Francs, que l'empire romain avait depuis longtemps pris à sa solde. La Gaule et l'Espagne devinrent alors la proie de ces barbares ; l'Afrique même tomba au pouvoir des Vandales.

Tandis que l'invasion germanique couvrait ainsi toute l'Europe occidentale, la Germanie elle-même était presque entièrement occupée par les Huns. Attila, le *fléau de Dieu*, était alors à la tête de ces féroces envahisseurs (432) ; la plupart des peuples restés entre le Rhin et le Danube durent reconnaître son autorité, et, de son palais de bois bâti en Pannonie il gouvernait toute l'Europe centrale. La Germanie subit ce joug jusqu'au jour où, après avoir été battu aux Champs

Catalauniques, et après avoir envahi l'Italie, le roi des Huns fut enlevé par une mort subite (453). Cette mort fut le signal de la ruine de son empire; ses soixante fils se disputèrent son héritage dans des batailles sanglantes, les Huns s'épuisèrent eux-mêmes dans cette interminable guerre civile, et les débris de leur nation, naguère si redoutable, furent rejetés vers l'Orient : la Germanie recouvra son indépendance.

Mais l'état territorial du monde germanique avait subi un bouleversement profond : les Ostrogoths avaient été amenés, à la suite des Huns, jusqu'en Pannonie, où ils restèrent d'abord campés; les Gépides se fixèrent dans le Tyrol actuel; les Alamans, les Bavarois, les Thuringiens, les Saxons, les Frisons s'avancèrent vers l'ouest; les Lombards, partis des bords de la Vistule, s'établirent dans le centre. Puis, les Germains, débarrassés des Huns, recommencèrent leur genre de vie accoutumée, et de nouveau attaquèrent les frontières du sud et de l'ouest. Les Ostrogoths, conduits en Italie par leur roi Théodoric, s'emparèrent de la péninsule (489-492); mais, au delà du Rhin, les Alamans furent moins heureux : ils furent battus à Tolbiac par Clovis, roi des Francs, qui s'était fixé dans la Gaule septentrionale, et ils ne purent émigrer hors de la Germanie (496).

Cette bataille de Tolbiac marque dans l'histoire de la Germanie le début d'une ère nouvelle : aux incursions perpétuelles qu'elle avait jusqu'alors dirigées au delà du Rhin contre la Gaule vont succéder, par un mouvement inverse, des attaques dirigées de Gaule contre la Germanie. C'est que la nation germanique, celle des Francs, qui maintenant avait conquis l'ancien territoire gaulois, ne voulait plus être troublée dans sa possession par les attaques de Germains nouveaux-venus; et elle comprit bien vite que le meilleur moyen de contraindre à la paix ces belliqueuses tribus, c'était de leur rendre guerre pour guerre, d'aller les chercher dans leurs propres forêts, et de les obliger à n'en plus sortir. Pendant le siècle qui suit, les peuples germaniques purent donc bien faire encore des invasions victorieuses au sud et au nord : au delà des Alpes, les Lombards pénétrèrent dans la vallée du Pô en 568 sous la conduite de leur roi Alboin, et peu à peu s'étendirent dans le nord et dans le centre de la péninsule italienne. D'autre part, au delà de la mer du Nord, les Angles et les Saxons envahirent la Grande-Bretagne, et de 455 à 584 y fondèrent sept petits royaumes. Mais, du côté de l'ouest, la Germanie eut à subir elle-même de sérieuses et perpétuelles attaques : la première, en 530, fut dirigée contre les Thuringiens par Thierry, l'aîné des fils de Clovis ; aidé par son frère Clotaire, et surtout par les dissensions intestines des trois rois de la Thuringe, Thierry finit par réduire le pays tout entier en sa puissance. La Germanie eut ensuite à combattre le petit-fils de Clovis, Sigebert, qui était roi d'Austrasie ; pendant quelques années, elle fut aussi ravagée par les invasions des Avares qui remontaient la vallée du Danube (562-568) ; mais elle parvint à se débarrasser de ces farouches ennemis ; et un peu plus tard, grâce aux guerres civiles qui mirent aux prises l'Austrasie et la Neustrie, à l'époque de Frédégonde et de Brunehaut, elle fut aussi délivrée des attaques des Francs.

Mais ce ne fut pour la Germanie qu'un moment de répit : dès que la victoire de Clotaire II (614) eut rétabli l'unité de la domination franque, les Francs recommencèrent contre les Germains leur lutte nationale. Clotaire II fut victorieux des Saxons, « et fit périr tous les mâles de cette race dont la taille dépassait la longueur de son épée ; » Dagobert Ier consolida les conquêtes de ses prédécesseurs, malgré une invasion des Bulgares en Bavière, et malgré une défaite que lui infligèrent les Vénèdes. Quand il mourut, en 638, la plus grande partie des Saxons et des Frisons payait le tribut, et les Thuringiens, les Alamans et les Bavarois recevaient docilement les ordres du roi des Francs.

Ainsi, pendant le cinquième et le sixième siècle, la Germanie avait subi les fortunes les plus diverses : attaquée d'abord et subjuguée par les Huns, elle avait trouvé dans sa défaite même le moyen de forcer enfin les frontières de l'empire romain qu'elle attaquait inutilement depuis plusieurs siècles ; elle avait alors démembré et détruit l'empire romain d'Occident, dont le territoire avait été entièrement conquis par des tribus germaniques ; enfin, elle avait vu l'une de ces nations nouvelles fondées par l'invasion germanique se retourner contre elle-même et l'assujettir presque entièrement. Dans ces différentes circonstances, la Germanie avait constamment représenté la barbarie luttant contre la civilisation ; les victoires des Francs étaient une garantie pour le développement ultérieur du monde chrétien ; cependant, en 638, la cause de la civilisation n'était pas encore entièrement gagnée : pour assurer son triomphe définitif contre la barbarie germanique, il fallait attendre Charlemagne.

CHRISTIAN GARNIER
(*Troisième, lycée Louis-le-Grand.*)

II. — Les Communes en France au Moyen Age.

Le mouvement communal a éclaté en France au onzième siècle, comme dans le reste de l'Europe occidentale, et pour les mêmes causes ; le caractère de cette révolution a été déterminé par la situation misérable des classes non-privilégiées, qui aspiraient à obtenir enfin la sécurité et des garanties nécessaires. C'est donc l'oppression féodale qui a été la cause première de la création des Communes.

Au-dessous de la double aristocratie, laïque et ecclésiastique, qui dominait tout le monde féodal, se trouvaient les non-nobles, ceux qui formeront plus tard le tiers état ; au onzième siècle, leur situation était devenue singulièrement misérable. Les non-nobles se divisaient en deux grandes catégories, les habitants des villes et les habitants des campagnes ; les seconds, les *serfs*, étaient attachés à la glèbe, c'est-à-dire qu'ils étaient indissolublement liés au champ qu'ils devaient cultiver, ils étaient vendus ou cédés avec ce champ; taillables et corvéables à merci, ils étaient astreints à payer toutes les redevances selon le bon plaisir de leur seigneur, et obligés d'exécuter des travaux corporels, ou *corvées*, souvent excessifs, pour la réparation des chemins, l'entretien du château seigneurial, la construction des fortifications. Les habitants des villes étaient un peu moins malheureux : c'étaient les *vilains*, établis dans les anciennes cités, ou dans les villes neuves qui peu à peu s'étaient formées autour d'une abbaye, autour d'un manoir féodal; on leur donnait le nom de bourgeois ou habitants du bourg (*burg* en langue germanique). Les vilains n'étaient pas vendus avec la terre sur laquelle ils vivaient, ils restaient donc libres de leur corps: c'était là principalement ce qui élevait leur condition au-dessus de celle des serfs.

Cet état de choses se modifia peu à peu à partir de la fin du onzième siècle, sous l'influence de différentes causes qui commencèrent alors à se faire sentir. La croisade fut une des premières; les seigneurs, partant pour la Terre Sainte, ne savaient pas s'ils reviendraient un jour de ce lointain voyage; ils vendaient donc volontiers leurs domaines, et accordaient aux villes moyennant finances certaines libertés dont la jouissance devait les conduire à une émancipation complète. Mais c'est surtout l'exemple des villes italiennes qui poussa les populations urbaines à se débarrasser du joug pesant des seigneurs et à demander des concessions. Quelques ducs, quelques comtes firent droit pacifiquement aux demandes de leurs sujets; mais la plupart refusèrent tout adoucissement à la condition des vilains, et ceux-ci furent réduits à conquérir de force ce qu'on ne voulait pas leur accorder de bon gré : telle fut l'origine des violences qui marquèrent souvent la révolution communale.

C'est dans le nord, dans le voisinage de la Flandre, que ce mouvement d'émancipation se produisit avec le plus de violence, et rien n'est plus facile à comprendre, puisque l'oppression s'y faisait sentir avec le plus de force. Tout y était frappé d'impôt, la nourriture, le vêtement, les récoltes, la vente des denrées ; on ne pouvait moudre son grain qu'au moulin du seigneur, et cuire son pain qu'au four banal ; en outre, on devait payer le cens et la taille pour sa maison, pour son petit coin de terre, pour sa personne et pour celle des membres de sa famille. Puis, par-dessus les lourdes redevances, par-dessus les corvées régulières, venaient les exactions arbitraires et les *aides gracieuses*, qui enlevaient souvent au vilain ses bestiaux, ses charrettes et jusqu'à son dernier morceau de pain noir.

Dans le midi de la France, la révolution communale s'opéra d'une façon différente, parce que la situation des villes n'était pas la même que dans le nord ; beaucoup d'entre elles avaient conservé des débris de l'ancienne organisation des municipalités romaines, et la tradition de l'autonomie administrative. Sur plusieurs points, particulièrement en Languedoc et en Provence, des cités, s'inspirant de leurs vieux souvenirs, se donnèrent des administrations électives, des *consulats :* les consuls, dont le nombre variait de cinq à vingt-quatre, percevaient les impôts, rendaient la justice, et commandaient la milice ; les nobles acceptèrent le plus souvent le nouvel état de choses, et parfois même s'y associèrent : à Toulouse, le comte dirigeait le Chapitre ou Conseil municipal, dont les membres portaient le titre de *capitouls*.

Dans le nord au contraire, la fréquence et la violence des invasions avaient fait disparaître toutes les traditions romaines ; dans chaque ville, ce fut l'union intime des habitants, opérée par la communauté des souffrances, qui leur donna la force nécessaire pour se soustraire à l'oppression seigneuriale. Ils se réunissaient sur la place du marché, dans l'église ou dans l'hôtel de ville, et juraient de se défendre mutuellement ; pour diriger leurs efforts et régler les intérêts communs, ils se nommaient des chefs qu'on appelait, suivant la région, des *jurés* ou des *échevins*, et la commune était ainsi constituée. Une cloche, placée dans la tour du beffroi, convoquait les habitants aux réunions délibéra-

13.

tives ou aux prises d'armes contre les résistances du seigneur; chaque commune avait sa bannière qui servait de point de ralliement pendant le combat.

C'est la ville du Mans qui eut l'honneur de donner le signal du mouvement communal, mais sans pouvoir arriver à une réussite complète : les bourgeois dès 1072 y résistèrent aux barons, mais ils ne purent obtenir de leur suzerain Guillaume le Conquérant que quelques concessions secondaires, et furent forcés de renoncer à leur Commune. Cambrai, Amiens, Noyon, Saint-Quentin, Soissons, etc., suivirent cet exemple; enfin Laon, dont la révolution communale fut marquée par des péripéties sanglantes : pendant une absence de l'évêque Gaudry qui était le seigneur de la ville, les bourgeois avaient obtenu à prix d'or, des chanoines et des nobles, la permission de constituer une Commune. A son retour, l'évêque, outré, voulut casser la Charte d'affranchissement, et il acheta même l'adhésion du roi Louis VI moyennant une forte somme d'argent; mais ensuite il tâcha de se dédommager en levant sur les bourgeois des taxes exorbitantes. C'est ce qui le perdit : les habitants exaspérés prirent les armes, parcoururent la ville aux cris de : Commune! Commune! envahirent l'évêché, découvrirent l'évêque dans une cave où il s'était réfugié, et le massacrèrent sans pitié; mais à leur tour ils furent rudement châtiés : le roi de France, irrité à la nouvelle de ce meurtre, envoya en effet une armée qui soumit les révoltés, et il fit mettre à mort tous leurs chefs. La Commune de Laon se releva néanmoins de ses ruines; quelques années après, le successeur de Gaudry ayant octroyé aux habitants une nouvelle charte d'affranchissement, Louis VI s'empressa de la garantir, et cette fois la garantie royale fut effective.

Cette histoire dramatique de la commune de Laon, qu'Augustin Thierry nous a racontée dans un récit célèbre, peut nous donner une idée des dissensions, des troubles, des résistances qui marquèrent presque partout dans le nord de la France l'établissement des Communes; presque partout, les bourgeois eurent à combattre pour substituer l'ordre à l'anarchie, la loi à l'arbitraire, en un mot pour conquérir ce que la simple police nous assure aujourd'hui. Et toujours, après des péripéties diverses, souvent après une période de prospérité plus ou moins longue, l'histoire de chacune de ces Communes se termina par un insuccès définitif; elles échouèrent toutes finalement, parce qu'elles restèrent isolées, parce que chaque cité, ne songeant qu'à ses propres intérêts, ne se préoccupa jamais de prêter main-forte à la cité voisine. Enfin, la politique de la royauté capétienne, l'intervention des rois dans les affaires communales, contribuent à expliquer d'abord le triomphe momentané de beaucoup de Communes, et ensuite leur disparition dernière.

Louis VI, qui régnait au moment où le mouvement communal se produisit avec le plus de force, seconda le plus souvent par calcul l'insurrection des villes contre les seigneurs féodaux, il confirma un grand nombre de Chartes dans les villes qui appartenaient à ses vassaux; mais il n'en souffrit pas une seule dans ses propres domaines où il n'accorda que des lettres d'affranchissement; il concéda volontiers de larges franchises municipales à ses *villes de bourgeoisie*, mais il leur refusa constamment les libertés politiques qui les auraient transformées en véritables petites républiques et auraient rendu impossible l'établissement de l'unité territoriale du royaume. Ses successeurs suivirent la même politique, propre à assurer à la fois le bien-être des populations et l'autorité de la royauté. C'est ainsi que Louis VII le Jeune bâtit dans le domaine royal un certain nombre de bourgs fermés de murailles qu'on nomma communément *villes neuves* ou *villes franches*, en raison des libertés que le roi leur accorda; les officiers royaux pouvaient même y accorder asile aux serfs échappés de la glèbe des seigneurs. Philippe-Auguste, que les milices communales secondèrent à Bouvines, accorda aussi des Chartes en nombre limité, parce que c'était à ses yeux une entrave aux progrès de la monarchie capétienne.

Quant à saint Louis, il comprit mieux peut-être que tous ses prédécesseurs combien l'alliance des Communes avec la royauté était nécessaire pour réduire les seigneurs féodaux à l'observation de la loi et pour maintenir le bon ordre dans le royaume; mais il comprit en même temps que l'indépendance communale n'était pas moins dangereuse à l'unité monarchique que l'indépendance féodale, et qu'elle pouvait aussi devenir la source de graves désordres : il voulut donc aussi restreindre les limites de cette liberté. Depuis longtemps déjà beaucoup de Communes étaient troublées par les factions ; les riches bourgeois faisaient retomber sur le pauvre peuple les impôts les plus écrasants, et les gens de métier étaient souvent divisés par des dissensions profondes ; de là des querelles fréquentes qui dégénéraient facilement en guerres civiles et rendaient impossible l'élection des maires et des échevins. Pour mettre un terme à ces désordres, saint Louis engagea les Communes à se placer sous la surveillance des officiers royaux, et les transforma ainsi en villes de bourgeoisie. Les cités consentirent à ce changement qui leur assurait la tranquilité sans porter d'abord atteinte à leurs libertés locales : elles avaient toujours leurs représentants choisis par elles-mêmes dans des élections dont les officiers du roi n'avaient que la surveillance. Mais cette dépendance des Communes devint peu à peu plus étroite, et un moment arriva où saint Louis décida que dorénavant les bourgeois d'une ville se borneraient à désigner quatre candidats; parmi eux, le roi choisissait le maire (1256) ; la même ordonnance enjoignait au maire de se rendre une fois chaque année à Paris pour y rendre compte de sa gestion financière, et fixait même le nombre de chevaux nécessaires pour le voyage, afin d'épargner aux Communes des dépenses trop onéreuses. Comme on le voit, les Communes tombaient entièrement sous l'autorité monarchique, mais elles gagnaient en sécurité et en prospérité matérielle ce qu'elles perdaient en liberté et en indépendance. Enfin, Philippe le Bel étant arrivé au trône, il fut posé en principe que le roi seul avait le droit de faire des Communes : c'était porter le dernier coup à l'existence autonome des villes.

Les Communes avaient donc triomphé de la féodalité, en obligeant les seigneurs à leur accorder les libertés nécessaires ; mais ces libertés leurs furent ensuite enlevées par la royauté, dont elles avaient surtout contribué à asseoir solidement la puissance. Du moins, elles ne disparurent pas sans laisser de traces durables : elles avaient glorieusement et utilement rempli leur rôle dans la formation de la nation française ; c'est dans leur sein que s'était formé, à côté des deux ordres privilégiés, un ordre nouveau dont l'importance devait aller sans cesse en grandissant et devenir prépondérante dans la France moderne : le Tiers État.

FERDINAND B...

Instituteur de la Ville de Paris.
(Devoir composé en vue de l'obtention du Brevet Supérieur.)

III. — La diplomatie française de 1653 à 1661 (moins les négociations avec l'Espagne).

Pendant ces huit années, la diplomatie française, habilement dirigée par le continuateur de Richelieu, Mazarin, sut à merveille tirer parti des traités de Westphalie pour assurer à la France la prépondérance en Europe ; son attention se dirigea principalement sur trois points, les Pyrénées, le Rhin, la Baltique. Du côté des Pyrénées, elle visait l'Espagne ; sur le Rhin, l'Allemagne ; dans la Baltique, elle défendait les intérêts de son ancienne alliée, la Suède, dont le secours lui avait été précieux pendant la guerre de Trente Ans.

La question des Pyrénées, c'est-à-dire la lutte contre l'Espagne, eut une conséquence inattendue : elle amena un rapprochement entre la France monarchique et l'Angleterre républicaine. Pendant la Fronde, l'Espagne avait repris des forces nouvelles ; et pour recommencer la lutte contre elle avec avantage, Mazarin sentait la nécessité d'avoir l'alliance d'une des deux républiques maritimes. Il avait songé en premier lieu à une alliance avec les Pays-Bas et le stathouder Guillaume II ; mais la mort de ce dernier avait mis fin à ce projet, et Mazarin se retourna vers l'Angleterre. Cromwell, créé lord Protecteur, gouvernait alors ce pays avec la puissance d'un roi ; courtisé à la fois par l'Espagne et par la France, sentant de quel prix devait être son appui, il était résolu à se le faire bien payer, à ne l'accorder que contre des avantages positifs : aussi les négociations furent fort longues. Elles commencèrent dès 1652 : en vain Mazarin offrait des subsides énormes (1 200 000 écus), des avantages commerciaux, rien ne pouvait décider Cromwell, qui aurait voulu rendre Calais à l'Angleterre, qui caressait aussi le projet de créer une confédération générale de tous les protestants d'Europe, dont il aurait été l'inspirateur. Enfin, un premier traité fut conclu à Westminster entre la France et l'Angleterre (nov. 1655) ; ce n'était pas encore une alliance formelle des deux pays contre l'Espagne, mais c'était déjà un engagement, qui pouvait faire espérer davantage.

Interrompues alors en Angleterre, les négociations furent bientôt reprises à Paris, où se rendit un envoyé spécial du Protecteur. L'affaire traîna encore en longueur, chacun des deux hommes d'État cherchant à obtenir le plus en donnant le moins possible ; enfin, le traité définitif fut signé à Paris, le 23 mars 1657 : la France et l'Angleterre devaient unir leurs forces contre l'Espagne ; la première mettrait en ligne 20 000 hommes, l'Angleterre en fournirait 6 000 et une flotte ; les opérations militaires commenceront par le siège de Dunkerque (alors ville espagnole) qui, une fois prise, sera remise entre les mains des Anglais. — C'est ainsi que la diplomatie de Mazarin donna à la France le concours des vétérans anglais, dont elle avait absolument besoin pour terminer la guerre contre l'Espagne ; ses contemporains lui reprochèrent vivement de s'être entendu avec un protestant, avec le meurtrier de Charles Ier; mais il pouvait répondre en alléguant l'exemple de Louis XIII et de Richelieu, et, par-dessus tout, la nécessité. L'événement tourna comme l'avait prévu le ministre français : le gouvernement espagnol, après la défaite des Dunes, jugeant impossible de triompher des deux puissances unies, demanda à poser les armes : le traité des Pyrénées, signé en novembre 1659, donna le Roussillon et l'Artois à la France, et compléta glorieusement le traité de Westphalie.

Aussi Mazarin n'a garde de laisser ensuite se refroidir une amitié dont il a tiré si bon parti. Après la mort du Protecteur (1658), il a continué avec Richard Cromwell les bonnes relations qu'il entretenait avec son père : par suite, il ne soutient en aucune façon les prétentions du fils de Charles Ier. Cependant, la Restauration anglaise ne le déconcerte pas : dès que Charles II est rentré à Londres, il lui envoie un ambassadeur, l'abbé de Montaigu, pour le féliciter au nom de la France, il triomphe du mauvais vouloir manifeste que le principal ministre de Charles, le chancelier Hyde, témoigne au gouvernement français, il opère un rapprochement entre les deux cours, il négocie et fait décider le mariage du duc d'Orléans, frère de Louis XIV, avec Henriette d'Angleterre, sœur de Charles II. Mazarin peut donc mourir tranquille de ce côté : grâce à l'Angleterre la question des Pyrénées a été réglée, et l'alliance anglaise cultivée avec habileté est devenue ensuite une force pour la France.

Du côté du Rhin, la diplomatie française ne fut pas moins active, elle se proposa un double but : d'une part, affaiblir l'autorité impériale, et amener l'Empereur à séparer ses intérêts de ceux de l'Espagne ; d'autre part, étendre l'influence et la clientèle de la France dans la vallée du Rhin. Déjà Mazarin avait noué des relations amicales avec plusieurs électeurs et principalement avec l'électeur de Cologne, quand Ferdinand III vint à mourir ; aussitôt il intervint activement dans les affaires de la succession, beaucoup moins pour assurer à Louis XIV la couronne impériale, que pour l'enlever s'il était possible à la maison d'Autriche, ou tout au moins pour ôter à l'empereur toute liberté d'action contre la France et ses alliés. Mazarin réussit parfaitement sur ce dernier point : il ne put faire triompher les candidatures des compétiteurs du fils de Ferdinand, Léopold (le duc de Neubourg et l'électeur de Bavière) ; mais, en formant une ligue avec plusieurs princes allemands, il espéra assurer à jamais l'influence de la France sur les bords du Rhin et en Allemagne.

Déjà les électeurs de Trèves, de Cologne et de Mayence avaient formé entre eux une ligue catholique ; Mazarin songea à la fondre avec une ligue protestante pour assurer le maintien des traités de Westphalie. Ses ambassadeurs auprès du collège électoral de Francfort, de Lionne et Grammont, furent chargés avec Servien de travailler à ce résultat ; il fallut du temps, et surtout de l'argent, car tous ces princes allemands montraient une avidité qui ne cherchait même pas à se déguiser ; enfin, le 14 août 1658, la ligue du Rhin se constitua définitivement. Elle réunissait les électeurs de Mayence et de Cologne, le duc de Neubourg, le roi de Suède (comme duc de Brême et Verden, et seigneur de Wismar), les ducs de Brunswick et de Lunebourg, le landgrave de Hesse, l'électeur de Trèves, l'évêque de Munster, le comte de Waldeck et le duc de Wurtembourg ; formée pour trois ans, mais renouvelable, dirigée par un directoire dont le président est l'archevêque de Mayence, placée sous la protection de la France, elle garantit le maintien de l'état de choses que la paix de Westphalie a établi en Allemagne. En réalité, la ligue du Rhin donne toute sécurité à la France du côté de l'Allemagne ; Louis XIV se présente aux princes germaniques comme le défenseur de leurs libertés menacées par la maison d'Autriche, il a désormais pour lui l'Empire contre l'Empereur.

Deux traités particuliers complétèrent de ce côté l'œuvre diplomatique de Mazarin : par le premier (décemb. 1660), la France obtint, moyennant 3 millions, une renonciation formelle de l'archiduc d'Autriche Ferdinand-Charles à ses prétentions sur l'Alsace et le Sundgau ; le second (fév. 1661),

réconcilia Louis XIV et Charles II de Lorraine : la France
rendait au duc de Lorraine ses États et le duché de Bar,
mais elle gardait plusieurs forteresses, Moyenvic, Clermont-
en-Argonne, Stenay, Sierck, Sarrebourg, avec une route militaire entre les Trois-Évêchés et l'Alsace. La question du
Rhin était donc encore réglée tout à l'avantage de la
France.

Restait la question de la Baltique, dont toutes les puissances du Nord convoitaient la possession. Mazarin prétendait assurer cette possession à la Suède, la vieille alliée de
la France, mais cette tâche devait être difficile à accomplir,
parce que l'humeur belliqueuse et aventureuse du roi de
Suède, Charles X Gustave, avait tourné contre lui tous ses
voisins.

Dès 1655, Mazarin essaya de faire cesser les hostilités entre
les deux branches de la maison de Wasa, dont l'une régnait
en Pologne, et l'autre en Suède : il aurait voulu les unir
toutes deux contre l'Autriche qui les surveillait et commençait déjà des préparatifs menaçants ; mais, pendant longtemps, ses efforts restèrent impuissants. Après la conclusion
de la paix des Pyrénées, plus libre de ses mouvements, il
reprit son rôle de médiateur. A ce moment, une véritable
coalition s'était formée contre la Suède : aux Polonais s'é-
taient joints les Moscovites, les Danois, le Brandebourg,
même les Hollandais, tous ceux qui étaient lésés dans leurs
intérêts ou dans leur ambition par la prépondérance suédoise
sur la Baltique ; malgré les victoires remportées par Charles-
Gustave, la situation commençait à devenir pour lui presque
critique ; une tentative de médiation essayée par Cromwell
n'avait pas eu de résultat.

Mazarin, s'unissant alors aux puissances occidentales, parvint à faire ouvrir en 1659 un double congrès pour le rétablissement de la paix dans le Nord, à Oliva et à Copenhague ;
dans ces deux villes, les négociations furent conduites par
deux envoyés de la France ; les puissances contractantes
étaient : à Oliva, la Suède, la Pologne et le Brandebourg ; à

Copenhague, la Suède et le Danemark. On fut longtemps avant de s'entendre, l'empereur Léopold intriguait pour faire échouer les négociations ; mais Mazarin ne se découragea pas ; et, quand Charles-Gustave fut mort en recommandant son fils Charles XI à Louis XIV, la France menaça de soutenir la Suède son alliée les armes à la main, et on finit alors par traiter sérieusement. Le traité de Copenhague, signé le premier, le 6 juin 1660, cédait à la Suède les îles d'Œland et de Gothland, et la Scanie, la Blékingie et le Halland, c'est-à-dire le rivage suédois du Sund que le Danémark avait conservé depuis l'époque de l'Union de Calmar. Un peu plus tard, le traité d'Oliva céda à la Suède la Livonie et l'Esthonie, tout le rivage oriental de la Baltique ; Louis XIV se portait garant des traités. — Ainsi, le Nord était pacifié, et l'alliance française assurait à la Suède la prépondérance dans la mer Baltique.

L'œuvre de Mazarin était donc complète ; quand il mourut, en 1661, il avait pu glorieusement terminer sa tâche qui semblait fort compromise en 1653, au lendemain des agitations stériles et funestes de la Fronde. Les seules puissances vraiment fortes de l'Europe, l'Angleterre, la Suède, la Hollande, étaient les alliées de Louis XIV ; la France était respectée et influente en dehors de ses frontières, autant que tranquille au dedans. Notre diplomatie avait su affaiblir l'Empereur, miner l'Espagne, et intéresser les peuples à la grandeur et à la prospérité de la France, car c'était la puissance française qui était le meilleur garant de leur indépendance ; jamais la situation de la France en Europe n'avait paru mieux affermie que par les soins de Mazarin, l'habile et heureux élève de Richelieu ; enfin, en mourant, comme pour assurer la fortune de son œuvre, il laissait à Louis XIV un grand diplomate élevé à son école, Hugues de Lionne.

ALLIER
(Rhétorique, lycée Louis-le-Grand.)

IV. — Politique extérieure de la Prusse, de 1789 à 1797.

On a dit que la lutte des souverains contre la Révolution française avait été une guerre d'intérêts plus encore qu'une guerre de principes : cette affirmation, vraie en général, est particulièrement exacte pour la Prusse, plus encore que pour toute autre puissance ; c'est ce que prouve jusqu'à l'évidence l'étude de la politique prussienne, de 1789 à 1797.

Frédéric Guillaume II, qui, en 1786, avait succédé sur le trône de Prusse à son oncle Frédéric II, avait pris possession d'un royaume que la bonne administration et les victoires de son prédécesseur avaient rendu prospère à l'intérieur, influent au dehors ; il trouvait la politique prussienne engagée sur deux points : à l'est, le premier partage de la Pologne excitait les convoitises de la Prusse à un nouveau démembrement de la malheureuse République ; en Allemagne même, depuis la fin de la guerre de Sept Ans, Frédéric II n'avait négligé aucune occasion de se poser comme l'antagoniste de l'Autriche et de réclamer pour lui-même une sorte de patronage des petits États allemands. Frédéric Guillaume II allait, sur ces deux points, continuer les traditions de la politique prussienne ; mais serait-il aussi habile et aussi heureux que son oncle ? Les souvenirs de gloire et les profits matériels du règne précédent, le succès facile de l'expédition de Hollande (1787), avaient exalté la confiance de Frédéric-Guillaume qui se crut trop vite un grand roi, et de ses sujets qui se crurent trop vite un grand peuple. Frédéric-Guillaume ne voulut ni abandonner, ni même différer aucune des ambitions qui lui avaient été léguées avec sa couronne : de là les embarras et les tergiversations de sa politique extérieure.

Au début, jusqu'à la convention de Reichenbach (1790), la Prusse se préoccupa surtout de faire échec à l'Autriche, elle s'allia à l'Angleterre et même à la Pologne; puis la Révolution française fit dévier sa politique, elle se rapprocha de l'Autriche et combattit, de concert avec elle, la France et la Pologne; enfin, après avoir achevé le démembrement de la Pologne et signé la paix avec la France (1795), Frédéric Guillaume revint à la politique anti-autrichienne, et la poursuivit jusqu'à sa mort.

Au début de son règne, Frédéric Guillaume continua la politique de son prédécesseur, dont il conserva même le ministre, Hertzberg. Hertzberg chercha partout des ennemis à l'Autriche; rebuté à Saint-Pétersbourg, il se dédommagea à Londres et parvint à s'unir avec Pitt. Ce qui l'inquiétait surtout, c'était le rapprochement de l'Autriche et de la Russie, qui avait été sanctionné dans les entrevues de Mohilev, de Kherson et de Saint-Pétersbourg, et en vertu duquel ces deux États s'unissaient contre la Turquie, et travaillaient de concert à démembrer la puissance ottomane; déjà la guerre avait recommencé en Orient, et les armées de la Russie et de l'Autriche envahissaient le bassin inférieur du Danube. La Prusse voyait d'un très mauvais œil ce démembrement imminent auquel elle ne pouvait pas participer; aussi, pour effrayer l'Autriche, elle mit son armée sur le pied de guerre, en appela aux puissances maritimes, s'allia même à la Pologne; en même temps, Hertzberg excita le mécontentement de la Hongrie et des Pays-Bas, et soutint les Liégeois révoltés contre leur prince-évêque.

Mais cette attitude ne dura pas, les premiers mouvements de la Révolution française changèrent les idées de Frédéric Guillaume : d'une part les Polonais se refusaient à lui céder Thorn et Dantzig pour prix de son appui; d'autre part, il espérait, en défendant les principes monarchiques, trouver l'occasion de faire quelque bonne acquisition aux dépens de la France. Mais, pour suivre cette politique nouvelle, il fallait avant tout se réconcilier avec l'Autriche, abandonner ceux

qu'on excitait naguère : un pareil changement n'était pas pour
faire reculer le cabinet prussien, du moment qu'il y trouvait
son avantage. Un favori du roi de Prusse, Bischofswerder,
s'aboucha avec Spielmann, agent secret de M. de Kaunitz,
ministre dirigeant du cabinet de Vienne, et, le 15 août 1790,
la convention de Reichenbach réconcilia solennellement la
Prusse et l'Autriche : le roi de Prusse promettait de voter
pour Léopold dans la prochaine élection du roi des Romains
et de l'aider à étouffer la révolte des Belges. Naturellement,
Hertzberg fut disgrâcié, et Frédéric-Guillaume ne songea
plus qu'à sa politique nouvelle, à la guerre contre la
France.

Antérieurement déjà, il avait protesté contre les décrets
du 4 août 1789, en tant qu'ils étaient contraires aux droits
féodaux que certains seigneurs allemands avaient conservés
en Alsace ; en octobre 1790, à la suite d'une lettre de Louis XVI
qui sollicitait son intervention, excité d'ailleurs par les émigrés qui lui représentaient la France sans armée, sans
argent, sans généraux, il pensa à envoyer 80,000 hommes
dans la vallée de la Marne ; enfin, après l'affaire de Varennes,
il signa, le 25 juillet 1791, avec l'empereur Léopold, un
traité préliminaire d'alliance, qui fut suivi d'une entrevue
entre les deux souverains au château de Pilnitz, en Saxe
(août 1791). Le comte d'Artois, accompagné de de Calonne,
fut admis aux conférences ; il réclamait une action militaire
immédiate ; on ne lui donna pas satisfaction entière : la
Déclaration de Pilnitz, signée le 27 août, n'était encore
qu'une menace de coalition. Néanmoins, la nouvelle politique
prussienne, s'appuyant sur l'Autriche, et hostile à la France,
était maintenant nettement dessinée.

Les hostilités ne s'ouvrirent cependant qu'un an plus tard :
l'empereur Léopold était opposé à une intervention armée,
et tant qu'il vécut, la Prusse fut obligée de réfréner son ardeur. Mais elle s'entendit beaucoup mieux avec François II,
qui succéda à Léopold en mars 1792 ; deux armées autrichiennes s'organisèrent sur les frontières de la France, aux

Pays-Bas et sur le Rhin, et l'armée prussienne se concentra dans la vallée de la Moselle. Devant cette attitude, les Girondins forcèrent Louis XVI à déclarer la guerre (avril 1792), les opérations commencèrent.

Tandis que les Autrichiens repoussaient facilement une première attaque des Français sur la Belgique, le duc de Brunswick, à la tête de l'armée prussienne, se préparait à franchir la frontière de la Lorraine; au moment où il posait le pied sur le sol français, il lança le fameux manifeste qui porte son nom, bien qu'il l'ait désapprouvé, et qui était l'œuvre d'un émigré, le marquis de Linion; Brunswick craignait que ce manifeste n'exaspérât contre son armée le sentiment populaire. Néanmoins, les premières opérations furent heureuses, et les succès répondirent à l'attente du roi de Prusse, dont l'armée pénétra jusqu'à la vallée de la Marne. Mais les victoires de Dumouriez à Valmy (20 septembre), à Jemmapes (novembre), et la prise de Mayence par Custine refroidirent bientôt son ardeur.

Mais la mort de Louis XVI (21 janvier 1793) et l'émotion qu'elle provoqua dans l'Europe monarchique donnèrent bientôt à la Prusse de nouveaux alliés ; un instant, elle put espérer le succès définitif : tandis que toutes les frontières de la France s'ouvraient devant l'attaque furieuse de la première coalition, les Prussiens recommencèrent avec obstination leur invasion en Lorraine ; mais Hoche les arrêta, les rejeta d'abord au delà de l'ancienne frontière, puis sur le Rhin (1793). Sur tous les autres points, les autres armées coalisées subissaient une fortune pareille.

La Prusse et l'Autriche avaient bien pu s'unir dans l'espérance de démembrer la France ; les revers les brouillèrent bientôt de nouveau. Aussi bien, il y avait entre ces deux États un antagonisme trop profond pour que l'entente durât longtemps. Dès que Frédéric-Guillaume eut perdu l'espérance de démembrer la France, n'entendant pas servir les intérêts de l'Autriche, il songea à se retirer de la coalition ; au début de 1794, il fit savoir aux alliés que l'argent lui manquait

pour entretenir ses troupes et qu'il allait être contraint de
ne plus laisser sur le théâtre des opérations que 20,000
hommes, son contingent d'Empire. L'Angleterre intervint
alors pour prévenir sa défection, et signa avec lui un traité
de subsides (avril 1794) : elle s'engageait à lui payer men-
suellement en six termes une somme considérable, à condition qu'il maintiendrait 60,000 hommes sous les drapeaux.
Frédéric-Guillaume toucha l'argent très régulièrement, mais
eut soin de n'engager ses soldats dans aucune entreprise
sérieuse ; et, le 14 octobre 1794, le dernier terme des subsides
ayant été payé, il déclara que son armée n'agirait plus pour
le compte de la coalition ; presque aussitôt, il envoya à
Bâle le comte de Goltz, pour y entamer des négociations
avec le plénipotentiaire français Barthélemy ; ces négociations aboutirent au traité de Bâle, signé le 5 avril 1795. Le
roi de Prusse cédait à la France les possessions prussiennes
de la rive gauche du Rhin, moyennant une indemnité territoriale qui devait être déterminée lors de la conclusion de
la paix entre la France et l'Allemagne ; il laissait les Français libres de disposer des États allemands de cette même
rive gauche du Rhin, et, par des articles secrets, s'engageait
à ne rien entreprendre contre la Hollande ni contre les
autres pays occupés par les Français ; mais en retour il se
faisait reconnaître comme médiateur entre la France et les
États de l'Allemagne du Nord, et devait occuper le Hanovre,
si l'électeur (roi d'Angleterre) continuait à se montrer hostile à la France. En somme, ce traité, si avantageux pour la
France, assurait aussi des avantages sérieux à Frédéric-
Guillaume, qui devenait l'arbitre de l'Allemagne et supplan-
tait l'Autriche dans le nord : une fois de plus, la Prusse
prouvait que rien n'est si utile que d'abandonner à temps
ses alliés.

Sur un autre point encore, à l'Orient, au même moment,
un manque de foi plus complet assurait à Frédéric-Guillaume des avantages encore plus considérables. La question
de Pologne avait été pour beaucoup dans les hésitations du

roi de Prusse pendant la guerre contre la France : il n'entendait pas que la Russie, profitant de son intervention en France, poursuivît seule la ruine de la République polonaise. Comptant sur l'alliance défensive conclue avec la Prusse en 1790, la Diète avait commencé à réformer les vices de la constitution de la Pologne ; Catherine II intervint, les Polonais firent appel à Frédéric-Guillaume : mais le roi de Prusse renia sa parole, s'allia à la Russie, et ne se fit pas scrupule de signer avec elle la Déclaration qui annonçait le second partage. La Diète de Grodno fut contrainte d'accepter cette déclaration, et l'héroïque révolte de Kozciusko n'eut d'autre effet que de faciliter un troisième et dernier partage : la Pologne n'existait plus, la Prusse s'étendait jusqu'au Niémen (1795).

Ces énormes acquisitions territoriales pouvaient satisfaire les plus voraces convoitises : la Prusse, dorénavant, resta à l'écart de la lutte armée qui se continuait dans l'Europe centrale, et se contenta de demeurer la spectatrice satisfaite des défaites que la France infligeait à l'Autriche, sa rivale en Allemagne. Pendant les deux dernières années du règne de Frédéric-Guillaume, qui mourut en 1797, le caractère de la politique prussienne fut donc une neutralité malveillante à l'égard de l'Autriche : ni les sommations du czar Paul Ier, ni même l'appât des subsides anglais ne purent décider le roi à reprendre les armes et à recommencer la lutte. La Prusse, d'ailleurs, ne perdit rien à rester fidèle au traité de Bâle : en 1802, elle devait recevoir de Bonaparte en récompense de la neutralité observée depuis 1795 de précieux territoires (évêchés d'Hildesheim, de Paderborn, d'Erfurth, etc.) qui fortifiaient sa position dans le nord de l'Allemagne, ou pouvaient servir de postes avancés vers le sud.

Telle fut la politique de Frédéric-Guillaume II, de 1789 à 1797. Elle peut paraître tortueuse et inconstante, puisqu'on voit la Prusse partager la Pologne avec les Russes, après lui avoir promis de la défendre ; abandonner brusquement l'Au-

triche dont elle était l'alliée; se faire la première associée
de la Révolution, après en avoir été la première ennemie.
Mais au fond, Frédéric-Guillaume n'avait fait que continuer
la politique de son oncle, et, sous les variations apparentes
de sa politique, il avait toujours opiniâtrément poursuivi le
même but : l'agrandissement territorial de la Prusse.

H. GRAILLOT,

(Philosophie, lycée Louis-le-Grand.)

V. — État territorial de l'Europe, après les traités de 1815.

Après vingt-cinq années de guerres perpétuelles qui
avaient mis successivement ou en même temps la France aux
prises avec toutes les nations européennes, après tant de
conquêtes qui avaient bouleversé l'état de toutes les puissances et donné si longtemps le premier rang à la France
pour le lui faire perdre tout d'un coup, une série de traités
signés en 1814-1815 rétablirent la paix générale et constituèrent sur de nouvelles bases l'état territorial de l'Europe;
ce sont : le premier traité de Paris conclu après le premier
rétablissement des Bourbons en France, les traités de Vienne,
œuvre du congrès tenu dans la capitale de l'Autriche après la
chute de Napoléon Ier, et enfin le second traité de Paris qui
fut la conséquence des Cent-Jours et de la défaite de
Waterloo.

Deux idées présidèrent aux traités de 1815 : l'une, en apparence seulement, le respect de la légitimité, c'est-à-dire de
l'état de choses antérieur à la Révolution française; l'autre,
en réalité, la défiance à l'égard de la France; la France, vaincue dut se soumettre aux conditions qu'on lui imposait :
tandis qu'elle était humiliée et amoindrie, les quatre grandes

14

puissances, l'Angleterre, l'Autriche, la Prusse et la Russie, s'accroissaient considérablement.

Le premier traité de Paris (30 mai 1814) réduisait le territoire français aux limites qu'il avait avant le commencement des hostilités, en 1792; la France conservait cependant quelques-unes des villes qui s'étaient données à elle ou qui avaient été conquises au commencement de la guerre : Mulhouse, Montbéliard, Avignon, une partie de la Savoie; aux colonies, on lui restituait la Martinique, la Guadeloupe, la Guyane, l'île Bourbon; mais l'Angleterre gardait Sainte-Lucie et Tabago aux Antilles, l'île de France (Maurice) dans l'Océan Indien; l'Espagne recouvrait la partie de Saint-Domingue que la France avait acquise au traité de Bâle en 1795.

Les conditions de ce traité, déjà si dures, furent aggravées encore par le second traité de Paris (20 nov. 1815). La France perdait plusieurs des places fortes nécessaires à l'intégrité de la frontière artificielle qu'elle devait au génie de Vauban : Philippeville, Marienbourg, Bouillon, Sarrelouis, Landau; les fortifications d'Huningue étaient rasées, et les Français ne pouvaient construire de forts nouveaux à moins de trois lieues de Bâle; la Savoie nous était enlevée, ainsi que la suzeraineté de Monaco; on stipulait au bénéfice des puissances italiennes et pour contenir la France la neutralité perpétuelle de la Suisse et d'une partie de la Savoie. Bref, la France perdait environ 500,000 habitants, et toutes ses frontières étaient entr'ouvertes.

Sa faiblesse était augmentée encore par l'accroissement de forces donné à ses rivales.

L'Angleterre s'agrandit peu en Europe : elle ne tenait guère aux possessions continentales qui l'auraient mêlée aux complications européennes et lui auraient enlevé le bénéfice de sa situation insulaire; elle fit seulement rendre à son roi sa possession patrimoniale du Hanovre, érigé en royaume; mais, en stipulant que le Hanovre serait un fief masculin, elle préparait d'avance sa séparation. Pour elle-même, l'Angleterre ne conserva que deux îles acquises pendant la

guerre, Malte et Héligoland, qui dominaient, l'une la Méditerranée, l'autre la mer du Nord ; de plus elle conserva le
protectorat des îles Ioniennes qu'elle fit administrer par un
lord haut-commissaire. Mais sur les mers, elle dominait sans
conteste ; depuis vingt ans, elle avait pris toutes les colonies
importantes. En Afrique, elle rendit, il est vrai, une partie
des colonies hollandaises ou françaises, par exemple le Sénégal en 1817 aux Français, et des établissements de Guinée
aux Hollandais ; mais elle garda le Cap de Bonne-Espérance,
en dépit des protestations des Hollandais du Cap et d'Amsterdam. Plus à l'est, dans l'Océan Indien, elle conserva les
points les plus importants, les Seychelles, Maurice et son
excellent port. En Asie, l'Angleterre possédait l'Inde entière :
elle rendit à la France Chandernagor, Pondichéry, Yanaon,
Karikal, Mahé, mais réduites à la condition de simples
comptoirs, où aucune force armée ne pouvait être entrete-
nue ; tous les indigènes, sauf les Mahrattes, acceptaient la
domination anglaise, et ceux-ci mêmes allaient être soumis
en 1817 ; au sud de l'Inde, l'Angleterre resta maîtresse de
Ceylan, enlevée aux Hollandais ; sur la route de l'Océanie,
où ses établissements d'Australie (Sidney) commençaient à
prendre un développement merveilleux, elle conserva Malacca, et allait bientôt acheter l'îlot de Singapour. En Amérique enfin, elle acquit aux Antilles Sainte-Lucie et Tabago,
et se préparait à substituer son influence à celle de l'Espagne
dans les immenses colonies espagnoles qu'elle excitait à se
rendre indépendantes. — En résumé, l'Angleterre victorieuse
de la France en 1815, montra en Europe un habile désintéressement ; mais elle sut garder pour elle les meilleures colonies, et resta en définitive, au point de vue commercial
comme au point de vue moral, infiniment plus puissante
en 1815 qu'en 1789.

L'Autriche devint plus forte également. Elle ne recouvra
pas, il est vrai, quelques petits territoires, disséminés en
Souabe, qu'elle possédait avant 1789 et qu'elle avait perdus
depuis ; on ne lui rendit pas non plus la Belgique qui avait

été si souvent pour elle au dix-huitième siècle une cause de faiblesse ; mais, sauf ces exceptions, les traités de 1815 lui rendirent tout ce qui lui avait été enlevé par ceux de Campo-Formio, de Lunéville, de Presbourg, et de Vienne, et étendirent en outre sa puissance et son influence. En Italie, on lui rendit le Milanais accru de la Vénétie ; ces deux territoires furent érigés en royaume Lombard-Vénitien, et le Tessin devint la limite de l'Autriche dans la péninsule ; en dehors de ces limites, son influence resta prépondérante sur les petits princes italiens qu'elle fit rétablir dans leurs États. En Allemagne, comme compensation pour la Belgique et les villes forestières de Souabe, l'Autriche garda les territoires de Passau et de Salzbourg ; sur l'Adriatique, l'ancienne république de Raguse fut jointe à la Dalmatie : maîtresse de Raguse, de Trieste, de Venise, avec deux cents lieues de côtes, l'Autriche devenait, ce qu'elle n'avait jamais été, une puissance maritime ; elle dominait l'Italie par les citadelles de Vérone et de Mantoue, par les princes autrichiens qu'elle rétablissait à Florence, à Modène, à Parme, par le protectorat qu'elle exerçait sur le pape à Rome et sur les Bourbons de Naples. Mais sa faiblesse était dans la diversité des races dont se composait son empire, Madgyars, Slaves, Polonais, Roumains, Italiens, Allemands, et aussi dans l'antagonisme de la Prusse en Allemagne, dans la puissance toujours croissante de la Russie en Orient.

La Prusse, la « libératrice des nations » comme elle s'appelait, après avoir été si maltraitée par Napoléon, profita largement de la ruine de l'Empire. On lui enlevait une partie des provinces polonaises qu'elle avait acquises aux trois partages ; mais on lui donna en compensation les deux tiers de la Saxe, le territoire compris entre Wittemberg et Erfurth : on punissait ainsi le roi de Saxe de sa fidélité envers Napoléon. En second lieu, la Prusse s'agrandit sur les bords du Rhin, où elle ne possédait en 1789 que quelques petits territoires, une partie de l'héritage de Clèves et de Juliers, et où elle acquit les provinces rhénanes depuis les sources de l'Ems et le Weser jusqu'à la Sarre : c'étaient les anciens électorats ecclésiastiques de Trèves, de Cologne et de Mayence, sécularisés depuis l'intervention française en Allemagne, et que l'on ne rétablit pas ; on trouvait ainsi le moyen d'installer la Prusse sur les frontières de la France. Du côté de l'est, la Prusse recouvra une partie de ce qu'elle avait gagné au démembrement de la Pologne : elle garda tout ce qu'elle avait obtenu au premier partage, c'est-à-dire une partie de la Poméranie et de la Grande-Pologne, et en outre Thorn, Dantzig et le grand-duché de Posen. L'ancienne Poméranie suédoise devint également prussienne. Ainsi la Prusse dominait dans la Basse-Allemagne, du Niémen à la Sarre ; mais ses États composés de plusieurs fragments manquaient d'unité géographique, ses frontières n'étaient couvertes par aucun obstacle naturel et ses populations n'avaient pas l'unité morale que donne la communauté de religion, de lois et de tendances.

La Russie avait fait depuis 1789 d'immenses progrès, que les traités de 1815 consacrèrent et accrurent encore. Elle avait eu d'abord l'ambition d'obtenir toute la Pologne ; elle conserva du moins ce qu'elle avait gagné aux trois partages, et elle y ajouta la meilleure partie du grand-duché de Varsovie avec la Gallicie orientale et d'autres provinces qui, réunies aux précédentes, durent former le royaume constitutionnel de Pologne, auquel le czar Alexandre promettait des institutions nationales, une charte constitutionnelle, une diète formée de deux Chambres, un vice-roi, le respect de sa langue et de sa religion. Les traités de 1815 reconnaissaient l'indépendance d'un dernier lambeau de la Pologne, la république de Cracovie. A la suite du traité de Tilsitt, la Russie avait conquis une province suédoise, la Finlande ; cette province lui fut laissée, avec les îles d'Aland : en sorte que la Russie dominait sur la mer Baltique et menaçait la Suède. Du côté du sud, elle faisait des progrès aussi considérables : elle conservait la Bessarabie acquise en 1812 à la suite d'une guerre contre la Turquie, elle intervenait régulièrement dans les affaires de Moldavie et de Valachie, et par sa propagande religieuse et politique au sein de toutes les populations grecques et slaves, elle préparait le démembrement de l'empire ottoman et menaçait Constantinople. En résumé, la Russie acquérait trois États, la Finlande, la Bessarabie et le royaume de Pologne, elle avait fait deux grands pas sur la route de Stockholm et sur celle de Constantinople, elle plongeait profondément entre la Prusse et l'Autriche : désormais, elle n'était plus qu'à deux journées de marche de Berlin et ses armées pouvaient constamment inquiéter Vienne.

Quand les grandes puissances se furent fait leur part, elles signifièrent leur volonté aux petites puissances, et celles-ci n'eurent plus qu'à accepter la situation qui leur était faite. Dans la péninsule ibérique, l'ancien état de choses fut rétabli : à Lisbonne on restaura la maison de Bragance, à Madrid Ferdinand VII et les Bourbons ; ces deux royaumes allaient bientôt perdre leurs plus belles colonies, le Brésil émancipé de la domination portugaise, l'Amérique centrale et méridionale émancipée de la domination espagnole.

Au nord de l'Europe, la Suède fut récompensée des services de Bernadotte et le Danemark puni de sa fidélité à Napoléon : la première acquit la Norvège enlevée au second, et le Danemark n'eut en dédommagement que le petit duché de Lauenbourg qui, avec le Holstein, fit partie de la Confédération germanique : c'était une situation périlleuse pour la monarchie danoise, et une source de complications pour l'avenir.

Sur les frontières de la France, on forma contre elle le royaume des Pays-Bas, composé de la Hollande commerçante, calviniste, allemande, et de la Belgique industrielle, agricole, catholique, française ; la maison d'Orange fut mise en possession de ce royaume factice, auquel on ajouta le Limbourg et le Luxembourg rattachés à la Confédération germanique. L'Angleterre restitua aux Pays-Bas la plupart des anciennes colonies hollandaises qui formèrent encore un bel empire colonial, surtout dans la Malaisie.

Le territoire de l'Allemagne fut complètement remanié. L'ancien Empire ne fut pas rétabli, mais on forma une Confédération comprenant 38 États souverains, et placée sous l'influence de la Prusse et de l'Autriche. Les membres de la Confédération germanique furent : l'Autriche et la Prusse pour leurs provinces allemandes; les quatre royaumes de Bavière, de Saxe, de Wurtemberg et de Hanovre; les sept grands-duchés de Bade, de Hesse, de Hesse-Électorale, de Saxe-Weimar, de Mecklembourg-Strélitz, de Mecklembourg-Schwerin, d'Oldenbourg, etc.

La Confédération avait pour mission d'assurer la tranquillité intérieure de l'Allemagne et de défendre le territoire contre les ennemis extérieurs; elle était dirigée par une diète fédérale siégeant à Francfort sous la présidence du délégué de l'Autriche. La Confédération avait une armée et des forteresses fédérales dirigées surtout contre la France.

La Suisse fut déclarée pays neutre; elle compta 22 cantons au lieu de 19, à la suite de l'adjonction des cantons de Genève, du Valais et de Neuchâtel.

L'Italie fut complètement soustraite à l'influence française et placée sous l'influence directe ou indirecte de l'Autriche. Le roi de Sardaigne fut rétabli dans ses anciennes possessions agrandies de la République de Gênes, pour garder contre la France les passages des Alpes. En Toscane régna un archiduc autrichien; à Parme, à Plaisance et à Guastalla une archiduchesse autrichienne; à Modène un prince autrichien; le Pape, rétabli dans ses États, ne laissa à la France qu'Avignon et le Comtat Venaissin. A Naples, Murat ne put être sauvé par sa défection : la coalition, après l'avoir battu à Tolentino, restaura à Naples Ferdinand IV, qui continua à garder la Sicile, sous le nom de royaume des Deux-Siciles.

En résumé, malgré le prétendu respect de la légitimité, les traités de 1815 rompirent absolument en Europe l'ancien équilibre des puissances qui existait avant 1789; l'Autriche et la Prusse n'acquéraient pas une puissance réellement solide, et les petits États désormais ne comptaient plus; mais la Russie et l'Angleterre devenaient formidables, l'une sur les mers, l'autre à l'Orient de l'Europe.

GENEVOIS

(4ᵉ année, École Municipale Supérieure J.-B. Say.)

FIN.

TABLE DES MATIÈRES

HISTOIRE DES TEMPS MODERNES

Paris. — Imp. E. CAPIOMONT et Cie, rue des Poitevins, 6.

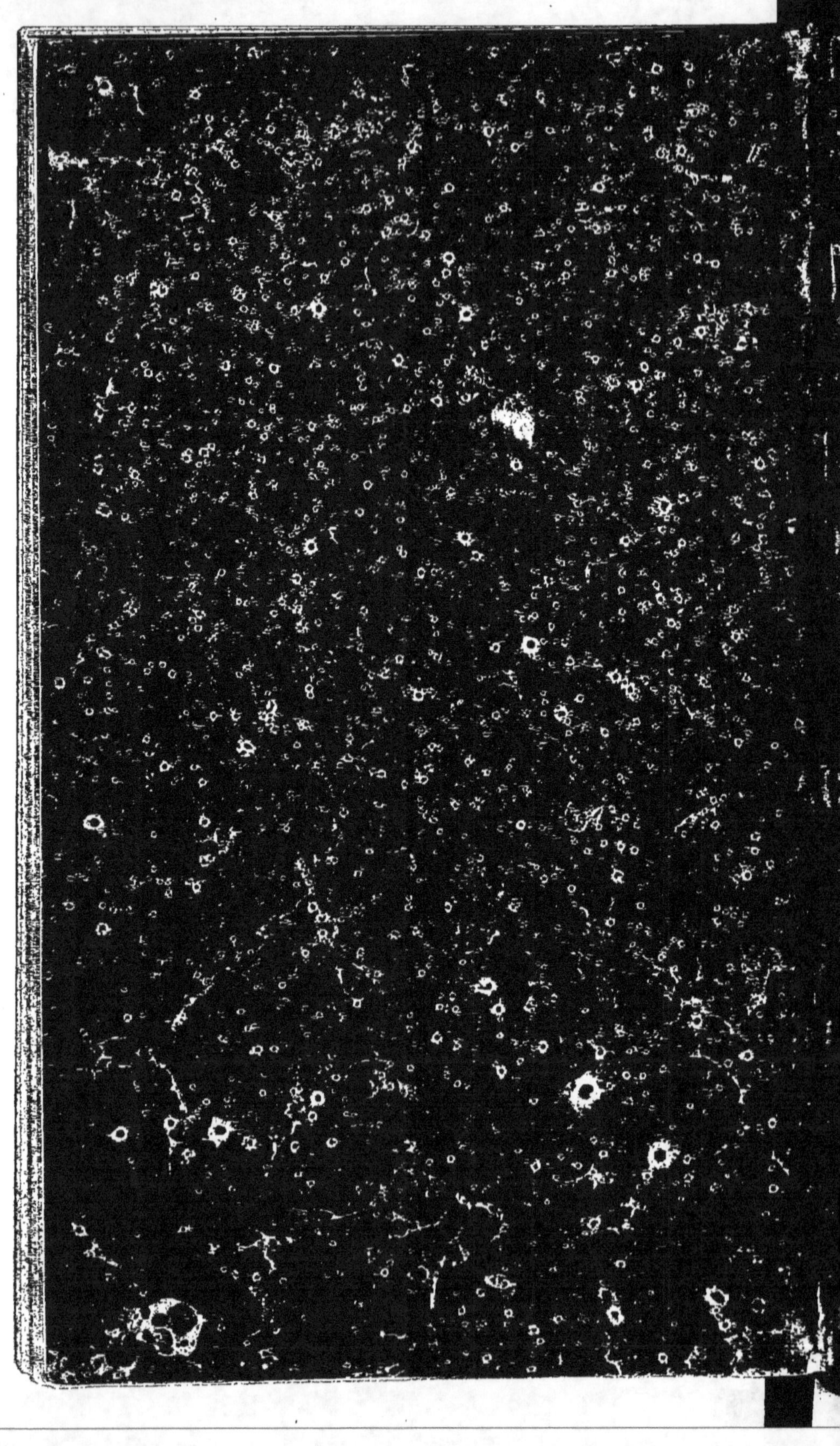

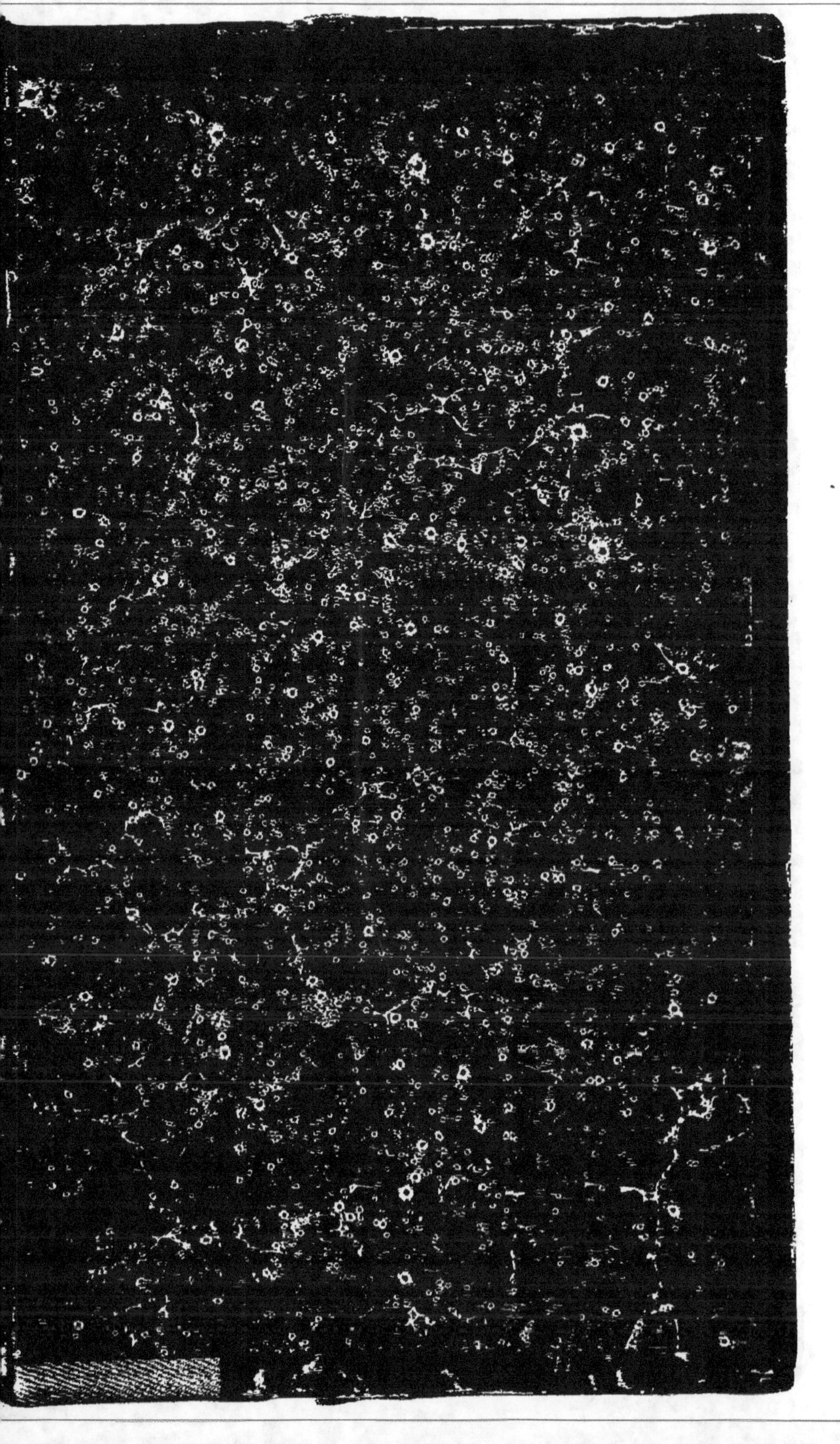